DER INTERNATIONALE ELEKTRISCHE ENERGIEVERKEHR IN EUROPA

Von

Werner Kittler
Diplom-Volkswirt

MÜNCHEN UND BERLIN 1933
VERLAG VON R. OLDENBOURG

Druck von Gebrüder Memminger Würzburg.

Dem ehrenden Gedenken
Sr. Exzellenz Geheimrat Prof. Dr. Ritter
Georg v. Schanz.

Vorwort.

Mit der zweiten Weltkraftkonferenz, welche in Berlin 1930 getagt hatte, trat neuerdings die Frage der Bedeutung des zwischenstaatlichen elektrischen Energieverkehrs in den Vordergrund. Die Aktualität dieses elektrizitätswirtschaftlichen Problems ließ nach Abschluß der Tagung in mir den Gedanken reifen, ein Referat, welches ich im volkswirtschaftlichen Seminar meines hochverehrten Lehrers, Se. Exzellenz Geheimrat Prof. Dr. Ritter Georg v. Schanz über „Die Bedeutung des Exportes und Importes von elektrischem Strom“ vor Beginn der zweiten Weltkraftkonferenz gehalten hatte, weiter auszubauen und in vorliegendem Werk den Versuch zu machen, den gesamten zwischenstaatlichen elektrischen Energieverkehr einer eingehenderen Betrachtung zu unterziehen.

Bei der großen Verstreutheit der Unterlagen und dem Fehlen einer derartigen Zusammenstellung war es nicht leicht, das geeignete Material für diese Arbeit zusammenzutragen. Da die Statistischen Jahrbücher sich in der Hauptsache nur auf Erfassung von Zahlenwerten der allgemeinen Stromerzeugung beschränkten, war der Aufbau dieser Arbeit vielfach auf das Entgegenkommen in- und ausländischer Unternehmungen und Behörden angewiesen. Um so anerkennenswerter war es, mit welcher Liebenswürdigkeit man meine Wünsche zu erfüllen suchte und habe ich alle Ursache, für diese Mühewaltungen meinen verbindlichsten Dank an dieser Stelle auszusprechen. Besonderen Dank schulde ich Se. Exzellenz von Schanz, dessen liebenswürdige Hilfeleistung bei seinem großen Interesse für meine Arbeit mir bei Einholung weiterer Unterlagen von größtem Nutzen geworden ist. Ebenso danke ich für ihre besonderen Anregungen zu dieser Arbeit Exzellenz Oskar v. Miller, den Herren Landesbaurat Schönberg, Reg.-Oberbaurat Dr. Mutschlechner, Innsbruck, Dr. Arnold, München, Direktor Fürst, Bregenz, Direktor Dr. Hammerschmidt, Stuttgart, Oberreg.-Rat Dr. Leiße, Direktor Ericson, Stockholm, E. Becker, Stockholm und Chefing. Ilman Killinen, Helsingfors.

Die Aufgabe dieser Arbeit war ursprünglich eine andere, mußte jedoch kurz vor ihrer Vollendung geändert werden. Durch das Erscheinen eines Werkes von Josef Legge: „Grundsätzliches und Tatsächliches zu den Elektrizitätswirtschaften in Europa“ war eine erschöpfende Übersicht über die europäischen Elektrizitätswirtschaften gegeben, wodurch die besondere Heranziehung der Verhältnisse in elektrizitätswirtschaftlicher Hinsicht, wie ich es anfangs unternommen hatte, illusorisch geworden war. Die Tatsache hinnehmen zu müssen, daß ein großer Teil des mühsam zusammengetragenen Materials dadurch hinfällig wurde, war zwar schmerzlich, gab jedoch den letzten Anstoß, nun ausschließlich die zwischenstaatlichen Austauschverhältnisse der europäischen Elektrizitätswirtschaften einer engeren Betrachtung zu unterziehen. Wenn Legge die elektrizitätswirtschaftlichen Verhältnisse der europäischen Staaten beleuchtet und dabei die Möglichkeiten, die zu einer europäischen Verbundwirtschaft gegeben sind, ins Auge faßt, dann sollen in vorliegendem Werke die mannigfaltigen Verbundenheiten, wie sie sich heute zwischen den einzelnen elektrizitätswirtschaftlichen Gebieten entwickelt haben, zusammengefaßt und ihre Bedeutung für einen späteren europäischen energiewirtschaftlichen Zusammenschluß untersucht werden. Mit den einzelnen Weltkraftkonferenzen, besonders der letzten in Berlin 1930, fand der zwischenstaatliche Stromaustausch bald hier, bald dort in Fachzeitschriften und anderen literarischen Darstellungen eine verschiedenartige Beleuchtung. Diese Artikel befaßten sich jedoch in der Hauptsache nur mit der allgemeinen Bedeutung des Energieverkehrs und nur wenige [1]) versuchten einen Überblick über den Stromaustausch zu geben. So soll denn hier zum erstenmal der Versuch gemacht werden, eine zusammenfassende Übersicht über die Entwicklung und Bedeutung des int. elektrischen Energieverkehrs der europäischen Staaten zu geben.

Da die großen Projekte und Vorschläge der letzten Zeit, wie das Gutachten Oskar v. Miller's über die Reichselektrizitätsversorgung, der Vorschlag eines elektrischen Paneuropas von Oskar Oliven und der Vorschlag zu einer Energiebilanz von E. Haidegger auf der letzten Weltkraftkonferenz in Berlin, aufs engste mit der zukünftigen Gestaltung des zwischenstaatlichen elektrischen Energieverkehrs verknüpft sind, dürfte gerade jetzt ein zusammenfassender Überblick über die bisherige Entwicklung dieses Energieverkehrs und die Ansätze zu einem solchen angebracht erscheinen. Wenn es auch nicht immer möglich war, ein vollkommenes Bild über diese Austauschverhältnisse bei einzelnen Ländern zu entrollen, da die Hinternisse, die sich diesem Bestreben trotz des vielfachen Entgegenkommens entgegengestellt haben, oft unüberwindlich waren, so dürfte doch dieser Versuch geeignet sein, neue Anregungen und Beiträge zu diesem äußerst wichtigen Kapitel energiewirtschaftlicher Entwicklung zu bringen. Während bei Legge die Elektrizitätswirtschaften sämtlicher europäischer Staaten, gemäß der Aufgabe seines Werkes, in ihrem inneren Aufbau Berücksichtigung gefunden haben, geschieht dies hier nur für diejenigen Länder, bei welchen von einem elektrischen Austauschverkehr im engeren und weiteren Sinne gesprochen werden kann.

Würzburg, im November 1931.

Der Verfasser.

---

[1]) Kromer, Dohrn, Friedrich und Génissieu.

Infolge des Ablebens Se. Exzellenz Geheimrat Prof. Dr. Ritter Georg von Schanz, möchte ich an dieser Stelle Herrn Professor Dr. Georg Halm für die liebenswürdige Durchsicht vorliegender Arbeit meinen allergrößten Dank zum Ausdruck bringen.

Würzburg, im März 1932.

Der Verfasser.

Inhalts-Verzeichnis.

Einführung.

Die Energie- und Brennstoffwirtschaft und ihre allgemeine Bedeutung für das gesamte Wirtschaftsleben.

Gar mannigfaltig sind die Arten der Beschaffung und Verwendung von Gütern, die der Einzelne zu seiner Bedürfnisbefriedigung heranzuziehen sucht und aus der sich die verschiedensten Wirtschaftszweige herausentwickelt haben. Auch die Elektrizitätswirtschaft ist im Rahmen des Ganzen nur ein Teilgebiet, jedoch ein Faktor, der weit über die anderen hinauszuragen vermag, weil es seiner Wesensart entspricht, die anderen Zweige der Wirtschaft zu umspannen und sich Eingang zu schaffen in jede Art wirtschaftlicher Betätigung. Die Bedeutung dieser Erkenntnis hatte denn auch dazu geführt, vereint mit einer Reihe von Erfindungen, die ungeheure Entwicklung der Elektrizität in den letzten Jahren zu gestatten. Ohne den elektrischen Strom, ohne elektrische Apparate und Maschinen können wir uns das heutige Wirtschaftsleben gar nicht mehr vorstellen. Diese Naturkraft vermochte auf Grund ihrer besonderen Eigenart so einschneidend in das menschliche Leben einzugreifen, daß sich mit ihrer weiteren Entwicklung eine Strukturveränderung im ganzen wirtschaftlichen Leben vollziehen mußte. Es begann die Elektrifizierung der einzelnen Wirtschaftsgebiete, die infolge der großen Vorzüge des elektrischen Stromes anderen Energieformen gegenüber ein immer rascheres Tempo eingenommen hat. Anfangs gehemmt und auf ein kleines Verteilungsgebiet beschränkt, verschwanden diese Hindernisse mit der immer besseren Vervollkommnung der Hochspannungstechnik, für die Erzeugungsstätten des elektrischen Stromes, den Energiezentralen, vollkommen. Man konnte den Bau der Werke dort vornehmen, wo die großen Energiezentren lagen, wo die Energiequellen Wasser und Kohle in reichem Maße vorhanden und von da mit Hilfe der Fernleitungen den erzeugten Strom auf weite Gebiete verteilen. Trotz der ungeheuren Erfindungen, die hier auf diesem Gebiete wie auf keinem anderen hervorgebracht wurden und trotz der bereits umfangreichen Verwendung elektrischer Energie sind die Möglichkeiten der Ausnützung des elektrischen Stromes bei weitem noch nicht erschöpft und in den meisten Fällen noch lange nicht zweckentsprechend genug verwertet. Vergleichen wir nur die Entwicklung der Elektrizitätswirtschaft vor dem Kriege und ihren Ausbau in den Nachkriegsjahren, dann wird uns am ehesten klar, welch gigantische Arbeit hier geleistet wurde und wie dennoch, vor allem nach Einsetzen der europäischen Rationalisierungswelle, immer wieder neue Entwicklungsmöglichkeiten sich auftaten.

Durch den Weltkrieg erhielt die ganze weltwirtschaftliche Entwicklung ein stark verändertes Bild, dem sich die kriegführenden europäischen Staaten — und hier wiederum besonders Deutschland — nach Beendigung dieses großen Völkerringens gegenübergestellt sahen. Nicht nur die Tatsache, daß eine große Zahl von vorher wertvollen Absatzgebieten verloren gegangen war, sondern die bisherigen Abnehmer hatten sich unterdessen die Erfahrungen ihrer früheren Lieferanten zunutze gemacht und auf vielen Teilgebieten selbst Wirtschaftsunternehmen aufgebaut, um sich dadurch in vielem von dem Bezug europäischer Wirtschaftserzeugnisse unabhängig zu machen. So blieb den europäischen Staaten nichts anderes übrig, als mit allen Mitteln diesen Rückschritt in ihrer wirtschaftlichen Entwicklung und den Mangel der Konkurrenzfähigkeit auf dem Weltmarkte wieder auszugleichen. An allen Orten begann — größtenteils nach amerikanischem Muster — nun eine starke Rationaliserung und besonders Deutschland hatte auf diesem Gebiete zweifellos Unmenschliches geleistet. Neben anderem lag nun der Gedanke nahe, durch möglichst zweckmäßige Verwendung der vorhandenen Naturschätze Mängel auf der anderen Seite wieder auszugleichen. Dieses Moment führte zu einer besonderen Beachtung der Energie- und Brennstoffwirtschaft.

Eine Reihe wichtiger Konferenzen und Sondertagungen wurde zu diesem Zwecke, da man die Bedeutung der rationellsten und wirtschaftlichsten Ausnützung der vorhandenen Naturkräfte nicht allein für die nationale Wirtschaft, sondern für ganz Europa und darüber hinaus für die weltwirtschaftliche Entwicklung erkannt hatte, abgehalten. Das Bedürfnis nach Austausch von örtlichen Erfahrungen und Kenntnissen, sowie das Bestreben, die große Verworrenheit und Unübersichtlichkeit, die durch die Kriegswirren hier entstanden waren, zu beseitigen, Anregungen zu neuen Ideen zu geben, sowie eine internationale Verständigungsbasis zu schaffen, dies waren die engeren Ursachen zur Abhaltung folgender Tagungen und Konferenzen:

1. Weltkraftkonferenz London . .	1924
Teilkonferenz in Basel, Dezember	1926
Teilkonferenz in London	1928
Sondertagung in Barcelona . . .	1929
Sondertagung Tokio Okt./Nov. . .	1929
2. Weltkraftkonferenz Berlin Juni	1930

Besonders die zweite Weltkraftkonferenz in Berlin 1930 bot Gelegenheit, die große Bedeutung des energiewirtschaftlichen Programms kennen zu lernen.

Der größte Teil der Energiemengen hat als Quelle in der Hauptsache Kohle und Wasser, Erdöl und Naturgas, auch die Windkraft und Sonnenwärme. Der augenblickliche Gesamtverbrauch der Menschheit an Energie wird auf rund 1,7 Billionen kWh geschätzt, was bei einer Erdbevölkerung von 1.936,9 Millionen pro Kopf 896 kWh ausmacht. Der Anteil des elektrischen Stromes ist dabei seit 1925 ständig im Wachsen begriffen, während sich der der Steinkohle verringert hat, obwohl der Gesamtverbrauch an Energie wesentlich gestiegen ist.

Neben dem Verbrauch an elektrischem Strom hat besonders derjenige von Öl stark zugenommen. So hat die Ölproduktion der Welt heute bereits die gesamte Kohlenförderung überschritten. Der hohe Heizwert ließ Öl gegenüber Kohle immer mehr die Oberhand gewinnen. Die großen Vorteile, die mit der Energieveredlung verbunden sind, haben deshalb in den letzten Jahren immer stärker dazu geführt, die Energiequellen, insbesondere Kohle und Wasser, nicht unmittelbar zu verwenden, sondern einerseits in Öl, Gas und andere Energieedelträger zu verwandeln und andererseits in elektrischen Strom. Dies hat zu großen Ersparnissen geführt und einen weit höheren Grad von Wirtschaftlichkeit erzielen lassen. Brecht sagt in seinem Artikel: „Die neuere Entwicklung der Energiewirtschaft [1]):

Energieverbrauch ersetzt Menschenarbeit an einer Stelle nur, um sie an einer anderen Stelle zu ermöglichen. Erzeugung und Verbrauch von veredelter Energie schaffen anderswo Bedarf an qualifizierterer Menschenarbeit; der Handwerker der Maschinenfabrik ersetzt den ungelernten Handarbeiter. Die Tonnen Dampf, die Kubikmeter Gas, die Kilowattstunden Elektrizität usw., die aus einer Einheit Kohle herzustellen sind, enthalten zwar weniger (wegen der unvermeidlichen Verluste), aber viel höherwertige Energie als die unveredelte Ausgangskohle. Veredelte Energie gleich Energierohstoff plus Arbeitsstunden (einschließlich Kapital). Je mehr die Energie veredelt wird, um so größer ist der zweite Summand gegen den ersten, d. h. umsomehr Arbeitsmöglichkeit ist an die Einheit des Rohstoffs zu binden.

Gibt es eine Sättigungsgrenze für den Energieverbrauch? Wie oben für den gesamten Energieverbrauch der Welt gezeigt wurde und später noch an Einzelbeispielen erläutert wird, steigt der Energieverbrauch einstweilen noch steil an; nur der Kohlenanteil scheint zurückzubleiben.

Der Ausbau der Wasserkräfte, die wachsende Verwendung von Öl und Treibstoffen in der Schiffahrt, im Land- und Luftverkehr, die Elektrisierung der gewerblichen Betriebe und der Bahnen haben die frühere starke Zunahme des Weltkohlenverbrauchs naturgemäß abgebremst. Immerhin war der Kohlenverbrauch von 1913 in der Welt bereits in den Jahren 1927/28 wieder erreicht und er ist im Jahre 1929 merklich überschritten worden. An sich war eine langsamere Zunahme oder ein Stillstand des Kohlenverbrauchs schon deswegen zu erwarten, weil die energiewirtschaftlichen Fortschritte des letzten Jahrzehnts gelehrt hatten, die Tonne Eisen, die Kilowattstunde Strom, das Zugkilometer der Eisenbahn usw. mit einem um ein Fünftel bis ein Drittel geringeren Kohlenaufwand zu leisten als anfangs des Jahrhunderts. Der durch Kohle gedeckte Anteil des jetzigen Weltenergieverbrauchs ist daher in Wirklichkeit gegen 1913 prozentual weniger gesunken, als das Verhältnis der Kohlenverbrauchszahlen ergibt.

Die Erfahrungen aus dem Kampf zwischen Kohle, Öl und Wasserkraft, zwischen Gas und Elektrizität lehren aber weiter, daß sich auch die einzelnen

---

[1]) Geh. Reg.-Rat Brecht, Köln, „Die neuere Entwicklung der Energiewirtschaft", Der deutsche Volkswirt, Sonderbeilage zu Nr. 37 v. 13. 6. 1930, S. VII.

Energieformen in ihrer Entwicklung auf die Dauer gegenseitig keinen entscheidenden Abbruch tun. Die Fortschritte der Technik und der Energiewirtschaft gaben nicht nur die technischen Mittel zur vermehrten und verfeinerten Energieerzeugung, sondern verstärkten auch quantitativ und qualitativ das Bedürfnis hiernach. Die ganze Energiewirtschaft nimmt durch das Streben nach Veredlung mehr und mehr den Charakter einer Verfeinerungsindustrie an. Der Apparat zur Erzeugung und Veredlung, Fortleitung und Verteilung dieser Energie erfordert nicht nur zu seiner Errichtung, sondern auch zu seiner ständigen Unterhaltung, Verbesserung und Erweiterung, einen immer steigenden Energieverbrauch. Hieraus entspringt die gegenwärtige Befruchtung der Energieformen untereinander und die Befruchtung der menschlichen Arbeit durch den Energieverbrauch im ganzen

Man ahnt hiernach, was der jetzt auf 900 kWh je Kopf der Erdbewohner gestiegene Zuschuß unbelebter Energie für die Entwicklung der Menschheit bedeutet hat; man versteht, daß z. B. ein Land wie Deutschland jetzt auf der Flächeneinheit seines Gebiets fünfmal so viel Menschen beschäftigen und ernähren kann wie vor 100 Jahren. Man begreift, daß der Energieverbrauch einer Volkswirtschaft nicht nur ein guter Gradmesser für ihren jeweiligen Zustand, sondern geradezu ein Vergleichsmaßstab für die Entwicklungsstufe und die Wohlfahrt industrieller Volkswirtschaft sein kann."

Wenn auch die Bedeutung des Energieverbrauchs als Gradmesser einer Volkswirtschaft sowie als Vergleichsmaßstab für die Entwicklungsstufe manchmal sehr überschätzt wird, so ist trotzdem die Bedeutung der Energiewirtschaft für unsere augenblicklichen Zeitverhältnisse nicht zu leugnen. Die vielseitige Verwendbarkeit als Energieträger ließ hierin den elektrischen Strom eine besondere Stellung einnehmen. Seine Erzeugung, seine Fortleitung und zweckmäßigste Verteilung auf Industrie, Handel und Gewerbe, sowie die einzelnen Haushaltungen beschäftigt nicht nur die unmittelbar daran beteiligten Fachkreise, sondern weit darüber hinaus auch alle anderen Teile der menschlichen Gesellschaft.

Die Verarbeitung und Ausnützung wichtigster Volksgüter hat eine Reihe wirtschaftlich bedeutender Probleme geschaffen, die zu einem neuen Wirtschaftszweige, der Elektrizitätswirtschaft, zusammengefaßt werden mußten. Die Aufgabe dieses neuen Wirtschaftszweiges ist: Die Erzielung höchsten wirtschaftlichen Erfolgs durch zweckentsprechende Erzeugung, Verteilung und Anwendung des elektrischen Stroms auf die verschiedensten Wirtschaftszweige, unter bestmöglicher Rücksichtnahme auf die Bedürfnisse derselben.

Gemäß dieser Bedeutung ist der elektrische Strom als Energieform auch am besten geeignet, die energiewirtschaftliche Entwicklung der letzten Jahre zu zeigen. Nach den amtlichen statistischen Angaben ergeben sich für die gesamte Weltstromerzeugung der letzten Jahre folgende Zahlen:

Jahr	Erzeugung in Mia kWh	Leistung in Mio PS [2])
1925	184	31
1926	206	33
1927	230	35
1928	280	37
1929	300	40
1930	340	46

Bei einer Bevölkerungszahl von 1936,9 Millionen Menschen, welche unsere Erde bewohnen, bedeuten diese Ziffern eine Erzeugung von rd. 155 kWh pro Kopf. Der größte Teil der erzeugten elektrischen Energiemengen entfällt auf die Vereinigten Staaten von Amerika mit etwa 50 % und auf Europa treffen ca. 40 % der gesamten Erzeugung. Deutschland steht in Europa an erster Stelle mit seiner Stromerzeugung. Die Reihenfolge der übrigen europäischen Staaten sowie auch deren Reichtum an Kohlenvorräten und Wasserkräften zeigt uns die nachfolgende Tabelle, die für einen Gesamtüberblick, da das Zahlenverhältnis das gleiche geblieben ist, herangezogen werden kann:

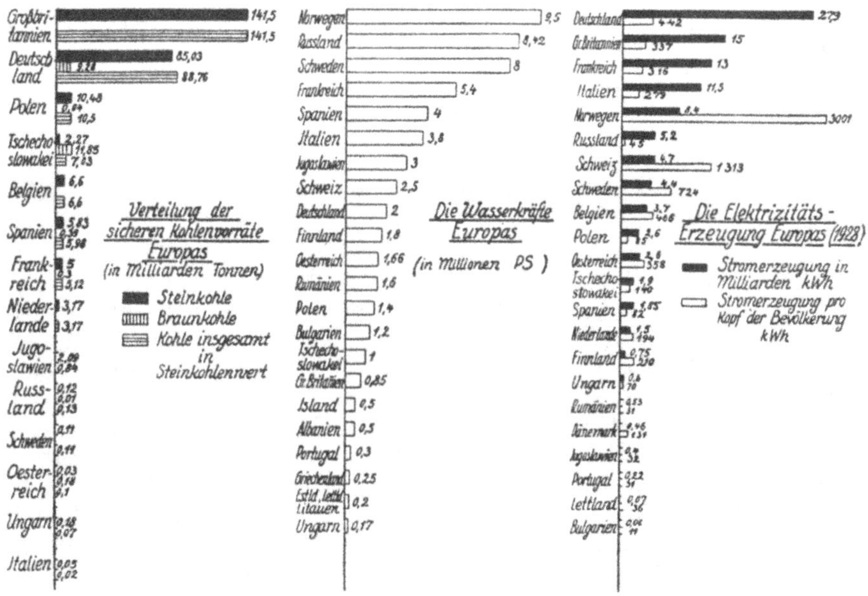

Da sich nach neueren Berechnungen, die der Weltkraftkonferenz 1930 in Berlin vorgelegt wurden, aber wesentlich abweichende

---

[2]) Nach Feststellungen des Geologischen Instituts der Vereinigten Staaten.

[3]) Leiße, „Die Energiewirtschaft der Welt in Zahlen", Sonderheft Nr. 19 der Vierteljahreshefte zur Konjunkturforschung, Jahrg. 1930.

Zahlen in der Schätzung der z. B. vorhandenen Wasserkräfte ergeben haben, so dürften diese Werte in der Tabelle tatsächlich nur als Verhältniszahlen genommen werden. Es sind hier z. B. die Wasserkräfte Norwegens auf 9,5 Mio PS geschätzt, währenddem sie nach anderen Schätzungen[4]) auf 12,1 Mio kW angegeben wurden.

Ein Überblick über die Erzeugung und Verteilung des elektrischen Stromes pro Kopf der Bevölkerung mag dieses Bild noch vervollständigen; unter Berücksichtigung der bedeutendsten Länder in elektrizitätswirtschaftlicher Hinsicht ergibt sich folgende Tabelle:

Länder	Einw.-Zahl	Erzeugung je Kopf der Bevölkerung				
EUROPA:	in Mio	1925	1926	1927	1928	1929
Deutschland . . .	65,28	326	338	398	440	472
Großbritannien . .	45,7	261	260	304	328	370
Frankreich	41,29	251	276	290	336	365
Italien	41,49	184	213	221	244	260
Norwegen	2,81	2533	2697	2862	2909	3290
Rußland	114,41	16	22	26	34	—
Schweiz	4,10	931	1053	1104	1282	1350
Schweden	6,11	607	661	721	740	795
Belgien	8,0	296	344	410	468	570
Niederlande . . .	7,83	126	140	175	194	203
Österreich	6,68	264	280	310	335	357
AMERIKA:						
U. S. A.	120,01	709	761	818	857	1050
Canada	9,79	1199	1288	1495	1650	1890

Bei diesen Zahlen muß jedoch sehr darauf geachtet werden, daß sie sich z. B. in Frankreich vor allem aus dem Licht- und Kraftverbrauch und dem Verbrauch in den Haushaltungen zusammensetzen, während z. B. bei Norwegen 65—70 % der pro-Kopf-Zahl auf metallurgische Betriebe, oder in der Schweiz z. B. 30 % auf Licht und Kraft (Haushaltungen) und 32 % auf chemische und metallurgische Betriebe, sowie 20 % auf die Ausfuhr von Strom entfallen. Solange diese Messungen nicht auf einheitlicher Basis durchgeführt werden, ist natürlich auch eine klare Übersicht über die tatsächliche Entwicklung des Stromverbrauchs in den einzelnen Abnehmergruppen nicht gegeben. Für Wirtschaftsberechnungen können derartige Zahlenangaben unter Umständen zu großen Irrtümern führen.

[4]) Viking Källström: Sveriges Utbyggda Vattenkraft, Kommersiella Meddelanden, XVIII. Jahrg., Nr. 10 v. 31. 5. 1931.

Diese rasche Entwicklung der Elektrizitätswirtschaften war aber andererseits nicht ohne große Kapitalinvestitionen möglich, wobei besonders der Einfluß des amerikanischen Kapitals eine große Rolle spielt. Allein von den europäischen Staaten wurden von Anfang 1914 bis Ende 1927 in den Gas-, Wasser- und Elektrizitätswerken folgende Summen investiert:

Dänemark	2.000.000 $
Deutschland	148.770.500 „
Frankreich	4.000.000 „
Italien	78.000.000 „
Niederlande	12.000.000 „
Norwegen	6.400.000 „
Oesterreich	9.000.000 „
Polen	4.000.000 „
Spanien	25.000.000 „
insgesamt:	289.170.500 $

Im ganzen nahmen fremde Unternehmungen (Public Utilities) 722.925.000 $ auf, wovon wie eben erwähnt, 289.170.000 $ auf Europa entfallen, der weitaus größte Teil auf Canada und auf Japan und Cuba etwa 110.000.000 $ [5]).

Aus der Summe dieser Kapitalinvestitionen läßt sich das starke Emporstreben der Elektrizitätswirtschaft einzelner Länder erkennen, was auch bei der späteren Betrachtung des internationalen elektrischen Energieverkehrs von Interesse ist.

Beim Verfolg der Ausbaubestrebungen der einzelnen Länder Europas hinsichtlich deren Elektrizitätswirtschaften läßt sich fast durchweg die Tendenz zur Konzentration und rationellster Verwendung der vorhandenen Energiequellen feststellen. Besonders Deutschland, Frankreich, Belgien und Holland haben durch diese innerstaatlichen Zusammenschlußbestrebungen die Bedeutung ihrer Elektrizitätswirtschaften ganz erheblich gesteigert. Die Erzeugungsziffern dieser und auch anderer europäischer Länder lassen deutlich ein starkes Anwachsen des Verbrauchs an elektrischem Strom erkennen und soll uns dies nachstehende Tabelle näher veranschaulichen:

[5]) E.T.Z. (Elektrotechnische Zeitschrift) Jahrgang 1929, Seite 444.

EUROPA:	Einw.-Zahl in Mio.	Erzeugung von elektrischem Strom in Mio kWh. 1925	1926	1927	1928	1929	1930
Deutschland	65,28						
insgesamt:		20 328	21 218	25 135	27 871	32 500	31 200
Erz. d. ö. EW.		9 900	11 000	12 230	14 140	16 900	16 250
Großbritannien insges.	45,7	11 700	11 760	13 800	15 000	16 900	—
Frankreich „	41,29	10 222	11 268	11 875	13 100	14 400	15 300
Italien „	41,49	8 500	9 500	10 000	10 800	11 000	—
Norwegen „	2,81	7 300	7 640	8 000	8 400	9 200	—
Rußland (Sowj.-U.) „	114,41	2 204	3 181	3 900	5 200	6 500	8 800
Schweiz Erzg. von	4,10	2 734	3 361	4 087	4 220	4 439	4 377
EW mit mehr als 1000 kW insges.		3 400	4 190	4 780	5 100	5 300	5 460
Schweden insges.	6,11	3 670	4 006	4 392	4 409	4 967	5 117
Belgien „	8,0	2 274	2 760	3 243	3 725	4 300	4 395
Polen „	30,41	1 800	2 061	2 399	2 681	3 085	—
Oesterreich	6,68	2 300	2 446	2 385	2 800	2 400	3 010
Tschechoslowakei	14,54	1 955	2 099	2 381	2 749	3 035	—
Spanien	22,6	1 611	1 708	1 849	1 900	2 050	—
Niederlande	7,83	945	1 066	1 238	1 418	1 502	1 818
Finnland	3,61	541	610	685	750	900	1 094
Ungarn	8,66	509	595	660	600	616	—
Dänemark	3,52	372	421	450	480	510	535
Rumänien	17,37	400	436	500	530	370	—
AMERIKA:							
U.S.A. insges.	120,01	96 801	106 992	122 793	134 784		
Canada „	9,79	10 490	12 383	15 549	17 531	17 826 [6])	

Bei dieser Zusammenstellung fallen vor allem die großen Erzeugungsziffern kleinerer Länder auf, was in der Hauptsache damit begründet werden muß, daß diese, wie z. B. die Schweiz, Norwegen und Schweden, über billige Kraftquellen verfügen. Oft wird bei vielen Darstellungen nur die Erzeugungsziffer der öffentlichen Werke als Gesamterzeugung gebracht, während diese eine viel größere Ziffer in der Hauptsache darstellen würde. Solche Angaben geben natürlich ein unklares Bild, denn in den meisten Ländern wird der größte Teil des Stromes von industriellen Stromerzeugungsanlagen produziert, was dann oft eine Verdoppelung und Verdreifachung der absoluten Gesamterzeugungsziffern ergibt. Andererseits wieder ergeben sich Verschiedenheiten und Abweichungen in den Zahlenwerten dadurch, daß einmal die Erzeugung an der Maschine gemessen wird, das anderemal aber die nutzbar abgegebene Menge.

---

[6]) Zusammengesetzt aus: Die Energiewirtschaft der Welt in Zahlen a. a. O. Seite 5, sowie Zeitschriften und Jahrbüchern.

Bei den Konzentrationsbewegungen in der Elektrizitätswirtschaft spielen auf technischem Gebiete besonders die Möglichkeiten des Ausgleiches und Austausches von Energiemengen eine große Rolle. So vor allem die Kupplung von Wasser- und Dampfkraftwerken, die Erhöhung der Benutzungsdauer, die Ausgleichung der Belastungsgebirge, die Verwendung von Hochdruckdampf- und Vorschaltturbinen, die Pumpspeicherung und die Verwendung höchster Spannungen bei Hochvoltleitungen. Auf wirtschaftlichem Gebiete die Zusammenfassung großer Versorgungskomplexe unter einer Zentrale und damit die Verringerung der Kraftzentralen überhaupt, die Kapitalinvestitionen, die Konzernierung, die Regelung der Stromtarife u. a. m. Auf rechtlichem Gebiete die Festlegung zweckmäßiger Gesetze und Verordnungen, zur Ermöglichung eines schnelleren Ausbaues der Elektrizitäts-Erzeugung und -Verteilung und zur Vermeidung unnützen Kapitalverbrauches.

Abgesehen von der Lösung der gesetzlichen Schwierigkeiten sind besonders auf technischem und wirtschaftlichem Gebiete noch gewaltige Aufgaben zu lösen. Ein großer Teil von technischen Errungenschaften konnte durch die Wirtschaft noch gar nicht ausgenutzt werden, da sie in viel zu rascher Folge der gesamten Volkswirtschaft zur Verfügung gestellt wurden.

Die verbundwirtschaftlichen Bestrebungen haben besonders in der deutschen Elektrizitätswirtschaft ihren großen Nutzen unzweifelhaft erkennen lassen. Gerade die schweren wirtschaftlichen Belastungen, die Deutschland durch den Young-Plan auferlegt worden sind, gaben zweifellos den Ausschlag, daß gerade Deutschland hierin in den letzten Jahren an führende Stelle trat. Ein Plan, der für die weitere Gestaltung der deutschen Elektrizitätswirtschaft und darüber hinaus für die übrigen europäischen Elektrizitätswirtschaften eine ungemein wichtige Bedeutung erlangt hat, ist auf dem Gebiete rationeller Stromversorgung der Plan Oskar von Miller's zur „Reichselektrizitätsversorgung“. Aus der Fülle der übrigen hebt sich dieser Vorschlag deshalb bedeutend hervor, weil er unter bestmöglichster Ausnützung der bestehenden Verhältnisse und Vermeidung allzugroßer Kosten eine einheitliche und billige Stromverteilung über das ganze Reich ermöglicht. Doch schon die Weltkraftkonferenz Berlin 1930 zeigte, daß diese verbundwirtschaftlichen Bestrebungen den Rahmen des nationalen Charakters zu sprengen suchen und die gesamte Energiewirtschaft weit über die Grenzen der einzelnen Staaten hinausgehen soll. Durch die neuesten Errungenschaften der Fernleitungstechnik wird dieser Gedanke der übernationalen Verbundwirtschaft in elektrizitätswirtschaftlicher Hinsicht sehr stark unterstützt, ja allein durch ihr Fortschreiten erst möglich gemacht. Die Elektrizitätswirtschaft ist ja die für einen internationalen Ausgleich und Kupplungsdienst am besten geeignete Energieform. Schon die ersten Ansätze eines zwischenstaatlichen elektrischen Energieaustausches haben dabei gezeigt, daß sich die

Energie in Form von elektrischem Strom in manchen Fällen bedeutend billiger befördern läßt, als Kohle. Durch die Nutzbarmachung der gewaltigen Wasserkräfte der Schweiz und Vorarlbergs und deren Verbindung mit den Mittel- und Nordwestdeutschen Dampfelektrizitätswerken erschien neuerdings der Gedanke einer europäischen Verbundwirtschaft auf energiewirtschaftlichem Gebiete als ein sehr aktuelles Problem der zukünftigen Energieaustauschentwicklung. Durch derartige Zusammenschlüsse entstanden immer größere Energiezentren. Diese großen Erzeugungs- und Versorgungskomplexe nationaler Art zu einem einheitlichen internationalen Energienetz zusammenzufassen, ohne Rücksicht auf die Grenzen der einzelnen Staaten und Beseitigung aller diesem überstaatlichen Stromverkehr noch feindlich gegenüberstehenden gesetzlichen Bestimmungen: Das sind die Bestrebungen der Befürworter einer europäischen elektrischen Verbundwirtschaft.

Während Oskar v. Miller's Plan in der Hauptsache zunächst der wirtschaftlichen Ausgestaltung der deutschen Elektrizitätswirtschaft gegolten hat, gilt der Vorschlag Oskar Oliven's, auf der Weltkraftkonferenz 1930 in Berlin, der Schaffung eines europäischen Großkraftnetzes. Auch dieser Plan hat in übernationaler Form als Grundgedanken die Verbindung der Gegenden günstiger Energievorkommen mit den wichtigsten europäischen Verbrauchsschwerpunkten. Auch der Versuch der Aufstellung einer Energiebilanz für Mitteleuropa durch Haidegger fußt auf denselben Motiven. Haidegger hält ebenfalls den internationalen Austausch elektrischer Energie und die Verflüssigung von Kohle als die hervorstechendsten Ziele der Energiewirtschaft. Neben diesen Vorschlägen hat auch noch die Arbeit des Franzosen G. Viel, die ein ähnliches Ziel wie Oliven im Auge hat, mehrfache Beachtung gefunden, jedoch wird eine Durchführung des Planes schon aus finanztechnischen Gründen nicht möglich sein, was gleich an dieser Stelle bemerkt sein soll.

Gerade das Auftauchen dieser großen Vorschläge macht eine Untersuchung der bisherigen Entwicklung des zwischenstaatlichen elektrischen Energieverkehrs zu einer unbedingten Notwendigkeit. Nachdem wir gesehen haben, daß sich die elektrizitätswirtschaftliche Entwicklung problematisch nicht mehr mit dem nationalen Boden begnügt, sondern weit darüber hinauszugreifen sucht, wollen wir uns in den folgenden Darstellungen dem Bindeglied der europäischen Elektrizitätswirtschaften, dem zwischenstaatlichen elektrischen Stromverkehr, besonders zuwenden.

Die Zukunftsaussichten der Elektrizitätswirtschaften Europas sind unleugbar groß und mit ihrer weiteren Entwicklung ist auch die Gestaltung der europäischen Volkswirtschaften aufs engste verknüpft. Wie weit Ansätze zu einer Verbundenheit der einzelnen Elektrizitätswirtschaften vorhanden sind, welche Hindernisse sich ihnen noch entgegenstellen, wo voraussichtlich die bedeutendsten Bindungen sich entwickeln werden und wie weit sie das gesamte europäische Wirtschaftsleben günstig oder ungünstig zu beeinflussen vermögen, das sollen uns die nächsten Abschnitte, soweit dies bei diesem schwierigen Gebiet überhaupt möglich ist, vor Augen führen.

Allgemeiner Teil.

1. Entstehungs- und Entwicklungsgeschichte des zwischenstaatlichen elektrischen Energieverkehrs.

Der internationale elektrische Energieverkehr läßt sich heute gemäß seiner bisherigen Entwicklung und den Bestrebungen moderner Energiegroßversorgung in zwei Hauptteile zerlegen:

1. den zwischenstaatlichen Grenzverkehr,
2. den überstaatlichen Stromverkehr.

Ein Überblick über die Entstehungs- und Entwicklungsgeschichte des zwischenstaatlichen elektrischen Energieverkehrs zeigt am besten die Notwendigkeit einer solchen Teilung. Mit der fortschreitenden Entwicklung der europäischen Elektrizitätswirtschaften [1]) ließ sich bald an verschiedenen Stellen die Zweckmäßigkeit einer Stromverbindung mit den benachbarten Staaten erkennen. Dies führte im Laufe der Entwicklung zu zahlreichen Strombindungen überstaatlicher Natur. Drei Faktoren haben das Entstehen des zwischenstaatlichen elektrischen Energieverkehrs und seine weitere Entwicklung entscheidend beeinflußt: Technik — Wirtschaft — Recht.

In technischer Hinsicht war erste Voraussetzung die Möglichkeit der Stromübertragung auf größere Entfernungen. Die Entwicklung der Hochspannungstechnik gab dem zwischenstaatlichen elektrischen Energieverkehr erst die Voraussetzung für seine Ausbreitung. Das Bestreben, den Wirkungsbereich einer Kraftzentrale zu vergrößern und damit auch deren Wirtschaftlichkeit zu erhöhen, ließ für die junge Elektrotechnik ein Problem auftauchen, von dessen Lösung ihre weitere Entwicklung und Aus-

[1]) In dem von der wirtschaftlichen Abteilung des Bankhauses Schwarz, Goldschmidt & Cie., Berlin, herausgegebenen Werke: „Aufbau und Entwicklungsmöglichkeiten der europäischen Elektrizitätswirtschaft" befindet sich nachfolgende chronologische Übersicht über die Elektrizitätswirtschaft: „Die Kindheit der elektrischen Kraftzeugung umfaßt etwa die Jahre 1866—1900. In ihr entwickelten sich aus den technisch wirtschaftlichen Versuchen (1866—1878), den Einzelanlagen (1878—1884) den Blocksanlagen (1884—1890) die Ortszentralen (1890—1900). Mit ihnen schließt die Kindheit ab und es beginnt das Jünglingsalter (1900—1913). In ihm nimmt besonders die Entwicklung der Überlandzentralen eine führende Rolle ein. Ihm schließt sich (1913 bis zur Gegenwart) das Mannesalter an.

gestaltung völlig abhängig wurde. Eine Reihe von schwierigen Experimenten ging der Errichtung der ersten Kraftübertragungsleitung im Jahre 1882 von Miesbach nach München voraus. „Wenn die Übertragung über 57 km von Miesbach nach München mit 2.000 Volt Gleichstrom, obwohl sie nur 22 v. H. Wirkungsgrad ergab, schon 1882 die Richtigkeit der Überlegungen bestätigte, so erfüllte doch erst die 1891 gelungene Übertragung von Lauffen nach Frankfurt a. M. die Erwartungen“ [2]). In den dem Erbauungsjahr der Miesbacher Leitung nachfolgenden Jahren wagte man anfangs nicht, über 3—6.000 Volt Spannung hinauszugehen. Erst als Oskar v. Miller 1891 anläßlich der „Internationalen elektrotechnischen Ausstellung“ in Frankfurt a. M. unter Verwendung von Drehstrom die Übertragung elektrischen Stromes von Lauffen nach Frankfurt a. M. mit einer Spannung von 25.000 Volt wagte, trat eine entscheidende Wendung für die weitere Entwicklung der Elektrizitätsanwendung ein. Gar bald hatte man 30 und 40 kV-Leitungen geschaffen und in den Jahren von 1900—1914 mit dem Bau von Überlandzentralen begonnen. Die Schwierigkeiten, die sich der Zusammenfassung größerer Versorgungsgebiete, die 500 kV-Leitungen nicht mehr erfassen konnten, entgegenstellten, wurden durch die Möglichkeit der Errichtung von 110.000 Volt-Leitungen beseitigt. 1912 entstand zwischen Lauchhammer und Riesa die erste 110-kV-Leitung Europas. Damit war die Möglichkeit der Zusammenfassung und Konzentration gegeben. Die Wirtschaftlichkeit der Einzelwerke konnte wesentlich erhöht werden und die bisherige Abhängigkeit vom Absatzgebiet nahm an Bedeutung ab. Jedoch die neuere Entwicklung hat gelehrt, daß auch diese Spannungen der fortschreitenden Wirtschaft und ihren erhöhten Anforderungen an die Technik sowie der Schaffung einheitlicher Hochspannungsnetze nicht standzuhalten vermochten. Diese Erkenntnis führte zu neuen Versuchen unter Verwendung höherer Spannungen. 1922 wurde denn auch zwischen Ronsdorf und Lethmate die erste 220 kV-Leitung in Betrieb gesetzt. Die Errichtung derartiger Leitungen gestattete nun, den Bau von Kraftzentralen dort vorzunehmen, wo die Energiequellen, Wasser und Kohle, in reichem Maße vorhanden oder auch die Transportkosten für Kohle nicht allzuhoch zu stehen kamen. Besonders für die Entwicklung des zwischenstaatlichen Stromaustausches wurde die Verwendung solcher Spannungen hoch bedeutsam. Die Notwendigkeit der Errichtung von Kraftwerken im Mittelpunkt eines Absatzgebietes war bei solchen Spannungen nicht mehr vorhanden, man konnte die Kraftzentrale rohstofforientiert erbauen. Dadurch war die Möglichkeit gegeben, wasserreiche Gebietteile mit solchen von großem Kohlenreichtum, selbst bei größerer Entfernung, zu verbinden. Ein Beispiel hierfür sei die überstaatliche Fernleitung des Rheinisch - Westfälischen Elektrizitätswerkes (RWE), die die reichen Wasserkräfte Vorarlbergs mit dem rheinisch-west-

[2]) Aus „Elektrotagung“, VDI-Nachrichten vom 8. Juli 1931, Seite 3.

fälischen Industriegebiet verbindet. Die Entwicklung schreitet unaufhaltsam vorwärts und so bietet heute die Errichtung von 380/400 kV-Hochvoltleitungen der Technik keine Schwierigkeiten mehr.

Mit dieser Entwicklung tauchten gar bald die verschiedenartigsten Kombinationsmöglichkeiten auf elektrizitätswirtschaftlichem Gebiete auf. Die Erfassung der wirtschaftlichsten Ausgestaltung des Austausches und Ausgleiches von elektrischer Energie eröffnete ein weites Betätigungsfeld. Der zwischenstaatliche elektrische Energieverkehr ist nichts anderes als eine besondere Art des Austausches und Ausgleiches von elektrischem Strom und somit ist eine kurze Betrachtung der Austausch- und Ausgleichsverhältnisse unumgänglich notwendig. Der Zwang, ein Kraftwerk möglichst wirtschaftlich auszunutzen, führte schon in den ersten Anfängen elektrizitätswirtschaftlicher Entwicklung zu Bestrebungen, welche auf eine Erhöhung des Faktors „Wirtschaftlichkeit" hinzielten; da diese wiederum von der Ausnützung der Maschinenanlage eines Kraftwerkes abhängig ist, entstanden gar bald die verschiedensten Arten der Steigerung des Ausnutzungsfaktors. Mit der zunehmenden Vergrößerung des Absatzgebietes nahmen gleichzeitig auch die Schwankungen in der Belastungskurve eines Werkes immer größere Gegensätze ein, infolge des verschiedenartigen Verbrauchs von elektrischer Energie durch die Abnehmer. Ohne die Erfindung und Herausentwicklung besonderer technischer Einrichtungen hätte man diesen wirtschaftlichen Forderungen jedoch keineswegs gerecht werden können.

Die Zusammenarbeit zweier und mehrerer Werke zum Zwecke des gegenseitigen Austausches und Ausgleiches spielt hier die hervorragendste Rolle. Um sie gruppieren sich eine Anzahl technisch-wirtschaftlicher Ergänzungen und Hilfsmaßnahmen. Zunächst gehört die Kupplung zweier benachbarter Werke zum Zwecke der gegenseitigen Aushilfe und der Ausgleichung der Belastungsspitzen hierher. Diese Art von Zusammenarbeit kann man schon sehr früh, nicht nur zwischen zwei inländischen Werken, sondern auch zwischen zwei fremdstaatlichen Werken, beobachten, was auch zugleich Ursache zur Bildung des sogenannten Grenzaustausches gegeben hatte.

Aus dieser Zusammenarbeit zweier Kraftwerke gestaltete sich im Laufe der Entwicklung die Verkupplung größerer Versorgungsgebiete und darüber hinaus ganzer Länderteile.

Neben der Zusammenarbeit der einzelnen Kraftzentralen ist für den Austausch und Ausgleich elektrischer Energie die Erhöhung der Benutzungsdauer[3]) und die Bereithaltung von

[3]) Die Benutzungsdauer wird errechnet durch Division der aufgetretenen Monats- und Jahreshöchstleistung in die, während dem zu betrachtenden Zeitraum (Monat oder Jahr) verbrauchte elektrische Arbeit. Sie ist der direkte Maßstab dafür, ob die verbrauchte elektrische Arbeit wirtschaftlich oder unwirtschaftlich verwendet wurde.

Spitzenkräften[4]) sehr bedeutsam. Durch Erhöhung der Benutzungsdauer sucht man die Wirtschaftlichkeit eines Werkes zu heben. Geringe Benutzungsdauer bedeutet nichts anderes als ein starkes Anwachsen der Kosten und damit eine Verteuerung der kWh. Man bemüht sich deshalb, den Abnehmerkreis zu vergrößern, um dadurch die Kosten zu verringern, jedoch ist damit die Belastungskurve eines Werkes noch nicht ausgeglichen; es muß auch darauf geachtet werden, daß sich die einzelnen Verbrauchergruppen eines Werkes so einordnen lassen, daß zu Zeiten, in denen der eine Teil weniger Energie benötigt, der andere dafür umsomehr verbraucht, damit der so bedeutsame Spitzenausgleich erfolgen kann. Doch sind diese Maßnahmen nur selten durchführbar und die Verhältnisse nicht immer ideal genug, um die Verbrauchergruppen in dieser Weise verteilen zu können. So benötigt man Mittel, die es gestatten, der wechselvollen Belastungsverhältnisse Herr zu werden; dies sind auf technischem Gebiete die verschiedenen Arten von Energiespeicherungsanlagen:

1. Elektrischer Speicher: Akkumulatoren,
2. potentielle Speicher: Wasserspeicher. Diese zerfallen in
   a) Speicherung mit natürlichem Zufluß,
   b) Speicherung mit künstlichem Zufluß

   gemäß ihrer Erscheinungsformen:
   α) Niederdruckspeicher, im Zusammenhang mit Wasseranlagen an Flüssen und Kanälen,
   β) Mitteldruckspeicher, im Zusammenhang mit Tal- und Stausperren,
   γ) Hochdruckspeicher, im Zusammenhang mit hochgelegenen Gebirgsseen oder künstlichen Speicherbecken

   nach ihrer Speicherfähigkeit zerfallen sie in Tages-, Wochen-, Monats- und Jahresspeicher,
3. Dampfspeicher und zwar
   a) mit veränderlichem Druck arbeitende Dampfspeicher,
   b) mit konstantem Druck betriebene Speisewasserspeicher.
4. Brennstoffspeicherung.

Bei Zusammenarbeit von Wasserkraft- und Dampfkraftanlagen spielt die zweckmäßige Verwertung dieser einzelnen Speicherungsarten eine große Rolle. Mit Hilfe der regulierfähigen Speicher können die Belastungsschwankungen zum großen Teil einen Ausgleich erfahren, ebenso kann man die Unterschiede in den Niederschlagsgebieten — in den Hoch- und Mittelgebirgen — gegeneinander ausgleichen.

---

[4]) Das Spitzenkraftproblem ist dadurch gekennzeichnet, daß zur Erzeugung kleiner Arbeitsmengen große Leistungen zur Verfügung gestellt werden müssen (da die Werke nicht unter einer bestimmten Leistung gebaut werden können). Erich Krohne, Die wirtschaftliche Erzeugung der elektrischen Spitzenkraft in Großstädten, 1928, Berlin.

Ludwig Musil's Äußerungen in seiner Abhandlung [5]), sollen an dieser Stelle nicht unerwähnt bleiben, da er im Zusammenhang mit diesen einen schematischen Aufbau einer eventuell möglichen Lastverteilung bei entsprechender Kombination der verschiedenen Speicherungsarten bringt. Er sagt u. a.:

„Bei Zusammenarbeit von Dampfkraftwerken und Wasserkraftanlagen können die Speicheranlagen mit örtlichen Spitzenkraftwerken und Spannungsreglerstationen, die bei großen Netzen notwendig sind, vorteilhaft kombiniert werden. Die Benutzungsdauer für solche Netze wird etwa zwischen 3000 und 4000 Stunden liegen. Die Großkraftwerke, welche an der Gewinnungsstelle der Rohenergie liegen, würden als Grundlastwerke arbeiten und die Energie-Hauptverteilungsstellen über Höchstspannungsleitungen, die dann mit hoher Benutzungsdauer belastet sind, zuführen. Auf diese würden dann Pumpspeicheranlagen arbeiten (Ausgleich im Großen). Örtliche Spitzenkraftwerke mit Dampfspeicher könnten dann die oberste Spitze decken."

Wenn an dieser Stelle die Speicherungsformen und die Möglichkeit ihrer Kombination zweckmäßigster Art angeführt werden, dann geschieht es deshalb, weil diese aufs engste mit der fortschreitenden Kupplung von Dampf- und Wasserkraftwerken verbunden sind und die Schaffung eines Energieversorgungssystems mit Parallelbetrieb eine Tatsache ist, die für den zwischenstaatlichen Stromaustausch von größter Wichtigkeit wurde.

Mit der Entwicklung der Wasserkraftwerke trat die Bedeutung der Schaffung eines Energieversorgungssystems mit Parallelbetrieb von Dampf- und Wasserkraftwerken immer stärker hervor. Dadurch ließ sich der zwischenstaatliche elektrische Energieverkehr in den jüngsten Tagen zusammen mit der Errichtung von Hochvoltleitungen immer großzügiger gestalten (Vorarlberg—Rheinland). Wir brauchen nur daran zu denken, daß die Wasserkräfte nicht immer in gleichstarkem Maße der Kraftzentrale zur Verfügung stehen, so besonders bei Eisgang und anderen elementaren Ereignissen, um uns die Bedeutung derartiger Kupplungen vor Augen führen zu können [6]).

---

[5]) Ludwig Musil: Die Wirtschaftlichkeit der Energiespeicherung für Elektrizitätswerke, 1930.

[6]) Um den hohen Wert der Verbindung von Wasser- und Dampfkraftwerken noch stärker zu unterstreichen, sei hier ein Abschnitt aus dem Artikel „Die Wasserkraftwirtschaft Bayerns" von Dr. Schweyer, Staatsrat, Staatsminister a. D., (Bayerische Industrie- und Handelszeitung, 61. Jahrg., München, 8. Januar 1931 Nr. 1/2) herausgegriffen, da er eine Zusammenfassung der Vor- und Nachteile dieser beiden Werksarten bringt und so die Momente, die bei der Kupplung gegenseitig ausgeglichen werden können, vor Augen führt:

„Die Entscheidung, ob Wasserkraft oder Dampfkraft wirtschaftlich vorteilhafter ist, kann nicht allgemein getroffen werden. Wenn beide Möglichkeiten gegeben sind, hängt die Wahl von den jeweiligen besonderen Verhältnissen ab. Bei der Wasserkraft kommt in erster Linie der nationalwirtschaftliche Gesichtspunkt in Betracht, daß durch ihren Ausbau unersetzliche Kohlenvorräte erspart werden. Dieser Gedanke wiegt um so schwerer, als die Energieausnützung des Brennstoffes bei Dampfanlagen bis jetzt noch nicht 20 % erreicht, also sehr ungenügend ist. Die Lebensdauer einer Wasserkraftanlage ist viel größer als die einer Dampfanlage. Zum Betriebe einer Wasserkraft reicht ein viel geringeres Arbeitspersonal aus als bei einem Dampfkraftwerk, das ein Vielfaches des Personals für Wasserkraft erfordert. Der Wirkungsgrad einer Wasserkraftanlage in

Bei modern projektierten Wasserkraftwerken suchte man die Tatsache, daß im Winter die Wasserkräfte nicht immer im gleich starken Maße der Zentrale zur Verfügung stehen, dadurch zu begegnen, daß man als Einzugsgebiet möglichst zahlreiche voneinander unabhängige Zuflüsse der Kraftzentrale sicherte.

Um alle wirtschaftlichen Gelegenheiten erfassen zu können, mußte beim Ausgleich und Austausch von elektrischer Energie vor allem auf größte Wirtschaftlichkeit der technischen Einrichtungen geachtet werden, denn nur so war es wiederum möglich, die Perspektiven, die sich die technische und wirtschaftliche Entwicklung gegenseitig gegeben hatten, zweckentsprechend auszunützen und so auch die, für den internationalen elektrischen Energieverkehr maßgebenden Momente, in wirtschaftlicher Hinsicht zu erfassen. Wirtschaftliche und wirtschaftsgeographische Verhältnisse trugen, aufs engste mit den technischen Errungenschaften verbunden, ebenfalls zur Entstehung und weiteren Ausbreitung des elektrischen Energieverkehrs bei.

Die ersten Erscheinungsformen des int. elektrischen Energieverkehrs waren zunächst der Austausch zwischen zwei benachbarten Elektrizitätswerken, die durch die Staatsgrenze von einander getrennt waren, sowie die einseitige Belieferung einer fremdstaatlichen Grenzgemeinde durch ein an der

---

der Spitzendeckung ist höher als bei einer Dampfanlage. Die Wasserkraftanlage erfordert aber einen wesentlich höheren Kapitalaufwand und, was bei dringendem Bedarf wichtig ist, eine wesentlich längere Bauzeit als eine Dampfkraftanlage. Die Anlagekosten eines Dampfkraftwerkes liegen heute bei M. 350.— Kilowatt, die eines Wasserspeicherwerkes bei M. 450.— kW, während die eines Laufwerkes bis zu M. 1000.— kW betragen. Beim Wasserkraftlaufwerk ist die erzeugbare Arbeit vom Zufluß abhängig, beim Wasserkraftspeicherwerk von der Größe des Speichers und der Ausgiebigkeit des Zuflusses. Die Wasserkraftwerke unterliegen daher auch im besten Fall unter Umständen recht erheblichen Schwankungen. Ein Dampfkraftwerk kann zu jeder Zeit mit voller Leistung arbeiten. Es ist insofern sicherer, als es von Naturereignissen, vor allem von Wasserklemmen, unabängig ist. Bei Wasserkraftwerken bleibt die Winterdarbietung in der Regel hinter der Sommerdarbietung zurück, während der Strombedarf im Winter im allgemeinen höher ist als im Sommer. Das Dampfkraftwerk kann sich dem jeweiligen Bedarf leicht anpassen. Wichtig aber ist vor allem, daß beim Wasserkraftwerk der Betriebsstoff, das Wasser, keine nennenswerten Aufwendungen erfordert, vielmehr als ein Geschenk der Natur dauernd zur Verfügung steht, während beim Dampfkraftwerk der Betriebsstoff immer wieder neu und unter Aufwendung erheblicher Kosten beschafft werden muß. Beide Arten der Stromerzeugung haben also ihre Vorteile.

Für die Wahl der einen oder anderen Form der Erzeugung können außer den angegebenen Gesichtspunkten auch andere, vor allem solche finanzpolitischer Art, von Bedeutung sein. In Zeiten großer Geldknappheit und hohen Zinsfußes wird man beispielsweise unter Umständen, schon mit Rücksicht auf die Schwierigkeit der Geldbeschaffung, der Dampfkraft den Vorzug vor der Wasserkraft geben. Im allgemeinen dürfte aber eine Verbindung von Wasserkraftwerken die beste Betriebsform darstellen. Dampfwerke decken zusammen mit Laufwasserkräften die Grundlast, bei Wasserklemme können sie zugleich die Laufwasserkräfte ergänzen; die Spitzendeckung wird von den speicherfähigen Wasserkräften oder auch von einem Pumpspeicherwerk übernommen."

Grenze gelegenes Kraftwerk. Dieses ist infolge seines günstig gelegenen Standortes und der Grenznähe in der Lage, billigen Strom an die ausländischen Grenzabnehmer abzugeben, sodaß für den benachbarten Staat der Bau eines eigenen Kraftwerkes in vielen Fällen nicht zweckmäßig erschien. Ein Beispiel hierfür ist die Strombelieferung der tschechisch-slowakischen Grenzgemeinden Markhausen, Schwaderbach und Silberbach durch das Städtische Elektrizitäts- und Wasserwerk Klingenthal/Sachsen. Diese Grenzbelieferungen begannen in den Jahren 1907, bezw. 1912 bezw. 1914. Der obenangeführte G r e n z a u s t a u s c h zwischen zwei Werken ist beispielsweise gegeben zwischen dem deutschen Kraftwerk Flensburg und der dänischen Überlandzentrale Apenrade, seit 1930. Jedoch lassen sich ältere Fälle, wie z. B. Chorzow-Zaborze (Polen-Deutschland) seit 1919 und Wiestal-Saalach-Kraftwerk (Österreich-Deutschland) seit 1918, sowie solche an der Schweizer Grenze seit 1904 mehrfach feststellen.

Da die politischen Grenzen der europäischen Staaten vielfach sehr wichtige Energielager berühren, in denen sich auf beiden Seiten starke industrielle Betätigung entwickelte, so war es den dort entstandenen Kraftzentralen dieser Unternehmungen vorbehalten, den Stromüberschuß einer benachbarten fremdstaatlichen Gemeinde zur Verfügung zu stellen und diese mit Strom zu versorgen. Aus dieser Überschußstromversorgung entwickelte sich aber bald ein reiner Grenzverkehr, d. h. mit der fortschreitenden Entwicklung der technischen Einrichtungen berücksichtigte man beim Bau neuer Anlagen die Möglichkeit der Exportierung von Strom nach der ausländischen Grenzgemeinde und suchte gleichzeitig auch vertraglich die Wirtschaftlichkeit des neuen Werkes genügend zu sichern. Andererseits war man bestrebt, nachdem die Hochspannungstechnik solche Möglichkeiten zuließ, die Abhängigkeit vom Ausland möglichst zu verringern und dies dadurch, daß man dem Werke im Inlande größere Versorgungsgebiete anschloß, wodurch für alle Fälle ein etwaiger Ausfall der ausländischen Abnehmer durch politische oder wirtschaftliche Maßnahmen etwas ausgeglichen werden konnte.

Neben dieser Grenzversorgung ausländischer Abnehmer entstand im Laufe der wirtschaftlichen Entwicklung auch ein sehr reger G r e n z a u s t a u s c h v e r k e h r. Er stellt die Austauschbestrebungen zweier durch die Grenze getrennter Werke zum Zwecke des Ausgleichs der Spitzen dar.

Mit der immer weiter vorwärts schreitenden Entwicklung der Hochspannungstechnik eröffneten sich auch neue Perspektiven, deren Verfolgung zu den ersten Ansätzen eines ü b e r s t a a t l i c h e n S t r o m a u s t a u s c h e s bezw. Exportes oder Importes von elektrischer Energie führte. Die Verwendung hoher Spannungen ermöglichte immer mehr die Stromerzeugungsstellen dort zu errichten, wo die natürlichen Energiequellen vorhanden waren, um von hier aus die Verbrauchszentren zu versorgen. Dadurch ergab sich für viele Länderteile zugleich die Möglichkeit des Stromexportes, ja in vielen Fällen wurden die heimischen Kraftzentralen erst durch diesen nun möglich gewordenen Stromexport wirtschaftlich. Besonders typisch trat dieses Moment in den letzten Jahren bei Österreich hervor, dessen reiche Wasserkräfte in Vorarlberg und Tirol heute noch nicht für die Wirtschaft des österreichischen Volkes ausgenutzt worden wären, wenn nicht Deutschland, und zwar Bayern und Württemberg, sowie neuerdings besonders das Rheinisch-Westfälische Elektrizitätswerk, als Abnehmer österreichischer Alpenenergie den Ausbau dieser riesigen Energiekräfte gestattet hätte. Damit ist zugleich einigen Gebietsteilen Österreichs die Möglichkeit gegeben worden, ihre Elektrifizierung wirtschaftlich durchzuführen, was vorher unmöglich gewesen wäre, nachdem, wie wir gesehen haben, Wasserkraftwerke nur bei einem gewissen Grade der Ausnutzung rentabel und produktiv zugleich sein können. Die Erhöhung der Wirtschaftlichkeit dieser hydraulischen Werke wurde durch die Verbundenheit mit deutschen Dampfkraftwerken noch mehr gefestigt und so ein Ausgleichsmoment geschaffen, das auch in wasserarmen Zeiten eine störungsfreie Versorgung mit elektrischem Strom garantieren konnte.

Der vorerwähnte Fall trifft besonders für Salzburger Verhältnisse zu, da die Elektrizitätsversorgung der dortigen Gebiete ausschließlich auf Wasserkraft aufgebaut ist. Die Stromausfuhr nach Bayern brachte hier eine entscheidende Wendung. Waren bisher im Salzburger Gebiet die bis zu diesem Zeitpunkt bestehenden Wasserkraftwerke nicht voll ausgenützt, so wurden sie durch diesen Stromabsatz nach Bayern jetzt erst wirtschaftlich. Andererseits ergab sich neuerdings die Tatsache, daß durch die vermehrte Abnahme von Strom auch der Neubau von Wasserkraftwerken ins Auge gefaßt werden konnte, was angesichts dessen, daß ein solches Werk nicht unter einer gewissen Leistung ausgebaut werden kann, von größter Wichtigkeit wurde. Zugleich zeigt dieses Beispiel auch, daß sich nicht nur für den stromexportierenden Teil große Vorteile hier ergeben, sondern auch für den Abnehmer ausländischen Stromes. Die Vorteile, die sich für den Bezieher ausländischen Stromes ergeben, treten besonders bei Württemberg zutage. Württemberg, das bisher gezwungen war, aus den weitentfernten Kohlenzechen, die durch hohe Frachtkosten verteuerte Kohle für seine Kraftwerke zu beziehen, sah sich jetzt in die angenehmere Lage versetzt, durch die Kupplung mit dem Bayernnetz von Österreich Strom zu beziehen, der trotz der großen Entfernungen noch billiger zu stehen kam als die, durch die teuere Kohle, selbst erzeugte elektrische Energie. Neuerdings wurde dieser Vorteil noch vergrößert durch den Ausbau der 220 kV-Leitung nach Voralberg (Vermunt-Werk).

Dadurch, daß manche Gebietsteile eines Staates auf die Energielager des Nachbarlandes angewiesen sind, und von der Belieferung mit Energie aus diesen Quellen oft das Gedeihen ganzer Industrien abhängt, entwickelte sich mit diesen zwischenstaatlichen Austauschfällen und ihrer intensiveren Ausnützung eine immer bessere wirtschaftliche Verbundenheit. Durch die zunehmende Ausnützung der Wasserkräfte wurde diese wirtschaftliche Zusammenarbeit von größter Wichtigkeit für das gesamte Wirtschaftsleben der Staaten.

Mit der zunehmenden Bedeutung des elektrischen Stromes und der vielseitigen Verwendbarkeit desselben, war es ein natürliches Bestreben, wenn mit Wasser reich gesegnete Länder, die bisher unausgenützt dahinfließenden hydraulischen Kräfte der gesamten Volkswirtschaft nutzbar zu machen versuchten und andererseits kohlenreiche Länder ihrem Energieüberschuß neue Absatzwege wiesen. Dies ergab in noch stärkerem Maße die Kupplung von Wasser- und Dampfkraftwerken, was zur Folge hatte, daß die Wasserkraftwerke, die meist nur dort wirtschaftlich sind, wo auch eine entsprechende Jahresbenutzungsdauer gegeben ist, rentabler wurden. Durch die Verbindung von thermischen und hydraulischen Werken konnte das Wasserwerk in den wasserreichen Sommermonaten zur Entlastung des Kohlenwerkes herangezogen werden, was zu einer Schonung der Kohlenvorräte zu Gunsten der allgemeinen rationellen Energiewirtschaft führte. Andererseits ergibt sich als betriebswirtschaftlicher Vorteil die Unabhängigkeit von Betriebsstörungen dadurch, daß in Störungsfällen das eine Werk dem andern aushelfen kann.

Aber auch in finanzieller Hinsicht ergeben sich für Länder, die sich in ähnlicher Lage wie Österreich befinden, Vorteile, durch die Erschließung neuer Einnahmequellen, die unter Umständen zum Ausgleichsmittel einer gestörten Handelsbilanz werden können.

Wasserreiche Länder, wie die Schweiz, Österreich, Skandinavien, konnten durch die Ausnützung ihrer hydraulischen Kräfte die bisher notwendige Kohleneinfuhr um ein wesentliches herabmindern und darüber hinaus durch den Energieexport, wie die Schweiz ihn aufzuweisen hat, neue Kapitalien ins Land ziehen. Die intensive Verwendung von Wasserkraftenergie in diesen Ländern gestattete eine äußerst wirtschaftliche Auswertung der vorhandenen hydraulischen Werke, sodaß die Zinsen des Anlagekapitals, die die größten Ausgaben bei den Wasserwerken darstellen, nicht nur gedeckt werden konnten, sondern darüber hinaus war auch noch eine Herabsetzung der Stromtarife möglich, und der Wettbewerb mit der Steinkohlenenergie sehr erleichtert. Angesichts solcher Tatsachen war es möglich, Energie ins Ausland zu exportieren, ohne daß dadurch die eigene innerstaatliche Versorgung gefährdet wurde.

Immer mehr wurde in neuer Zeit der elektrische Energieaustausch zu einem reinen Handelsobjekt, Begriffe wie „Strompreis" und „Strommarkt" haben sich entwickelt und Angebot und Nachfrage spielen hierbei dieselbe Rolle, wie bei anderen Waren. Auch hier sind es wiederum die wasserreichen Länder, die wohl den größten Nutzen aus diesem besonderen Handelszweig ziehen. Gehen doch, selbst, wenn große Mengen von Strom exportiert werden, keine unersetzlichen Energierohstoffe verloren, da sich das Wasser immer wieder ergänzt; Kohle stellt jedoch nach ihrer Verwertung im Elektrizitätswerk einen Verlust an Nationalreichtum eines Volkes dar, der nicht mehr ersetzt werden kann. Doch unter Beachtung dieses letzten Momentes erwachsen für beide Länder Vorteile. Das wasserreiche Land erhält für die Lieferung von Strom Kapital oder Waren als Gegenleistung und andererseits hat hierdurch der beziehende Staat Gelegenheit, seine Kohlenschätze zu schonen.

Die Steigerung des Stromverkehrs an verschiedenen Stellen Europas hat zweifellos ihre Ursache in all diesen aus ihm erwachsenden technisch-wirtschaftlichen Vorteilen und hat zugleich die Wichtigkeit des internationalen elektrischen Energieverkehrs als Ausgleichsfaktor wiederum unterstrichen.

In rechtlicher Hinsicht haben die stromim- und -exportfeindlichen Strömungen sowie andererseits die weniger starke Beachtung des zwischenstaatlichen Stromaustausches ein buntes Bild geschaffen. In den nachfolgenden Ausführungen soll nun auch hier ein allgemeiner Überblick über die Rechtsverhältnisse, wie sie für den internationalen Handel mit Strom in Frage kommen, sowie deren Ursachen und Wirkungen gegeben werden.

Soweit sich die gesetzlichen Vereinbarungen beim zwischenstaatlichen Grenzverkehr überblicken lassen, bilden hier in den meisten Fällen Verträge mit den angrenzenden Gemeinden oder aber auch solche mit Städtischen Behörden die Rechtsgrundlage. Im allgemeinen ist der Grenzaustausch von den Regierungen der meisten Länder freigegeben oder zumindest ein gewisser Aktionsradius festgelegt, innerhalb dessen sich der Grenzverkehr im Rahmen der allgemeinen Elektrizitätsgesetzgebung abspielen kann (unter anderem bei Finnland). Handelt es sich um größere Ausfuhrmengen bezw. einen Stromexport von weitgehenderer Bedeutung, so muß z. B. in Ländern, wie Schweden, Italien und Luxemburg die besondere Genehmigung der Regierung eingeholt werden. Die weitere Ausdehnung und zunehmende Bedeutung dieses eigenartigen Handelsobjektes hat manche Länder, so besonders die Schweiz, als Hauptexportland für elektrischen Strom, veranlaßt, besondere gesetzliche Bestimmungen für die Ein- und Ausfuhr von elektrischem Strom zu schaffen. Leider sind hier, wie auch in anderen Staaten, wo derartige Gesetze erlassen wurden, diese oft bedenkliche Hindernisse für die gesunde Entwicklung des zwischenstaatlichen elektrischen Energieverkehrs. Gerade die Schweiz ist ein interessantes Beispiel dafür, wie die Gesetze, und hier besonders wiederum die den Export regelnden gesetzlichen Bestimmungen, dem Einfluß der exportfeindlichen Seite unterworfen waren. Auch heute noch läßt sich diese Zurückhaltung sehr leicht feststellen, obwohl die Schweiz bei ihren derzeitigen elektrizitätswirtschaftlichen Verhältnissen wohl kaum Gefahr läuft, sich selbst Schaden durch den Export zuzufügen, oder gar gewisse Teile ihrer Wirtschaft infolge ausländischer Konkurrenz zu gefährden. Gewiß sind auch manche Einwendungen der Exportgegner nicht zurückzuweisen, doch sei eine derartige Gegenüberstellung späteren Ausführungen vorbehalten.

Das Bestreben, die eigene Wirtschaft ausländischen Einflüssen gegenüber möglichst abzuschließen, was besonders heute wieder in den zollpolitischen Maßnahmen einzelner Länder sehr stark zum Ausdruck kommt, macht sich auch in der Elektrizitätsgesetzgebung geltend. Wenn wir die Bestrebungen beim Ausbau der innerstaatlichen elektrizitätswirtschaftlichen Verhältnisse beobachten, so läßt sich unschwer feststellen, daß diese mit größter Intensivität gefördert werden. Das Gesetz ist diesen Ausbaumaßnahmen eine starke Stütze.

Durch den Weltkrieg und dessen Ausgang erhielten auch die Rechtsverhältnisse, soweit sie den internationalen elektrischen Stromverkehr erfassen, ein stark verändertes Aussehen. Ja zum Teil wurden durch die oft willkürlichen politischen Grenzziehungen, wie sie der Versailler, und andere Verträge geschaffen hatten, gerade an Deutschlands Grenzen auf diesem Gebiete oft sehr kuriose Fälle hervor gerufen. Soweit es möglich war, wurden die alten Verträge fortgeführt, oder mußten in anderen Fällen sogar weiterhin aufrecht erhalten werden. Für Österreich galten in dieser Hinsicht die Bestimmungen des Friedensvertrages von Saint Germain. Für den Austausch elektrischer Energie zwischen Frankreich und Deutschland ist der Artikel 69 des Vertrages von Versailles ausschlaggebend gewesen. Hiernach müssen rechtsrheinische Kraftwerke zehn Jahre lang ihr linksrheinisches Abnehmernetz gemäß den bisherigen Verträgen mit Strom bedienen.

In vielen Fällen sind die rechtlichen Verhältnisse des internationalen Stromverkehrs noch keinesfalls geregelte. Auf einer Tagung im Dezember 1923 hat sich auch der Völkerbund in Genf mit den Fragen des Exportes und Importes, sowie der Durchfuhr von elektrischer Energie in langen Sitzungen beschäftigt, konnte jedoch bis heute noch mit keinem wirklich praktischen Ergebnis an die Öffentlichkeit treten.

Als Ergebnis dieser Tagung wurde nachstehendes Protokoll (deutsche Übersetzung aus dem französischen Originaltext[7]) angefertigt, aus welchem gleichzeitig zu ersehen ist, daß auch der Ausbau von Wasserkräften bereits Gegenstand völkerrechtlicher Vereinbarungen geworden ist:

Übereinkommen betreffend Durchfuhr elektrischer Energie und Zeichnungsprotokoll.

(Von der Konferenz angenommener Text.)

Von dem Wunsche beseelt, die internationale Zusammenarbeit bei Abfassung von Verträgen über die Durchfuhr elektrischer Arbeit zwischen interessier-

[7]) Josef Legge: Grundsätzliches und Tatsächliches zu den Elektrizitätswirtschaften in Europa, Anhang, Seite 191 u. f.

ten Staaten zu erleichtern, haben die hohen vertragsschließenden Parteien in de- Absicht, zu diesem Zweck ein allgemeingültiges Übereinkommen aufzustellen, eine Einladung des Völkerbundes zur Teilnahme an einer auf den 15. November 1923 nach Genf einberufenen Konferenz angenommen und zu ihren Bevollmächtigten ernannt:

(Es folgen die Namen)

die, nachdem sie ihre Vollmachten in Ordnung gefunden hatten, folgendes vereinbart haben:

Artikel 1.

Jeder vertragsschließende Staat verpflichtet sich, mit jedem vertragsschließenden Staat, welcher das Ersuchen an ihn richtet, über den Abschluß von Vereinbarungen zu verhandeln, die bestimmt sind, die Durchfuhr von elektrischer Energie durch sein Gebiet sicher zu stellen.

Jedoch behalten sich die vertragsschließenden Staaten das Recht vor, die Bestimmungen des vorhergehenden Absatzes abzulehnen, wenn sie gegen die Durchfuhr von elektrischer Energie Einwendungen erheben könnten, die damit begründet werden, daß eine solche Durchfuhrr ihrer nationalen Wirtschaft und Sicherheit eine schwere Beeinträchtigung zufügen könnte.

Artikel 2.

Als Durchfuhr durch das Land eines vertragsschließenden Staates ist anzusehen, wenn die elektrische Energie über die Landesgrenzen in besonderen Leitungen geschickt wird, ohne in diesem Lande auch nur teilweise erzeugt, verbraucht oder umgeformt zu werden.

Artikel 3.

Die technischen Bestimmungen, die zur Ausführung von Absatz 1 zu erlassen sind, sollen ausschließlich von den Erwägungen getragen werden, die gesetzlich beim inländischen Verkehr maßgebend sind, jedoch mit der Einschränkung, daß ausnahmsweise auf die politischen Grenzen Rücksicht genommen werden kann, wenn dadurch die erwähnten Bestimmungen nicht wesentlich verschärft werden.

Artikel 4.

Die Vereinbarungen gemäß Art. 1 können insbesondere vorsehen:

a) die allgemeinen Bedingungen für den Bau und die Unterhaltung der Leitungen;
b) angemessene Ersatzleistungen an den Staat, durch dessen Gebiet sich die Durchfuhr vollzieht für Kosten, Gefahren, Schäden und Lasten jeder Art, sowie für Verwaltungs- und Überwachungsgebühren, die durch den Bau und den Betrieb der Leitung verursacht werden, gegebenenfalls auch für vorgelegte Unterhaltungskosten;
c) die Einrichtung der technischen Prüfung und Überwachung durch den öffentlichen Sicherheitsdienst;
d) die Arten der telephonischen oder telegraphischen Nachrichtenübermittlung zum Zwecke der Durchfuhr elektrischer Energie;
e) die Art der Beilegung von Streitigkeiten über die Auslegung und Anwendung der Verträge.

Artikel 5.

Der Leitungsbau, die Durchfuhr selbst und die Anlagen zur Fortleitung dürfen in dem Staate, durch dessen Gebiet sich die Durchfuhr vollzieht, nur den Gesetzen und Verordnungen unterworfen werden, die auf den Leitungsbau, die Fortleitung von elektrischer Energie und die Fortleitungsanlagen gemäß der Gegesetzgebung dieses Staates anwendbar sind.

Artikel 6.

Die Durchfuhr von elektrischer Energie darf nicht deswegen einem Sonderrecht unterworfen und davon Sondergebühren erhoben werden, weil es sich um Durchfuhr handelt.

Artikel 7.

Die vertragsschließenden Staaten verpflichten sich, in ihrem Gebiet und im Rahmen ihrer nationalen Gesetzgebung die Handhabung der im Artikel 1 vorgesehenen Verträge zu erleichtern.

Artikel 8.

Die Bestimmungen dieses Übereinkommens legen keinem der vertragsschließenden Staaten die Verpflichtung auf, das Enteignungsrecht anzuwenden, oder ein Zwangsrecht zu bestellen.

Artikel 9.

Dieses Übereinkommen regelt nicht die Rechte und Pflichten eines Kriegführenden oder Neutralen in Kriegszeiten. Indessen soll es auch in Kriegszeiten in dem Umfange weiter gelten, wie es mit den Rechten und Pflichten der Kriegführenden oder Neutralen vereinbar ist.

Artikel 10.

Dieses Übereinkommen schreibt keineswegs die Zurücknahme von Vergünstigungen vor, die größer sind, als sie auf Grund dieser Bestimmungen unter grundsätzlich vergleichbaren Umständen für die Durchfuhr elektrischer Energie durch das Land, welches unter der Herrschaft oder Macht irgend eines der vertragsschließenden Staaten steht, vereinbart worden wären. Es verbietet ebensowenig dergleichen für die Zukunft zu vereinbaren.

Artikel 11.

Dieses Übereinkommen berührt in keiner Weise die Rechte und Pflichten der vertragsschließenden Staaten auf Grund von älteren Vereinbarungen und Verträgen über Gegenstände, die den Inhalt dieses Übereinkommens bilden, oder von Vorschriften über die gleichen Gegenstände in allgemeinen Verträgen, insbesondere den Verträgen von Versailles, Trianon und anderer Verträge, die den Krieg von 1914—1918 beendeten.

Artikel 12.

Wenn zwischen den vertragsschließenden Staaten ein Streit über die Anwendung und Auslegung dieses Übereinkommens entsteht und dieser Streit nicht entweder unmittelbar zwischen den Parteien oder durch irgend ein Mittel gütlicher Verständigung erledigt werden kann, können die Parteien den Streitfall zur gutachtlichen Äußerung einem Organ des Völkerbundes unterbreiten, wenn ein solches durch den Völkerbund aus seinen Mitgliedern als beratendes technisches Organ für Verkehrs- und Durchfuhrfragen eingesetzt ist, es sei denn, daß sie sich von vornherein auf ein anderes gutachtliches, schiedsrichterliches oder gerichtliches Verfahren geeinigt haben, oder nachträglich darauf einigen.

Die Bestimmungen des vorhergehenden Absatzes sind nicht anwendbar auf einen Streit, welcher sich, um sich der Durchfuhr zu widersetzen, auf schwerwiegende Gründe beruft, die in seiner nationalen Wirtschaft und Sicherheit beruhen.

Artikel 13.

Es ist selbstverständlich, daß dieses Übereinkommen nicht so ausgelegt werden darf, als ob es die Rechte und Pflichten von Gebieten untereinander regeln wolle, die Teile desselben souverainen Staates sind, oder unter seiner Schutzherrschaft stehen, mögen diese Gebiete für sich genommen zu den vertragsschließenden Staaten gehören oder nicht.

Artikel 14.

Keine Bestimmung dieses Übereinkommens darf dahin ausgelegt werden, daß es die Rechte und Pflichten der vertragsschließenden Staaten in ihrer Eigenschaft als Mitglieder des Völkerbundes beeinträchtigt.

Artikel 15.

Dieses Übereinkommen, dessen französischer und englischer Text in gleicher Weise maßgebend ist, trägt das Datum dieses Tages und wird bis zum

31. Oktober 1924 zur Zeichnung ausgelegt für jeden Staat, der auf der Genfer Konferenz vertreten war, jedes Mitglied des Völkerbundes und jeden Staat, dem der Rat des Völkerbundes eine Ausfertigung dieses Übereinkommens zugestellt hat.

Artikel 16.

Dieses Übereinkommen muß ratifiziert werden. Die Ratifikationsurkunden werden beim Generalsekretär des Völkerbundes hinterlegt, welcher die Hinterlegung allen unterzeichnenden und beitretenden Staaten anzeigt.

Artikel 17.

Vom 1. November 1924 ab kann jeder auf der Genfer Konferenz vertretene Staat, jedes Mitglied des Völkerbundes und jeder Staat, dem der Rat des Völkerbundes zu diesem Zweck eine Ausfertigung zugestellt hat, diesem Übereinkommen beitreten.

Dieser Beitritt erfolgt mittels einer zur Hinterlegung im Archiv des Sekretariats an den Generalsekretär des Völkerbundes zugestellten Urkunde. Der Generalsekretär zeigt die Hinterlegung allen unterzeichnenden und beitretenden Staaten an.

Artikel 18.

Dieses Übereinkommen tritt erst in Kraft, nachdem es im Namen von drei Staaten ratifiziert ist. Der Tag des Inkrafttretens ist der 90. Tag nach der Entgegennahme der dritten Ratifikation durch den Generalsekretär des Völkerbundes. Nachträglich wird dieses Abkommen gegenüber der betreffenden Partei wirksam am 90. Tage nach der Entgegennahme der Ratifikation oder der Anzeige des Beitritts. Gemäß den Bestimmungen von Artikel 18 des Völkerbunds-Vertrages wird der Generalsekretär dieses Abkommen am Tage seines Inkrafttretens einregistrieren.

Artikel 19.

Der Generalsekretär des Völkerbundes wird ein Sonderverzeichnis aufstellen, das gemäß Art. 21 angibt, welche Parteien dieses Übereinkommen unterzeichnet oder ratifiziert haben, ihm beigetreten sind oder es gekündigt haben. Dieses Verzeichnis wird ständig für die Mitglieder des Völkerbundes offenliegen und so oft wie möglich nach Anweisung des Rates veröffentlicht werden.

Artikel 20.

Vorbehaltlich der Bestimmungen des Art. 11 kann dieses Übereinkommen von jeder Partei gekündigt werden nach Ablauf einer Frist von 5 Jahren seit dem Tage seines Inkrafttretens für die betreffende Partei. Die Kündigung hat durch schriftliche Erklärung an den Generalsekretär des Völkerbundes zu erfolgen. Abschrift dieser Erklärung wird der Generalsekretär sofort allen anderen Parteien unter Bekanntgabe des Empfangstages übersenden.

Artikel 21.

Jeder Staat, der dieses Übereinkommen unterzeichnet hat oder ihm beigetreten ist, kann bei der Unterzeichnung oder bei der Ratifizierung oder dem Beitritt erklären, daß die Annahme dieses Übereinkommens durch ihn entweder die Gesamtheit oder einen Teil seiner Protektorate, Kolonien, Besitzungen oder überseeischen Gebiete, die seiner Herrschaft oder Macht unterworfen sind, nicht binden soll und kann nachträglich gemäß Art. 17 im Namen irgend eines seiner Protektorate, Kolonien, Besitzungen oder überseeischen Gebiete, die er durch diese Erklärung ausgeschlossen hatte, besonders beitreten. Die Kündigung kann ebenso getrennt für jedes Protektorat, jede Kolonie, Besitzung oder überseeisches Gebiet erfolgen; die Vorschriften von Art. 20 finden auf diese Kündigung Anwendung.

Artikel 22.

Die Revision dieses Übereinkommens kann jederzeit von einem Drittel der vertragsschließenden Staaten beantragt werden.

Zur Beglaubigung haben die untengenannten Bevollmächtigten dieses Übereinkommen unterzeichnet.

Geschehen zu Genf am neunten Dezember neuzehnhundertdreiundzwanzig, in einer einzigen Ausfertigung, die im Archiv des Sekretariats des Völkerbundes hinterlegt bleibt.

(es folgen die Unterschriften)

G. R.

Zeichnungsprotokoll zu dem Übereinkommen betreffend die Durchfuhr von elektrischer Arbeit.

Im Augenblick, wo die Unterzeichneten zur Unterschrift des Übereinkommens betreffend die Durchfuhr von elektrischer Arbeit vom heutigen Tage schreiten wollen, haben sie genügend dazu bevollmächtigt folgendes vereinbart:

Das Übereinkommen enthält keine Verpflichtung für einen vertragsschließenden Staat, den Eigentümern oder Unternehmern von Leitungen für die Durchfuhr elektrischer Arbeit auf seinem Gebiet eine bevorzugte Behandlung zuteilwerden zu lassen gegenüber den Eigentümern oder Unternehmern von Leitungen für die Fortleitung elektrischer Arbeit im Innern des Landes.

Das Übereinkommen bezieht sich nicht auf Leitungen, die ausschließlich zur Übermittlung von Zeichen und Worten bestimmt sind.

Dieses Protokoll hat dieselbe Rechtskraft, Geltung und Dauer wie das Übereinkommen vom heutigen Tage, als dessen wesentlicher Bestandteil es anzusehen ist.

Zur Beglaubigung haben die untengenannten Vertreter dieses Protokolls unterzeichnet.

Geschehen zu Genf, den neunten Dezember neunzehnhundertzreiundzwanzig in einer einzigen Ausfertigung, die im Archiv des Sekretariats des Völkerbundes niedergelegt wird; gleichlautende Abschrift wird allen auf der Konferenz vertretenen Staaten übersandt.

(es folgen die Unterschriften)

G. R.

Übereinkommen betreffend die Ausnutzung von Wasserkräften im Bereich mehrerer Staaten.

(Von der Konferenz angenommener Text und Zeichnungsprotokoll.)

. . . . . Von dem Wunsche beseelt, durch internationale Zusammenarbeit die Verwertung der Wasserkräfte zu erleichtern und ihren Ertrag zu verbessern, haben die hohen vertragsschließenden Parteien in der Absicht, zu diesem Zweck ein allgemein gültiges Übereinkommen aufzustellen, eine Einladung des Völkerbundes zur Teilnahme an einer auf den 15. November 1923 nach Genf einberufenen Konferenz angenommen und zu ihren Bevollmächtigten ernannt:

(es folgen die Namen)

die, nachdem sie ihre Vollmachten in Ordnung gefunden hatten, folgendes vereinbart haben:

Artikel 1.

Dieses Übereinkommen beeinträchtigt in keiner Weise die Freiheit eines jeden Staates, im Rahmen des internationalen Rechtes auf seinem Gebiet beliebige Arbeiten zur Ausnutzung von Wasserkräften auszuführen.

Artikel 2.

Wenn die vorteilhafte Verwertung von Wasserkräften eine internationale Untersuchung erfordert, so finden sich die in Betracht kommenden Staaten zu dieser Untersuchung bereit. Auf Ersuchen eines von ihnen soll gemeinsam vorgegangen werden, um die der Gesamtheit ihrer Interessen günstigste Lösung zu finden und unter Berücksichtigung der bestehenden, im Bau befindlichen oder geplanten Werke womöglich ein Ausnutzungsprogramm zu Stande zu bringen.

Jeder vertragsschließende Staat, der ein so zu Stande gebrachtes Ausbau-Programm abzuändern wünscht, kann gegebenenfalls eine neue Untersuchung herbeiführen nach den im vorhergehenden Absatz vorgesehenen Bestimmungen.

Zur Ausführung eines Ausnutzungsprogramms ist kein Staat verpflichtet, es sei denn, daß er diese Verpflichtung förmlich übernommen hat.

Artikel 3.

Wenn ein vertragsschließender Staat Arbeiten zur Ausnutzung von Wasserkräften auszuführen wünscht, die zum Teil auf seinem eigenen Gebiet, teilweise auf dem Gebiet eines anderen vertragsschließenden Staates ausgeführt werden müssen, oder den örtlichen Zustand auf dem Gebiet eines anderen vertragsschließenden Staates berühren, so sollen die in Betracht kommenden Staaten miteinander über den Abschluß von Vereinbarungen verhandeln, durch die die Ausführung der Arbeiten ermöglicht wird.

Artikel 4.

Wenn ein vertragsschließender Staat Arbeiten zur Ausnutzung von Wasserkräften auszuführen wünscht, durch die ein schwerer Schaden für einen anderen vertragsschließenden Staat entstehen kann, so sollen die in Betracht kommenden Staaten miteinander über den Abschluß von Vereinbarungen verhandeln, durch die die Ausführung der Arbeiten ermöglicht wird.

Artikel 5.

Die technischen Bestimmungen, die in den Vereinbarungen auf Grund der vorhergehenden Artikel enthalten sind, sollen im Rahmen jeder nationalen Gesetzgebung ausschließlich von Erwägungen getragen werden, die gesetzlich in gleichliegenden Fällen angewandt werden, wenn es sich um die Ausnutzung von Wasserkräften handelt, die nur einen einzigen Staat angehen, ohne Rücksicht auf jede politische Grenze.

Artikel 6.

Die Vereinbarungen, die in den vorhergehenden Artikeln vorgesehen sind, können gegebenenfalls insbesondere enthalten:

a) allgemeine Bedingungen für den Bau, die Unterhaltung und den Betrieb der Werke,
b) angemessene Ersatzleistungen zwischen den in Betracht kommenden Staaten für Kosten, Gefahren, Schäden und Lasten jeder Art, die durch den Bau und Betrieb der Werke verursacht werden, sowie für vorgelegte Unterhaltungskosten;
c) die Regelung von Fragen der finanziellen Beteiligung;
d) die Einrichtung der technischen Prüfung und Überwachung durch den öffentlichen Sicherheitsdienst;
e) den Schutz der Landschaft;
f) die Führung des Wassers;
g) den Schutz der Rechte Dritter;
h) die Art der Beilegung von Streitigkeiten über die Auslegung und Anwendung der Vereinbarungen.

Artikel 7.

Der Bau und Betrieb von Werken zur Nutzbarmachung von Wasserkräften sind im Gebiete eines jeden Staates nur den Bestimmungen der Gesetze und Verordnungen unterworfen, die auf den Bau und Betrieb von gleichartigen Werken innerhalb dieses Staates anwendbar sind.

Artikel 8.

In Anbetracht der Wasserstraßen, die wie zuvor dem allgemein gültigen Übereinkommen über die Verwaltung der Wasserstraßen von internationaler Bedeutung unterworfen sind, dürfen die Rechte und Pflichten, welche aus Vereinbarungen, die gemäß dieser Vereinbarung abgeschlossen sind, herrühren, nur so verstanden werden, daß sie die Rechte und Pflichten nicht berühren, die auf der allgemeingültigen Vereinbarung abgeschlossen oder noch abzuschließenden Sonderabkommen zur Verwaltung der erwähnten Wasserstraßen beruhen.

Artikel 9.

Dieses Übereinkommen regelt nicht die Rechte und Pflichten eines Kriegführenden oder Neutralen in Kriegszeiten. Indessen soll es auch in Kriegszeiten in dem Umfange weiter gelten, wie es mit deren Rechten und Pflichten vereinbar ist.

Artikel 10.

Dieses Übereinkommen schreibt keineswegs die Zurücknahme von Vergünstigungen vor, die größer sind, als sie auf Grund dieser Bestimmungen unter grundsätzlich vergleichbaren Umständen für die Ausnutzung von Wasserkräften vereinbart worden wären. Es verbietet ebensowenig, dergleichen für die Zukunft zu vereinbaren.

Artikel 11 bis 12 wie zuvor.

G. R.

Unterschriftenprotokoll des Übereinkommens betreffend Nutzbarmachung der Wasserkräfte, die im Interessenbereich mehrerer Staaten liegen.

Im Augenblick der Abgabe der Unterschrift für das Übereinkommen betreffend Ausnutzung der Wasserkräfte, die im Interessenbereich mehrerer Staaten liegen, abgeschlossen an diesem Tage, haben die Unterzeichneten, im Besitze der nötigen Vollmachten, beschlossen, was folgt:

Die Bestimmungen des Übereinkommens ändern in keiner Beziehung das internationale Recht hinsichtlich der Verantwortlichkeit und der Verpflichtungen jedes Staates für einen Schaden irgend welcher Art, der durch die Ausführung von Arbeiten zur Ausnutzung von Wasserkräften angerichtet wird.

Vorstehendes Protokoll hat dieselbe Rechtskraft, Geltung und Dauer wie das Übereinkommen, das am heutigen Tage abgeschlossen ist und als dessen wesentlicher Bestandteil es betrachtet werden soll. Zur Beglaubigung dessen haben die untengenannten Bevollmächtigten vorliegendes Protokoll unterzeichnet.

Geschehen zu Genf, den neunten Dezember neunzehnhundertdreiundzwanzig in einfacher Ausführung, die in dem Archiv des Völkerbundsekretariats hinterlegt werden soll. Eine gleichlautende Abschrift wird an alle auf der Konferenz vertretenen Staaten geschickt.

(es folgen die Namen)

G. R.

Ein „ständiger Ausschuß für elektrische Fragen“ sollte diese wichtigen internationalen Energieversorgungsprobleme weiter prüfen, konnte aber bis heute keine allzufruchtbare Arbeit leisten. Die Konvention vom 15. November 1923 hatte keinen besonders durchschlagenden Erfolg und wurde auch nur von wenigen europäischen Staaten, wie Österreich, Großbritannien (ohne Irland), Dänemark, Tschechoslowakei und Griechenland, angenommen. Diese Tatsache wird vor allem dadurch interessant, daß es sich in sämtlichen Fällen um Länder handelt, die ohne besonderes Risiko diese Vereinbarungen ratifizieren konnten. In allen anderen Staaten machten sich auch hier die Widerstände geltend, die sich den Bestrebungen einer überstaatlichen elektrizitätswirtschaftlichen Verbundenheit noch entgegenstemmen und deren Beseitigung auch in absehbarer Zeit nicht zu hoffen sein wird.

Auch auf der Sondertagung der Weltkraftkonferenz in Basel 1926 wurden die Rufe nach Beseitigung aller Hindernisse, die sich dem Austausch von elektrischer Energie noch entgegenstellen, laut und eine Entschließung folgenden Inhalts angenommen:

„Die Weltkraftkonferenz zu Basel anerkennt die Wichtigkeit und Nützlichkeit des Zusammenschlusses, der zu erleichtern ist. Es soll bei den Behörden dahingewirkt werden, alle Formalitäten zu vermeiden, die die freie Entwicklung hemmen und wirtschaftliche Vorteile in Frage stellen. Man möge sich mit der „Commission Elektrotechnique Internationale" (Völkerbund) ins Einvernehmen setzen, daß dem Energieaustausch keine Schranken mehr gesetzt werden und eine Zusammenarbeit auf internationalem Boden und die Weiterentwicklung der Normung von Hochspannungsleitungen gewährleistet wird."

Schließlich wurden auch auf der Weltkraftkonferenz Berlin 1930 neben den technischen und wirtschaftlichen Verhältnissen auch die rechtlichen Bestimmungen nach verschiedenen Seiten hin lebhaft erörtert.

Außer den allgemeinen und besonderen Rechtsbestimmungen treten der Ein-, Aus- und Durchfuhr von elektrischer Energie als Hindernisse der freien Entwicklung vielfach auch handelspolitische Maßnahmen, nämlich die Erhebung von Einfuhrzöllen auf elektrischen Strom, so in Italien und Dänemark, entgegen. Jedoch bestehen auch hier Ausnahmen, besonders in Fällen, bei denen es sich um reinen Austausch zwischen zwei Werken handelt. Ohne derartige Sonderregelungen würden diese Zollerhebungen oft zu schwer lösbaren Problemen führen. Dies insofern, als der elektrische Strom ein besonders geartetes Handelsgut darstellt und nicht immer gleichwertige Energie über die Grenze strömt. Es ist ein großer Unterschied zwischen Energie, die im anderen Lande verbraucht wird und sogenannter veredelter Energie, d. h. Überschußenergie, die man im Lande aufspeichert und dann zu einer Zeit, zu der im anderen Staate Strommangel herrscht, nach dorthin ausführt. Derartige Energie muß natürlich viel höher bewertet werden, als die vorerwähnte.

Diese allgemeinen Ausführungen über die Bedeutung und den Einfluß der gesetzlichen Bestimmungen auf den internationalen elektrischen Energieverkehr sollen durch die Behandlung der einzelnen Länder im „speziellen Teil" dieser Arbeit Ergänzung finden.[8])

2. Begriff, Geschichte und Gliederung des internationalen elektrischen Energieverkehrs.

Die mannigfaltigen Verknüpfungen und Ansätze zum internationalen elektrischen Energieverkehr lassen die zu Eingang dieses Teiles aufgestellte Zweiteilung des elektrischen Stromhandels gerechtfertigt erscheinen. Darüber hinaus veranlaßt sogar die Verschiedenartigkeit der Entwicklungsvorgänge eine weitere Unterteilung dieser beiden Hauptgebiete vorzunehmen.

---

[8]) Eine ausführliche kritische Übersicht über die allgemeinen Elektrizitätsgesetzgebungen der einzelnen Staaten hat Dr. G. Siegel 1930 in seinem Werk „Die Elektrizitätsgesetzgebung der Kulturländer der Erde" entstehen lassen. Der Bedeutung dieses Werkes Rechnung tragend, sei hier ausdrücklich auf diese hervorragende Erscheinung hingewiesen.

Gliedern wir nach den Entstehungsmomenten, dann erhalten wir folgende

Aufteilung des internationalen elektrischen Energieverkehrs:

I. Zwischenstaatlicher Grenzverkehr:
  a) Austausch,
  b) Import,
  c) Export,

II. Überstaatlicher Stromverkehr:
  a) Austausch (Durchfuhr),
  b) Import,
  c) Export.

Zu I: **Begriff:** Zwischenstaatlicher Grenzverkehr ist derjenige elektrische Energieverkehr, der sich zwischen den Grenzgemeinden zweier Staatsgebiete abspielt, zum Zwecke der gegenseitigen (Austausch zwischen zwei Werken) oder der einseitigen (Export bzw. Import) Versorgung mit elektrischem Strom ohne dadurch nennenswerte Einwirkungen auf die übrige Stromversorgung der beiden Staaten zu veranlassen.

Als eine Sondererscheinung des Grenzverkehrs läßt sich neben dem natürlichen Grenzverkehr d. h. der aus beiderseitiger Initiative der angrenzenden Staaten entstandenen Stromverbindung der künstliche Grenzverkehr hier eingruppieren. Künstlich deshalb, weil durch die Verschiebung der politischen Grenze die bisher innerstaatliche Hochspannungsleitung eines Landes durchschnitten wurde und sich so zu einer überstaatsichen Stromstraße verwandelte, die sich vielleicht bei natürlichen Verhältnissen (Initiativergreifung der beiden Staaten) nicht entwickelt hätte.

Geschichte: Im allgemeinen entwickelte sich der zwischenstaatliche Grenzverkehr in der Zeit von 1903—1908. Auf diese Jahre lassen sich die meisten Anfänge derartigen elektrischen Energieverkehrs zurückführen. Unter den neu entstandenen Verbindungen in der Zeit von 1908—1915 verdient besonders die Kabellegung durch den Öresund 1914 Erwähnung, wodurch die erste Stromverbindung Schwedens mit dem Auslande (Dänemark) zustande gekommen war. Der Weltkrieg und besonders die Bestimmungen des Versailler Vertrags brachten entscheidende Veränderungen und ließen eine Reihe von Fällen künstlichen Grenzverkehrs, wie z. B. mit Polen und Italien, durch die Gebietsabtrennung von Deutschland und Österreich, entstehen. Von den folgenden Jahren sind besonders 1923 und 1924 bedeutsam gewesen. Neuerdings auch 1930 durch die Neugestaltung des Grenzverkehrs zwischen Deutschland und Dänemark.

Zu II: **Begriff:** Überstaatlicher Stromverkehr ist derjenige elektrische Energieverkehr, der sich zwischen zwei Staatsgebieten direkt oder indirekt d. h. unter Benützung eines Transitlandes abspielt und sowohl dem gegenseitigen Austausch als auch dem Export oder Import von elektrischem Strom zum Zwecke des beiderseitigen Ausgleichs und Beseitigung irgend welcher bisheriger Schwankungen in der Stromerzeugung und -verteilung. Ein Energieververkehr, der Versorgung großer und größter Staatsgebiete dienend, sodaß man von ihm als einem in das Wirtschaftsleben des betreffenden Staates einschneidenden Faktor sprechen kann.

Geschichte: Erst die jüngsten Jahre brachten die ersten Ansätze zu einem überstaatlichen Stromverkehr und hier besonders das Jahr 1923, sowie 1926, in welchem die Kupplung zwischen Achenseewerk und Walchenseewerk zustande gekommen ist. Im April des gleichen Jahres begann der Energiebezug aus der Schweiz durch das Badenwerk. Bedeutsam ist ferner geworden der Ausbau und die Vervollkommnung der 220/380 kV-Leitung des RWE über Württemberg nach Vorarlberg (Bürs) und die Vollendung des Vermuntwerkes 1931.

Da die Voraussetzungen für einen internationalen elektrischen Energieverkehr in dessen engerem Sinne jedoch nur der zwischenstaatliche Stromaustausch zu erfüllen vermag, so sprechen wir von einem internationalen elektrischen Energieverkehr im weiteren und einem solchen im engeren Sinne.

Im weiteren Sinne ist internationaler elektrischer Energieverkehr:

Alle Arten der Ex- oder Importierung oder des Austausches von elektrischer Energie über die Grenzen der einzelnen Staaten zum Zwecke der beiderseitigen Versorgung kleinerer oder größerer Gebietsteile, wobei die Bedeutung dieses elektrischen Energieverkehrs für die Elektrizitätswirtschaften der beteiligten Staaten eine den Verhältnissen entsprechende ist.

Im engeren Sinne ist internationaler elektrischer Energieverkehr:

Der direkte oder indirekte Austausch von elektrischer Energie zwischen zwei oder mehreren Staaten zum Zwecke der regelmäßigen und rationellsten Versorgung nur größter Absatzgebiete, wobei die beiden Komponenten des Austausches Importierung und Exportierung jeweils der Aufnahmefähigkeit der austauschenden Länder, wie sie durch die Verbundenheit ihrer Elektrizitätswirtschaften entstanden ist, entsprechen.

Gliederung: Nach dieser Begriffsfixierung lassen sich die am internationalen elektrischen Energieverkehr beteiligten europäischen Staaten, auf Grund der an ihren Grenzen hervorstechendsten Erscheinungsformen des internationalen elektrischen Energieverkehrs, wie folgt eingruppieren:

1. Am zwischenstaatlichen Grenzverkehr sind beteiligt als:
   a) Austauschländer: Deutschland — Dänemark — Polen — Luxemburg;
   b) Exportländer: Belgien — Deutschland — Schweden — Spanien;
   c) Importländer: Deutschland — Holland — Jugoslawien — Liechtenstein — Norwegen — Tschechoslowakei.

2. Am überstaatlichen Stromverkehr sind beteiligt:
   a) Austauschländer: Deutschland,
   b) Exportländer: Schweiz — Österreich,
   c) Importländer: Frankreich — Italien.

Die vorstehend angeführte Aufteilung der europäischen Länder war geeignet, uns einen Überblick über die Vorkommen der einzelnen Arten des elektrischen Energieverkehrs zu geben. Für eine zusammenfassende Betrachtung würde sich diese Aufteilung jedoch nur wenig eignen, da die modernen Probleme und Ausbaubestrebungen des internationalen elektrischen Energieverkehrs eine ganz andere Gruppierung notwendig machen, nach der allein die Bedeutung der Länder herausgeschält werden kann. Unter Berücksichtigung dieser Momente und auch zugleich der vorausgegangenen Gliederung lassen sich somit drei Gruppen unterscheiden, denen wir die kleineren Staaten (d. h. auch diejenigen Länder, die für den elektrischen Energieverkehr weniger Bedeutung haben), je nachdem sie mehr oder weniger von den benachbarten, für den Austausch wichtigeren Stromstaaten erfaßt werden, beiordnen:

A. Deutschland (Saargebiet)
   Schweiz
   Österreich (Liechtenstein - Jugoslawien - Ungarn)
   Frankreich (Spanien - Monaco)
   Italien

B. Norwegen
   Schweden (Finnland)
   Dänemark

C. Polen
   Tschechoslowakei
   Holland
   Belgien
   Luxemburg.

Im „speziellen Teil", dem wir uns nun zuwenden wollen, wurde diese Gliederung beim Aufbau berücksichtigt und dabei die einzelnen europäischen Staaten, soweit sie für den internationalen elektrischen Energieverkehr heute Bedeutung haben, besonders hervorgehoben. Dies geschah jedoch so, daß der allgemeine Zusammenhang dabei nicht verloren gehen konnte. Die beigegebenen Karten, in die die behandelten Austauschlinien mit besonderer Kennzeichnung eingetragen wurden, sollen diese Stromverbundenheit besser veranschaulichen.

Spezieller Teil.

A. Deutsches Reich (Saargebiet, Litauen) — Schweiz — Oesterreich (Liechtenstein, Jugoslawien) — Frankreich (Monaco, Spanien) — Italien.

In dieser Gruppe finden wir die für den zwischenstaatlichen elektrischen Energieverkehr bedeutsamsten Länder vereinigt. Die wichtigsten zwischenstaatlichen Hochspannungsleitungen verbinden ihre Elektrizitätswirtschaften; Grenzverkehr und überstaatlicher Stromverkehr sind mit all ihren Erscheinungsformen vertreten. Den Spiegel derselben bildet das Deutsche Reich als Austauschstaat, als Vertreter des Exportes sind Schweiz und Österreich und als Vertreter des Importes Frankreich und Italien anzusprechen. Am hervorragendsten am europäischen elektrischen Energieverkehr beteiligt ist:

Das Deutsche Reich.

Wenn Deutschland als einziges Austauschland des überstaatlichen Stromverkehrs bei der Eingliederung der europäischen Staaten bezeichnet worden ist, dann soll damit noch nicht gesagt sein, daß sich heute schon bei Deutschland von einem Austauschstaat im Sinne der modernen überstaatlichen Verbundprojekte sprechen läßt. Praktisch kann man ja heute das Bestehen eines überstaatlichen Stromaustausches — dem elektrischen Energieverkehr im engeren Sinne — noch nicht behaupten, jedoch wird eine eingehende Betrachtung des Außenhandels Deutschlands mit elektrischem Strom zu der Erkenntnis führen, daß hier noch am ehesten von einem Austauschstaat im energiewirtschaftlichen Sinne gesprochen werden kann. Trotz seiner Mittellage vermag allergings Deutschlands vielseitig gestalteter Austauschverkehr nicht entscheidend in die gesamte Elektrizitätswirtschaft des Landes einzugreifen, womit ja erst ein wichtiges Moment des Begriffes „überstaatlicher Stromaustausch" erfüllt sein würde. Und somit ist Deutschland dem Sinne nach auch noch kein Austauschland, wohl aber hinsichtlich der Bedeutung seines Energieverkehrs. Denn wenn auch Export und Import nicht immer mit den gleichen Staaten zusammenfallen, also Austausch im eigentlichen Sinne nicht gepflegt wird, so importiert doch auf der einen

Seite Deutschland reichliche Mengen von elektrischer Energie und andererseits ist es imstande, eine nennenswerte Anzahl von Kilowattstunden nach den verschiedensten Staaten abzugeben. Dadurch verschafft es diesen die Möglichkeit, ihren Strombedarf auch dort zu decken, wo die heimische Erzeugung hierzu nicht in der Lage ist; somit ist Deutschland auch in besonderem Maße Ausgleichsland und dies mehr als jeder andere Staat. Die Grundlage hierfür bildet die im Vergleich zu anderen Staaten Europas vorbildliche Elektrizitätswirtschaft.

Die deutsche Elektrizitätswirtschaft ist heute die bestenwickelte aller anderen europäischen Staaten. Wenn diese Behauptung aufgestellt werden kann, so ist dies nicht zuletzt dem Weltkrieg und seinem Ausgang zu verdanken. Er ist die letzte Ursache dazu gewesen, daß sich in Deutschland Kräfte vereinigten, die bemüht waren, ihr Bestes zu geben und im Streben zur Konzentration und Rationalisierung Leistungen zuwege brachten, die heute der deutschen Elektrizitätswirtschaft den Stempel der Qualität aufdrücken. Gerade durch die großen Einschränkungen, die sich aufzuerlegen Deutschland gezwungen war, steigerte sich der Wert der technischen Errungenschaften und die Ausnützung ihrer Vorteile führte zu einer zentralisierten Erzeugung, ohne die der heutige Stand nicht möglich gewesen wäre. So verfügt die Elektrizitätsgroßwirtschaft über ein ausgezeichnet ausgebautes Hochspannungsnetz, über die höchsten Spannungen Europas überhaupt, über eines der größten Speicherwerke u. a. m. Die Organisation seiner Großkraftwerke ermöglicht ein enges Zusammenarbeiten und so zweckmäßigste Ausnützung der vorhandenen Leistungen. Deutscher Schaffensgeist, Unternehmerinitiative und Opferwille arbeiten ruhelos an der weiteren Verbesserung des augenblicklichen Zustandes.

Für die Energieerzeugung stehen Deutschland die reichen Wasserkräfte im Süden, seine Kohlenschätze im Norden und seine Braunkohlenvorkommen in Mitteldeutschland und im Niederlausitzer Gebiet zur Verfügung. Nach Abrechnung der Deutschland durch die Gebietsabtrennung nach dem Weltkrieg verlorengegangenen Kohlengruben verbleiben heute noch 200 Mia. Tonnen Steinkohlen im Lande. Hierzu treten rund 13 Mia. Tonnen Braunkohlen und 3,5 Mio. kW ausbaufähige Wasserkräfte, von denen heute rd. 2 Mio. kW der Wirtschaft ihre Leistung zur Verfügung stellen. Der größte Teil, etwa 74 % der Strommengen wurde bisher aus Steinkohle erzeugt. Neuerdings hat dagegen der Anteil der Braunkohle an der Erzeugung stark zugenommen, sodaß sie heute schon die Steinkohle zum Teil überflügelt hat. Im Gegensatz hierzu hat der Anteil der Wasserkräfte an der Stromerzeugung seit 1928 abgenommen. Betrug er 1926 noch 16 %, so verminderte sich dieser Satz bis zum Jahre 1929 auf 12 %. Im ganzen jedoch stieg der Anteil der Wasserkraft um 15 %, der der übrigen Energiequellen um 72 %, dabei muß allerdings berücksichtigt werden, daß das Jahr 1929 wegen seiner Trockenheit die Entwicklung der Wasserkraft stark gehemmt hat und so blieb auch Süddeutschland gegenüber den übrigen Länderteilen stark zurück [1]).

Die rasche Entwicklung der deutschen Elektrizitätswirtschaft, die diese an zweite Stelle in der Weltelektrizitätserzeugung (nach den Vereinigt. Staaten) gebracht hat, zeigt nachstehende Übersicht:

Installierte Leistung und Erzeugung sämtlicher deutschen Elektrizitätswerke.

Jahr	Insgesamt		Mehrerzeugung gegen Vorjahr %	Oeffentliche Werke		Eigenanlagen	
	Install. Leistung 1000 kW	Erzeugung Mio kWh		Erzeugung Mio kWh	in % der Gesamterzeugung	Erzeugung Mio kWh	in % der Gesamterzeugung
1925	8 713	20 238	—	9 915	48,8	10 413	51,2
1926	9 555	21 218	4,4	10 208	48,1	11 010	51,9
1927	10 242	25 135	18,5	12 317	49,0	12 818	51,0
1928	11 102	27 871	10,9	14 146	50,7	13 725	49,3
1929	—	etwa 32 000	14,8	—	—	—	—

Nach Erhebungen des Statistischen Reichsamtes!

Wenn auch im Jahre 1930 sowie in den letzten Monaten des Jahres 1931 die Stromerzeugung einen Rückgang aufweist, so ist dies durchaus kein Zeichen einer Übersättigung der deutschen Wirtschaft mit elektrischem Strom, sondern es läßt sich diese Tatsache mit dem allgemeinen Konjunkturrückgang begründen. Der größte Teil der erzeugten Strommengen wird von den industriellen und gewerblichen Unternehmungen aufgebracht (70 %), 15 % entfallen auf Licht und Haushaltzwecke, — 11 % auf die Eisenbahnen [2]) und nur 4 % auf die landwirtschaftlichen Betriebe.

[1]) O. Dorth: Entwicklungen in der deutschen Elektrizitätswirtschaft während der letzten Jahre, aus „Elektrizitätswirtschaft", Mitteilungen der VDEW Nr. 517, September 1930, Seite 513.

[2]) Der Fortschritt in der Elektrifizierung der Eisenbahnen, die neuerdings durch die Eröffnung der Strecke Augsburg—München und durch die Elektrifizierung der Strecke Augsburg—Stuttgart eine weitere Ausdehnung erfuhr, stellt sich folgendermaßen dar:

Elektrisch betriebene Eisenbahnen in Deutschland:

Jahr	Länge der elektrischen Strecken				Stromart
	Fernbahnen km	Stadt u. Vorortbahnen km	insgesamt km	in % des Gesamtnetzes	
1913	—	—	165	03	EW
1924	580	36	616	10	EW
1926	849	90	939	17	EW
1927	936	112	1048	20	EW
1928	1116	131	1247	23	EW
1929	1290	225	1515	28	EW
1930	1299	266	1565	29	EW

Das bedeutendste Erzeugungs- und Verteilungselektrizitätsunternehmen Deutschlands ist das Rheinisch-Westfälische Elektrizitätswerk (RWE), Essen. Die moderne großwirtschaftliche Entwicklung auf dem Gebiete des Elektrizitätswesens in Deutschland wird von diesem Unternehmen entscheidend beeinflußt. Den heftigen Widerstand, der den Ausdehnungsbestrebungen des RWE vor allem von Seiten der im Eigenbesitz von Elektrizitätswerken befindlichen Gemeinden entgegengestellt wurde, verstand dieses Unternehmen in den meisten Fällen zu brechen und sein Ziel, an wenigen, aber wirtschaftlich vorteilhaften Stellen die Konzentration der Energieerzeugung durchzuführen, und von dort aus die Versorgung vorzunehmen, zu erreichen. Die Schaffung eines überstaatlichen Stromverkehrs zwischen Deutschland und dem Auslande (Österreich) ist auf engste mit dem RWE verbunden. Seine Einflußsphäre erstreckt sich nicht nur auf den innerstaatlichen Erzeugungs- und Versorgungskreis, sondern auch auf das benachbarte Ausland, ferner auf die Schweiz und Österreich, mit welchem es die vielgenannte 220/380 kV-Leitung vom rheinischen Braunkohlengebiet nach dem Vermuntwerk führend, seit jüngster Zeit verbindet.

U. a. sind außerdem bedeutsame elektrizitätswirtschaftliche Unternehmungen: Elektrowerke A.G. in Berlin, Bayernwerk A.G. in München, Badische Landeselektrizitätsversorgung-A.G. in Karlsruhe (Badenwerk), Württembergische Sammelschienen-A.G. in Stuttgart, Württembergische Landeselektrizitäts-A.G. in Stuttgart. Die hier genannten süddeutschen Unternehmungen spielen für Deutschlands Stromauslandsverkehr die hervorragendste Rolle neben dem RWE.

Das Bestreben nach einer möglichst wirtschaftlichen Ausnützung der verschiedensten Energiequellen und ihre rationelle Zusammenfassung durch gegenseitige Kupplung der Energieerzeugungsanlagen, hat den Gedanken der innerstaatlichen Verbundwirtschaft immer mehr erstarken lassen. Die Kupplung der Braunkohlenkraftwerke in Nord- und Mitteldeutschland mit den Wasserkraftwerken in Süddeutschland hat in den letzten Jahren zu bedeutenden Vereinigungen geführt. Die Tragweite dieser Großunternehmungen, sowie deren Bestreben, alle umliegenden Kräfte für die eigene Elektrizitätswirtschaft heranzuziehen, machte schließlich auch nicht mehr vor der Reichsgrenze halt, sondern erfaßte darüber hinaus die Energiequellengebiete benachbarter Länder. Die ersten Jahre des zwanzigsten Jahrhunderts zeigten an einzelnen Stellen diese Tendenz zwischen zwei Werken. Die gegenseitige Aushilfe, der Ausgleich und der Austausch, brachte hier schon nicht nur innerstaatliche Verkupplungen, sondern auch Fälle, bei denen die Reichsgrenze überschritten wurde. So bildete sich Deutschlands Grenzaustauschverkehr mit elektrischem Strom, dem später durch die Kupplungen der großen Unternehmungen die Ansätze zum überstaatlichen Stromverkehr folgten.

Die Lage Deutschlands im Herzen Europas und die vielseitige Ausgestaltung seiner Elektrizitätswirtschaft, sowie die Erfassung auch kleinster Gebiete für die elektrische Energie, hat Deutschland zugleich auch zum Mittelpunkt des europäischen elektrischen Energieverkehrs werden lassen. Ein

Allgemeiner Überblick über den zwischenstaatlichen elektrischen Energieverkehr Deutschlands

zeigt die große Ausdehnung und Bedeutung desselben, wenn er auch zahlenmäßig untersucht und mit der Gesamterzeugung im Inland verglichen, noch keine allzugroße Rolle spielt.

Der Anteil des Exportes und Importes von elektrischer Energie an der Gesamterzeugung im Inlande:

	in Mio kWh											
	%	1925	%	1926	%	1927	%	1928	%	1929	%	1930
Gesamterzeug.	—	20 328	—	21 218	—	25 135	—	27 871	—	32 500	—	31 200
+ Import	1,51	**307**	0,97	**206**	1,06	**268**	1,05	**293**	1,24	**404**	1,33	**416**
insgesamt	—	20 635	—	21 424	—	25 403	—	28 164	—	32 904	—	31 616
— Export	0,49	**90**	0,58	**124**	0,71	**179**	0,65	**183**	0,55	**180**	0,65	**205**
Im Inlande verbliebene Energiemenge	—	20 545	—	21 300	—	25 224	—	27 981	—	32 724	—	31 411

Der Import elektrischer Energie, der heute rund das zweifache des Exportes darstellt, hatte 1925 noch 1,5 % der Gesamterzeugung im Inlande ausgemacht, 1930 dagegen nur mehr 1,2 %. Der Export nahm 1925 rund 0,5 % ein und stieg dessen Anteil an der Gesamterzeugung 1930 auf 0,7 %. Der Anteil der Austauschmengen an der Gesamterzeugung elektrischer Energie ist also nicht sehr erheblich, doch damit die Bedeutung des deutschen zwischenstaatlichen elektrischen Energieverkehrs keinesfalls gering, da dieser lebenswichtig geworden ist für viele Teile der Wirtschaft im In- und Auslande.

Die Staaten, mit denen heute Deutschland durch Hochspannungsleitungen verbunden ist, sind folgende:

Im Süden: Schweiz und Österreich,
„ Osten: Tschechoslowakei, Polen und Litauen.
„ Norden: Dänemark,
„ Nordwesten: Holland,
„ Westen: Belgien, Luxemburg, Saargebiet, Frankreich (Elsaß-Lothringen).

Der bedeutendste Energieverkehr findet heute mit der Schweiz statt. In der Hauptsache ist es der Export schweizerischer Energie, der hier für Deutschland eine Rolle spielt. Das zweitgrößte Kontingent der importierten Strommenge liefert Österreich, an dessen Grenzen außerdem auch ein sehr reger und wechselvoller Grenzaustausch mit elektrischer Energie stattfindet. Der größte Grenzaustauschverkehr findet mit Frankreich statt, der größte Grenzexport mit Polen, der größte Grenzimport spielt sich mit dem Saargebiet ab. Mit Dänemark besteht seit 22. März 1930 ein sehr lebhafter und im Steigen begriffener Grenzaustausch. Nach Holland exportiert Deutschland ebenfalls größere Mengen elektrischer Energie, allerdings ist in den letzten Jahren hierin ein Rückgang zu verzeichnen. Der Austausch bezw. Export oder Import elektrischen Stromes gegenüber anderen Ländern ist von untergeordneter Bedeutung.

Die Möglichkeit der Energieübertragung gewähren folgende **zwischenstaatliche Hochspannungsleitungen** [3]), deren Lage aus der beigefügten Karte ersichtlich ist:

Im Süden:

a) mit der Schweiz

Kupplungsstelle

Deutschland	Schweiz	Spannung Volt
1. Gurtweil	Klingenau	100.000
2. Gurtweil	Dogern	100.000
3. Schluchseewerk	Klingnau	100.000
4. Wyhlen/Rheinfelden	Baden	30./80.000
5. Schluchseewerk	Beznau	100.000
6. Waldshut	Beznau	50.000
7. Zollhaus	Laufenburg	50.000
8. Rheinweiler	Laufenburg	50.000
9. Waldshut	Laufenburg	50.000
10. Stockach	Eglisau	45.000
11. Konstanz	Eglisau/St. Gallen	10./30.000

b) mit Österreich:

Deutschland	Österreich	
1. Brauweiler/Hoheneck	Bürs (Vermuntwerk	220./380.000
2. Walchenseewerk	Achenseewerk (Sillwerk)	100.000
3. Burghausen	Wiestalwerk	60.000
4. Allgäuer Überlandwerk Kempten	Reutte	50.000
5. Biberach/Niederstaufen	Bregenz/Rieden	30./80.000
6. Allgäu (direkte Versorgung)	Reutte	8.000
7. Allgäu (direkte Versorgung)	Reutte	8.000
8. Sonthofen	Schattwald	5.000
9. Wertach	Jungholz	5.000
10. Reith im Winkel	Kössen i. Tirol	5.000

[3]) Soweit es möglich war, wurden in dieser Aufstellung auch Leitungen mit niederen Spannungen einbezogen.

Im Osten:

a) mit der Tschechoslowakei:

	Deutschland	Tschechoslowakei	Volt
1.	Hirschfelde (ASW) — — — — — —	Warnsdorf	40.000
2.	Arzberg — — — — — — — — — —	Eger	20.000
3.	Annaberg — — — — — — — — — —	Weipert	10. u. 30.000
4.	ASW — — — — — — — — — — — —	Elektr Liefg.-Ges. Grottau	6. u. 20.000
5.	ASW — — — — — — — — — — — —	Gemeinde Peterswald	20.000
6.	ASW — — — — — — — — — — — —	Nixdorf	10.000
7.	ASW — — — — — — — — — — — —	Preßnitz	10.000
8.	ASW — — — — — — — — — — — —	Sebastiansberg	10.000
9.	Klingenthal — — — — — — — — —	Markhausen	2 x 220/440
10.	Klingenthal — — — — — — — — —	Schwaderbach/Silberbach	5.000
11.	Hirschberg i. Rgb. — — — — — —	Isergebirge (direkte Versorg.)	
12.	Überlandwerk Oberschlesien — —	direkte Versorgung	

b) mit Polen:

	Deutschland	Polen	
1.	Hindenburg (Zaborze) — — — —	Chorzow	60.000
2.	Beuthen — — — — — — — — — —	Tarnowitz	30./80.000
3.	Schneidemühl — — — — — — — —	Chodziez (Kolmar)	15.000
4.	Deutsch-Kolmar — — — — — — —	Chodziez	15.000
5.	Marienwerder — — — — — — — —	Stocksmühle	15.000
6.	Ostpreußen — — — — — — — — —	Litauen (Memelland)	

Im Norden:

Deutschland	mit Dänemark	
Flensburg — — — — — — — — — —	Apenrade	60.000

Im Nordwesten:

	Deutschland	mit Holland	
1.	Wesel (RWE Essen) — — — — —	Nijmegen	100.000
2.	Rhein. Elektr. u. Kleinbahnen AG. — Aachen — — — — — — — — — — — —	Kerkrade	3.750

Im Westen:

a) mit Luxemburg:

RWE Trier — — — — — — — — —	Luxemburg Gem.	12.000

b) mit Frankreich:

	Deutschland	Frankreich	
1.	Saarlouis Bous Saargebiet) — —	La Houve/Creutzwald	35.000
2.	Offenburg (Badenwerk) — — — —	Straßburg	100.000
3.	Neuenburg — — — — — — — — — —	Mülhausen	70.000

Auf diesen zwischenstaatlichen Austauschlinien spielt sich heute in der Hauptsache der Stromverkehr Deutschlands mit dem Auslande ab. Die Anfänge des elektrischen Energiegrenzverkehrs Deutschlands lassen sich bis auf die Jahre 1903 und 1904 zurückverfolgen. Seitdem hat der zwischenstaatliche elektrische Energieverkehr der deutschen Provinzen ständig zugenommen und immer größere Erzeugungs- und Versorgungsgebiete erfaßt. Bis 1925 blieb der Außenhandel Deutschlands mit elektrischem Strom von der Statistik ziemlich unbeachtet und erst seit diesem Jahre wurden umfassendere Erhebungen durch das Statistische Reichsamt vorgenommen und veröffentlicht. Die Angaben dieser Behörde und die Erhebungen des Verfassers ergeben folgendes Bild, das zugleich einen Vergleich der Import- und Exportwerte gestattet sowie die Ausgleichstendenz im deutschen Außenhandel mit elektrischem Strom und auch die Energievermittlung Deutschlands nach den verschiedensten, seine Grenzen berührenden Staaten erkennen läßt:

Übersichts-Tabelle siehe nächste Seite.

Selbst der zunehmende Ausbau der deutschen Elektrizitätswirtschaft wird in absehbarer Zeit das Verhältnis von Export zu Import kaum ändern, da, wie z. B. die bereits teilweise durchgeführten Projekte in Österreich zeigen, eher mit einer weiteren Steigerung des Imports zu rechnen ist. Zudem wäre bei einer größeren Exportmöglichkeit Deutschlands in Bezug auf elektrischen Strom es noch sehr fraglich, ob bei dem allseitig stark betriebenen Ausbau der einzelnen europäischen Elektrizitätswirtschaften diese Mengen im Ausland untergebracht werden können. — Aussichten hierfür wären bestenfalls durch Verstärkung des Grenzexportes nach der Tschechoslowakei, Polen, Dänemark und Holland gegeben.

Diesen allgemeinen Überblick über den Auslandsverkehr des Deutschen Reiches mit elektrischem Strom sollen noch einige Ausführungen über den

Wert der Ein- und Ausfuhr von elektrischer Energie

ergänzen. Nicht ohne weiteres läßt sich der Wert des deutschen zwischenstaatlichen Energieverkehrs festlegen, was in der Verschiedenartigkeit der Vereinbarungen und Verträge der einzelnen Stromein- und -verkaufsgesellschaften mit dem Auslande begründet liegt. Selbst bei Zugrundelegung eines Durchschnittspreises, wie dies der „Ausschuß zur Untersuchung der Erzeugungs- und Absatzbedingungen der deutschen Wirtschaft" getan hatte, läßt sich der Wert nur annähernd bestimmen. Import- oder Exportstrom wird nicht immer finanziell beglichen, sondern in Grenzaustauschfällen, wie z. B. zwischen Flensburg und Apenrade, wird der gegenseitige Austausch ohne Vergütung vorgenommen, lediglich, wenn eine Überschußlieferung eintreten sollte, wird diese auf der Kohlenbasis verrechnet. Andererseits wird im Sommer gespeicherte Energie als Winterstrom nach der Schweiz geliefert, der im Preis doppelt so hoch zu stehen kommt, als die im Sommer eingeführte Schweizer Energie. Dadurch ergeben sich große Preisschwankungen, sodaß

Übersicht über den Auslandsverkehr des deutschen Reiches mit elektrischem Strom

(in Mio kWh).

Land:	1925				1926			
	% Gesamt-Einfuhr	Imp.	Exp.	% Gesamt-Ausfuhr	% Gesamt-Einfuhr	Imp.	Exp.	% Gesamt-Ausfuhr
Dänemark	—	—	0,188	**0,20**	—	—	0,186	**0,15**
Holland	**0,008**	0,026	1,380	**1,53**	**0,021**	0,043	1,340	**1,08**
Frankreich	**12,24**	37,584	46,044	**51,16**	**7,35**	15,142	58,954	**47,66**
Litauen	—	—	—	—	—	—	0,010	**0,008**
Luxemburg	—	—	0,052	**0,056**	—	—	0,055	**0,043**
Österreich	**6,74**	20,678	0,565	**0,639**	**11,82**	24,304	0,272	**0,22**
Polen	**3,73**	11,490	1,440	**1,60**	**0,40**	0,830	10,820	**8,75**
Saargebiet	**9,06**	27,803	0,027	**0,029**	**8,36**	17,223	4,973	**4,02**
Schweiz	**68,20**	209,368	22,000	**24,44**	**72,02**	148,099	30,121	**24,35**
Tschechoslowakei	**0,002**	0,005	18,307	**20,34**	**0,002**	0,005	16,956	**13,71**
Insgesamt:	—	306,944	90,003	—	—	205,646	123,687	—
	—	307,000	90,000	—	—	206,000	124,000	—
	1927				1928			
Dänemark	—	—	0,179	**0,100**	—	—	0,204	**0,11**
Holland	**0,013**	0,036	3,300	**1,842**	**0,011**	0,034	1,770	**0,97**
Frankreich	**14,07**	37,744	59,399	**33,16**	**15,71**	46,043	61,496	**33,60**
Litauen	—	—	0,010	**0,005**	—	—	0,012	**0,006**
Luxemburg	—	—	0,062	**0,035**	—	—	0,070	**0,038**
Österreich	**17,52**	47,000	0,420	**0,234**	**34,02**	99,675	0,909	**0,50**
Polen	**4,15**	11,130	63,155	**35,26**	**1,15**	3,375	53,395	**29,18**
Saargebiet	**5,56**	14,904	7,378	**4,12**	**11,39**	33,389	8,981	**4,91**
Schweiz	**58,46**	156,821	27,689	**15,46**	**37,72**	110,513	38,200	**20,87**
Tschechoslowakei	**0,225**	0,604	17,518	**9,78**	**0,014**	0,042	18,062	**9,87**
Insgesamt:	—	268,239	179,110	—	—	293,071	183,099	—
	—	268,000	179,000	—	—	293,000	183,000	—
	1929				1930			
Dänemark	—	—	—	—	**0,37**	2,100	3,200	**1,60**
Holland	**0,009**	0,037	2,020	**1,13**	**0,006**	0,037	2,225	**1,12**
Frankreich	**12,43**	50,133	60,314	**33,59**	**7,26**	45,000*	46,000*	**23,17**
Litauen	—	—	0,016	—	—	—	0,020	—
Luxemburg	—	—	0,073	**0,04**	—	—	0,070	**0,036**
Österreich	**33,19**	133,880	3,226	**1,80**	**35,91**	218,646	6,719	**3,00**
Polen	**0,67**	2,687	51,778	**28,84**	**2,9**	17,596*	52,000*	**26,43**
Saargebiet	**12,55**	50,655	0,629	**0,35**	**8,9**	55,268	0,324	**0,16**
Schweiz	**41,48**	165,994	42,709	**23,79**	**45,32**	280,000	68,000	**34,25**
Tschechoslowakei	**0,005**	0,022	18,764	**10,45**	**0,03**	0,229	19,988	**10,04**
Insgesamt:	—	403,408	179,529	—	—	618,976	198,545	—
	—	404,000	180,000	—	—	619,000	199,000	—

*) geschätzte Zahlen

eine exakte Kalkulation sehr schwierig ist, Nach Schätzungen des Enquête-Ausschusses ergibt sich ein durchschnittlicher Arbeitspreis von 3 Pfg. für die eingeführte kWh und 2 Pfg. für die ausgeführte kWh. Für 100 Mio kWh bedeutet dies einen Abfluß von 3 Mio Mark beim Import von elektrischer Energie und einen Zufluß von 2 Mio Mark beim Export derselben. Legen wir diesen Preis dem Import und Export seit 1925 zugrunde, dann ergibt sich folgendes ungefähre

Bild über den Wert des deutschen Außenhandels mit elektr. Strom:

	Import Mio kWh	= ca. Mio Mark	Export Mio kWh	= ca. Mio Mark	= Passiv-Saldo Mio Mark
1925	307	9,2	90	1,8	7,4
1926	206	6 2	124	2,5	3,7
1927	268	8,0	179	3,6	4,4
1928	293	8,8	183	3,7	5,1
1929	404	12,1	180	3,6	8,5
1930	619	18,57	199	3,98	14,59

Die hier errechneten Saldi dürften sich jedoch zugunsten Deutschlands verbessern, wenn sich die praktischen Verhältnisse exakter heranziehen ließen, da ja der hier angenommene Preis von 2 Pfg. für eine ausgeführte kWh für viele Fälle etwas zu tief angesetzt erscheint. Es genügt jedoch diese Betrachtung, um ebenfalls zu zeigen, daß auch für die deutsche Handelsbilanz die Einnahmen und Ausgaben für den zwischenstaatlichen elektrischen Energieverkehr nur einen kleinen Bruchteil der gesamten deutschen Handelsbilanz einnehmen.

Gesetzliche Beschränkungen sind dem Außenhandel Deutschlands mit elektrischem Strom in keiner Weise auferlegt. Uneingeschränkt von derartigen Eingriffen kann sich auch hier die freie Entwicklung der Kräfte, wie in der deutschen Elektrizitätswirtschaft überhaupt, vollziehen. So bilden die Verträge der Austauschkontrahenten die gesetzliche Grundlage, die mehr oder weniger durch die einzelnen Friedensverträge verändert oder in neue Bahnen geleitet worden sind.

Diese vielseitigen Bindungen, welche hier allgemein zusammengefaßt wurden, sollen nun durch

eine spezielle Untersuchung des Außenhandels Deutschlands mit elektrischem Strom

eine eingehende Aufteilung erfahren, um die Stärke und Intensivität sowie die Bedeutung der verschiedenartigen Kupplungen und der am engsten mit ihnen verbundenen deutschen Wirtschaftsunternehmen hervortreten zu lassen. Die größte Bedeutung hat der

Austausch mit der Schweiz.

Die Entwicklung der Austauschverhältnisse mit der Schweiz ist vor allem deshalb bedeutsam, weil sie eine derjenigen Bindungen ist, die noch am ersten einer intensiveren Ausgestaltung entgegensehen darf und somit in Bezug auf die Tragweite und Einwirkung für den internationalen Stromverkehr von großer Bedeutung geworden ist. Die Kupplung mit der Schweiz spielt zunächst auf deutscher Seite für Baden und Württemberg eine große Rolle.

In Baden hatte der Kampf zwischen Dampf- und Wasserkraft sehr frühzeitig eine wesentliche Bedeutung, da man den Wert der diesem Lande zur Verfügung stehenden Wasserkräfte bald erkannt hatte. Ursprünglich war die badische Kraftversorgung nur auf der Kohlenbasis aufgebaut. Seitdem jedoch im Süden des Landes privater Unternehmergeist den Ausbau der Rheinkraftwerke auf der Strecke Konstanz/Baden durchführte, spielen die Wasserkräfte für das Wirtschaftsleben des Landes eine erhebliche Rolle. Mit dem Ausbau der Wasserkräfte am Oberrhein wurde in Baden bereits 1894 begonnen. Bedeutsam wurden im Verlauf der Entwicklung die Kraftwerke Rheinfelden, Augst-Wyhlen, Laufenburg und Eglisau, ferner Ryburg-Schwörstadt, Dogern und Reckingen. Für die Landesversorgung Badens bildete der Bau des Murg-Kraftwerkes (ein seinerzeit rein staatliches Unternehmen, das seit 1921 Aktiengesellschaft ist, mit dem Namen „Badische Landeselektrizitäts-Versorgungs-A.-G.-Badenwerk") den Ausgangspunkt. Diesem Badenwerk ist das Verdienst zuzusprechen, daß die Gesamtstromversorgung Badens eine erhöhte Entwicklung erfuhr.

Seit dieser Zeit hat der Ausbau des Hochspannungsnetzes Badens, sowie eine Verkupplung mit den angrenzenden Staaten weitgehende Fortschritte gemacht. So ist heute das Land durch eine 100 kV Hochspannungsleitung, die von Mannheim ausgeht, mit dem Pfalzwerk verbunden. Ähnliche Leitungen verbinden Baden mit Württemberg und dadurch indirekt mit Bayern (Bayernwerk). Andererseits ist das Großkraftwerk Mannheim mit dem Murg-Werk, dem Schluchseewerk und dem Oberrhein verbunden. Das Badenwerk selbst ist in der Lage, sich mit dem Goldenbergwerk, dem größten Braunkohlenkraftwerk Europas, in Verbindung zu setzen und damit ist der Anschluß an das RWE gegeben. Der Ausbau der oberrheinischen Wasserkraftwerke und der Wasserkräfte überhaupt ließen den innerstaatlichen Ausgleich und Austausch nicht nur auf die benachbarten deutschen Staaten, wie Bayern und Württemberg, ausdehnen, sondern auch auf die angrenzenden ausländischen Staaten, so die Schweiz und Frankreich.

Ein Abkommen, welches das Badenwerk mit der schweizerischen Kraftübertragung in Bern geschlossen hatte, stellte die Stromversorgung Südbayerns in Sicherheit. Infolge der Verkupplung des badischen Hochspannungsnetzes mit anderen wichtigen deutschen Verteilungsnetzen, wurde dieser Abschluß mit der Schweiz auch für andere deutsche Gebiete von Bedeutung.

Die 110 kV-Landessammelschiene des Badenwerkes verbindet über eine Station der **schweizerischen Kraftübertragung-(S.K.Bern)** mit den Anlagen der **nordostschweizerischen Kraftwerke (N.O.K.** über Laufenburg). Zwischen dem Badenwerk einerseits und der S.K. andererseits besteht ein Vertrag, wonach die S.K., die eine Übergabestation in Laufenburg hat und mit mehreren anderen schweizerischen Werken verbunden ist, an das Badenwerk im Sommer Sonnabends 10.000 kW und Sonntags 14.000 kW zu liefern hat. Dafür stellt das Badenwerk dem schweizerischen Werk bis zu 12.000 kW hochwertigen Winter- und Spitzenstrom zur Verfügung. Der Energiebezug von der Schweiz begann für das Badenwerk im April 1926. Die 1. Lieferung noch der Schweiz erfolgte im November des gleichen Jahres. Zahlenmäßig bleibt die Winterlieferung nach der Schweiz dem Import (der Sommermonate von dort) gegenüber zurück. Dagegen gleichen sich die Werte der bezogenen und gelieferten Mengen fast vollkommen aus, da der nach der Schweiz gelieferte Spitzenstrom ungefähr doppelt so viel wert ist, als der von der Schweiz bezogene Sommerstrom. Umgekehrt verpflichtet sich das Badenwerk, im Winter, wo die Verhältnisse einer Exportstromerzeugung in der Schweiz nicht günstig sind, tags und nachts 6.000 kW nach Laufenburg abzugeben. Daneben sind noch kurzfristige Lieferungen vorgesehen, je nach Bedarf und Jahreszeit. Auf diese Weise findet nun ständig ein reger Austausch an thermischer und hydraulischer Energie statt. So ist im deutschen Mittelgebirge die Sommerzeit wasserarm, im Gegensatz zu der Schweiz, wo um diese Zeit die Gletscherwasser reichen Zufluß spenden.

Außer dieser Verbindung besteht ein Stromaustausch mit den Anlagen der **Kraftübertragungswerke Rheinfelden** über eine Leitung der **N.O.K.**, ebenfalls eine sehr zweckmäßige Austauschlinie, die auch dem Badenwerk diente, doch seit dem Ausbau neuer Linien weniger in Anspruch genommen wird.

Nur so war es möglich, daß nun ein äußerst vorteilhaftes Zusammenarbeiten der badischen und schweizerischen Wasserkräfte mit der billigen rheinischen Rohbraunkohle ermöglicht wurde. So auch kann die Schweiz im Sommer, wo sie über reiche Wasserkräfte verfügt, billige elektrische Energie nach dem Rheinland und Norddeutschland führen und andererseits im Winter Strom aus dem Rheinlande und dem Badenwerk beziehen, wodurch der Bau von neuen Dampfkraftwerken, die diesen Ausfall decken müßten, nicht notwendig wird. Außerdem ist bedeutsam, daß billige Schweizer Energie zum Pumpenantrieb verwendet werden kann und so in den deutschen hydraulischen Speicherwerken in hochwertige Spitzenkraft verwandelt wird, die dann der Winterversorgung gute Dienste zu leisten vermag.

In stärkstem Maße hat dieser Austausch seit 1926 begonnen und wird mit dem weiteren intensiven Ausbau der „Stromstraße Baden — Bodensee" immer mehr an Bedeutung für den überstaatlichen Stromverkehr gewinnen. Austausch und Ausgleich, sowohl innerstaatlich als auch überstaatlich, spielen in Baden eine sehr bedeutsame Rolle, da infolge der erwähnten Verkupplungen mit den angrenzenden Ländern der weitgehendste Ausgleich bewerkstelligt werden kann. So können auch die Schwankungen der Laufwasserkraftwerke ausgeglichen werden und andererseits die Dampfkraftwerke ihren Bedarf an Spitzenstrom decken und überhaupt eine rationellere Ausnützung ihrer Anlagen durchführen.

Der Ausbau der Werke schreitet bei gemeinsamer Zusammenarbeit deutscher und schweizerischer Unternehmen[4]) fort und für Deutschland dürfte der Energieaustausch mit der Schweiz noch von größter Wichtigkeit werden. Durch den Ausbau des Schluchseewerkes, der Errichtung einer 220 kV-Leitung von der Rheinstromstraße nach Herbertingen und damit einer Verbindungslinie mit der großen überstaatlichen Leitung des RWE vom Vermuntwerk nach Brauweiler ist hier energiewirtschaftlich ein Verbundsystem ersten Ranges geschaffen, dessen weitere Ausgestaltung für das Wirtschaftsleben der beteiligten Völker infolge seiner gesünderen freien Entwicklung — im Gegensatz zu anderen ähnlichen zwischenstaatlichen Bindungen — nicht hoch genug bewertet werden kann.

Die Verbindungen Badens mit der Schweiz sind zunächst eine

110 kV-Leitung vom Badenwerk über Offenburg, Villingen und dem Schluchseewerk nach Beznau.

Ferner:

Rheinweiler/Laufenburg	— — — — — —	Baden (Schweiz)	30/80 kV
Rheinweiler	— — — — — — — — — —	Zürich	50 „
Rheinfelden	— — — — — — — — — —	Baden (Schweiz)	30/80 kV
Gurtweil	— — — — — — — — — — —	Klingnau	100 „
Gurtweil	— — — — — — — — — — —	Dogern	100 „
Schluchseewerk	— — — — — — — — —	Klingnau	100 „
Stockach	— — — — — — — — — — —	Eglisau	45 „

[4]) Bayerische Industrie- u. Handelszeitung, 61. Jahrg., Nr. 1/2, 1931 „Badens Wasserkräfte" ...... Die neueren großen Wasserkraftanlagen kommen meist unter Beteiligung verschiedener Unternehmer zustande; sie sind im allgemeinen vermöge der in ihnen unmittelbar oder mittelbar vertretenen öffentlichen Hand als gemischt-wirtschaftlich anzusehen. So sind z. B. an der Schluchseewerk-A.G. in Freiburg das Rheinisch-Westfälische Elektrizitätswerk zu 50 %, das Badenwerk zu 37,5 %, das Kraftwerk Rheinfelden zu 7,5 % und das Kraftwerk Laufenburg zu 5 % beteiligt. An dem Oberrheinwerk Ryburg-Schwörstadt sind mit je 25 % zwei private und zwei gemeinwirtschaftliche Unternehmungen beteiligt: als erstere sind das Badenwerk und die Nordostschweizerischen Kraftwerke, ein Unternehmen von sechs schweizerischen Kantonen, als letztere die Kraftübertragungswerke Rheinfelden und die Motor-Columbus A.-G. in Baden (Schweiz) vertreten. In diesem Falle arbeiten also einträchtig zu gemeinsamem wirtschaftlichen Zwecke zwei Länder, zwei gemeinwirtschaftliche und zwei private Unternehmungen zusammen.

Der elektrische **Energieaustausch Badens mit der Schweiz** stellt sich wie folgt dar:

1926:	Import	134.482.000 kWh	= 64 %	d. Gesamt-Einfuhr des deutschen Reichs
	Export	30.121.000 kWh	= 24 %	„ „ -Ausfuhr „ „ „
1927:	Import	141.745.000 kWh	= 53,5%	„ „ -Einfuhr „ „ „
	Export	27.624.000 kWh	= 15,2%	„ „ -Ausfuhr „ „ „
1928:	Import	87.520.000 kWh	= 29,9%	„ „ -Einfuhr „ „ „
	Export	38.136.000 kWh	= 20,4%	„ „ -Ausfuhr „ „ „
1929:	Import	144.360.000 kWh	= 36,2%	„ „ -Einfuhr „ „ „
	Export	42.379.000 kWh	= 23,3%	„ „ -Ausfuhr „ „ „

Die Höhe des Prozentsatzes zeigt gleichzeitig, daß der größte Teil der aus dem Auslande bezogenen elektrischen Energiemengen aus der Schweiz kommt und hiervon wiederum gehen die meisten Kilowattstunden über das badische Hochspannungsnetz.

Deutschland ist nicht nur durch Baden, sondern auch durch **Württemberg mit der Schweiz** verbunden, beispielsweise:
Laufenburg—Zollhaus — 50 kV — Tuttlingen 15 kV,
Laufenburg — 110 kV — Villingen — 15 kV — Bieringen.

Die Stromstraße Basel—Konstanz ist für Württemberg von nicht minder großer Bedeutung, wie für Baden. Württemberg ist wegen seiner Armut an Energiequellen, Wasser und Kohle, auf den Bezug fremden Stromes in hohem Maße angewiesen. infolge seiner starken elektrizitätswirtschaftlichen Entwicklung und so zu einem typischen Einfuhrland für Energie geworden. Die Großversorgung verdrängt immer stärker die zahlreich vorhandenen Kleinkraftwerke. Die Sicherung größerer Energiemengen führte auch hier zur Kupplung des Hochspannungsnetzes mit denen der angrenzenden Staaten, so neben Bayern und Baden mit Österreich **(Biberach/Niederstaufen—Bregenz/Rieden/Andelsbuch 35/80 kV)** und der Schweiz. An dem Ausbau der oben erwähnten Stromstraße Basel—Konstanz ist Württemberg ebenfalls finanziell beteiligt. Die Stromzufuhr von dort nach Württemberg soll eine 220 kV-Leitung von **Waldshut—Gurtweil** nach **Herbertingen** übernehmen. Durch diese Leitung, die durch die **Württembergische Landeselektrizitäts-A.G. (WLAG)** erbaut wird und die außer vom Oberrhein Strom aus den Kraftwerken Dogern, Klingnau und Aare einführen soll, wird zugleich auch eine Verbindung hergestellt, mit der zur Zeit für den überstaatlichen Stromverkehr wichtigsten Hochspannungsleitung des RWE. Württemberg hat, um sich in dieses Verbundsystem eingliedern zu können, selbst zwei wichtige Umspannwerke gebaut: Hoheneck bei Ludwigsburg, Herbertingen im Donautal. Diese Verkupplung gestattet dem Lande die größte Ausgleichsmöglichkeit. Einerseits kann Wasserkraftstrom aus dem Süden, andererseits thermische Energie aus dem Braunkohlengebiet des Nordens herangezogen werden. Der Erfolg dieser elektrowirtschaftlichen Verbundenheit macht sich bei Württemberg sehr vorteilhaft durch Rückgang der Kohleneinfuhr bemerkbar. Hierdurch konnten große Ersparnisse erzielt werden, die bei intensiver Verwendung aller technischen Errungenschaften auf diesem Gebiete sicher noch mehr Vorteile für das Land bringen werden.

Der Austausch mit der Schweiz und Österreich wird außer dem innerstaatlichen Ausgleich auch hier zunehmende Bedeutung gewinnen, was für die jüngst vergangenen Jahre in einer Steigerung der Im- und Exportziffern zum Ausdruck kam.

Austausch Württembergs mit der Schweiz und Österreich:
(in Mio kWh)

	Export 1926	Import 1926	Export 1927	Import 1927	Export 1928	Import 1928	Export 1929	Import 1929
Schweiz	—	13,617	0,065	15,076	0,040	22,993	0,430	21,634
Österreich	—	1,287	—	2,761	—	5,212	0,239	5,825
Insgesamt:	—	14,904	0,065	17,837	0,040	28,205	0,669	27,459

Austausch mit Österreich.

Beim Stromaustauschverkehr Deutschlands mit Österreich ist neben dem RWE, Württemberg in Zukunft wohl der Hauptabnehmer österreichischer Alpenenergie. Durch die Inbetriebnahme des Vermuntwerkes der Illwerke A.G. am 12. August 1931 ist auch für Württembergs Elektrizitätswirtschaft eine neue Periode der Entwicklung eingetreten. Die Heranziehung der Vorarlberger Wasserkräfte, deren speicherfähige Jahresleistung auf 600—700 Mio kWh geschätzt wird — eine Strommenge, die nahezu der heutigen Stromerzeugungsmenge Württembergs entspricht — ist schon lange vor Eröffnung oben genannten Werkes ins Auge gefaßt worden, um auch nach dem Süden gegen Österreich Stromreserven und Ausgleichsmöglichkeiten zu haben. Eine eigene Gesellschaft wurde zu diesem Zwecke am 5. November 1924 unter der Firma **„Vorarlberger Illwerke G. m. b. H."** gegründet. Beteiligt hieran waren das Land Vorarlberg mit 5 %, der Staat Württemberg mit 15 %, der Bezirksverband oberschwäbischer Elektrizitätswerke in Biberach mit 27,5 %, das Großkraftwerk Württemberg A.G. in Heilbronn und die württembergische Sammelschiene A.G. in Stuttgart. Zwar nicht unmittelbar ist das RWE an diesem Unternehmen beteiligt, doch kann es durch die anderen Gesellschaften einen, seinen Interessen entsprechenden Einfluß auf die Illwerke A.G. geltend machen. Die Intervention des RWE ist für Württembergs Stromversorgung von nicht zu unterschätzender Bedeutung. Mit der Erbauung einer eigenen 220/380 kV-Leitung hat das RWE seine Fühler nicht nur in Vorarlberg ausgestreckt, sondern wird zweifellos auch die zukünftige elektrizitätswirtschaftliche Entwicklung Württembergs zu beeinflussen versuchen. Es hängt sehr viel davon ab, inwieweit es den württembergischen elektrizitätswirtschaftlichen Unternehmungen gelingt, sich eine Mitbeteiligung an dieser Leitung und an der Versorgung zu sichern. Recht hoffnungsvoll erscheinen ja derartige Bestrebungen nicht, da das RWE mehr und mehr die Monopolstellung in Deutschland anstrebt, und diese ohne Mitregenten ausüben will. Es gilt dies nicht allein für den Austausch mit Österreich, auf der obengenannten Leitung, sondern auch im Austausch mit der Schweiz macht sich der Einfluß des RWE geltend. Für die Erbauung einer solchen überstaatlichen Stromleitung, wie sie hier das RWE nach Österreich durchgeführt hat, dürften wohl zur Hauptsache machtpolitische Momente der Anlaß gewesen sein. Das Anstreben der Vormachtstellung auf elektrizitätswirtschaftlichem Gebiete und das Bestreben, auch möglichst großen Einfluß auf die Strompreispolitik ausüben zu können, haben die Ausführung dieser Leitung sicher beschleunigt, um Bestrebungen anderer Unternehmungen hier zuvorzukommen.

Wie schon erwähnt, stellt diese 220/380 kV-Leitung des RWE die z. Zt. größte europäische überstaatliche Stromverkehrsstraße dar, auf der nahezu 140 Mio kWh aus Österreich durch Süddeutschland nach dem Hauptumspannwerk des RWE in Brauweiler bei Köln befördert werden. Wird diese ebengenannte Energiemenge in nächster Zeit in voller Höhe aus Österreich importiert — die Aufnahmefähigkeit der deutschen Stromabnehmer vorausgesetzt — dann würde damit der Strombezug Deutschlands aus Österreich, der 1930 ca. 134 Mio betragen hat, sich verdoppeln.

Die Grenze zwischen überstaatlichem Stromverkehr und zwischenstaatlichem Grenzverkehr stellt die zweitwichtigste elektrische Verbindung zwischen Deutschland und Österreich dar: die Kupplung des **Walchenseewerkes** mit dem **Achensee-** und **Sillwerk.** Soweit diese der regelmäßigen Stromversorgung und dem Ausgleich in den angrenzenden bayerischen und österreichischen Gebieten zu dienen hat, stellt sie eine der wichtigsten Grenzaustauschbindungen mit elektrischem Strom dar. Berücksichtigt man aber die bedeutsame Verbundenheit mit dem württembergischen und badischen Hochspannungsnetz und weiter noch mit dem RWE, dann kann man dieser 100 kV-Leitung ebenfalls den Charakter einer überstaatlichen Stromstraße zusprechen.

Mit dieser Doppelleitung hat sich die natürliche Verbundenheit für Bayern und Tirol auch in elektrizitätswirtschaftlicher Hinsicht gefestigt. Ein langfristiger Vertrag zwischen dem **Bayernwerk** und der **Tiroler Wasserkraft A.G. (Tiwag)** hat Bayern den größten Teil der im Aachenseewerk erzeugten Energie gesichert. Der verstärkte Energiebezug des Bayernwerkes aus Österreich begann im Herbst 1927. Mehr als 120 Mio kWh österreichische Energie stehen dem Bayernwerk zur Verfügung. Die vertraglich vorgesehene Steigerung sollte 1930 eine Höhe von 130 Mio kWh erreichen. 1929 wurden ca. 110 Mio kWh aus Österreich bezogen. Die prozentuale Steigerung der Einfuhr seit Beginn dieses Austausches im Jahre 1926 bis Ende des Geschäftsjahres 1930/31, verlief wie folgt:

1926/27	0 %	
1927/28	44 %	
1928/29	98 %	(Vollendung des Achenseewerkes)
1929/30	100 %	
1930/31	100 %.	

Für die Spitzendeckung des Walchenseewerkes ist diese Kupplung von größter Wichtigkeit geworden.

Doch nicht ohne Hindernisse vollzog sich die Errichtung dieser energiewirtschaftlichen Bindung mit Österreich. Schon das Bekanntwerden des Planes rief die heftigste Kritik all derer hervor, die einerseits für den Ausbau und Bau der Dampfkraftwerke überhaupt eintreten, andererseits all derer, die im eigenen Lande noch genügend Wasserkräfte wissen wollen, welche noch lange nicht im Lande nutzbar gemacht worden sind. Warum ausländische Kräfte heranziehen? — Besonders weist man von dieser Seite auf die Verwertung der Untermainwasserkräfte hin, die bei dem Preise, der für tiroler Energie bezahlt wird, wirtschaftlich sein könnten. Dieser Einwand dürfte allerdings nicht ganz richtig sein, denn es läßt sich der Stromaustausch des Walchenseewerkes mit dem Achenseewerk in dieser Weise gar nicht vergleichen mit der, bei den Untermainwasserkräften vorhandenen elektrischen Energie. Die wirtschaftlichen und technischen Vorteile liegen bei dieser zwischenstaatlichen Bindung derart günstig, daß sie schon allein angesichts der natürlichen Gegebenheiten früher oder später entstehen mußte. Aus ganz nüchternen Erwägungen heraus kann also von einer Vernachlässigung der eigenen Wasserkräfte keine Rede sein — im Energieverkehr mit Österreich an dieser Stelle schon gar nicht, da Bayern und Tirol schon aus geographischen und anderen Gründen eng miteinander verbunden sind. Der kritische Maßstab, den man bei Austauschverbindungen mit anderen Staaten bisweilen vermißt, wird hier vielfach zu stark betont. Die wirtschaftliche Verwachsenheit Bayerns und Tirols deutet ohnedies schon auf eine möglichst rentable Verwertung der vorhandenen Kräfte, und Tirol ist zweifelhaft energiewirtschaftlich bayernorientiert, und wird auch weiterhin den größten Teil der erzeugten Energiemengen somit dem Deutschen Reiche zur Verfügung stellen.

Neben diesen beiden bedeutenden Stromverbindungen mit überstaatlichem Charakter, findet zwischen Deutschland (Bayern) und Österreich ein sehr reger Grenzverkehr mit elektrischem Strom statt.

Die elektro-chemische und metallurgische Industrie im Südosten Bayerns an der Alz und am Inn, hat den derzeitig wichtigsten Grenzaustausch entstehen lassen. Beteiligt hieran sind einerseits das **Wiestalwerk** in Tirol und andererseits das Innwerk der Bayerischen Aluminium A.G. und die Bayerischen Kraftwerke A.G. (Unterverwaltung Bayerische Stickstoffwerke A.G.) mit den Alzwerken bei Trostberg und Tachterting, an denen je zur Hälfte das Reich und die der badischen Anilin- und Sodafabrik nahestehende **Dr. Alexander Wacker-Gesellschaft für elektrochemische Industrie,** beteiligt ist.

Die fortschreitende Entwicklung der Kalkstickstofferzeugung, sowie die des Aluminiums, erhöhte den Strombedarf derart, daß die eigenen Elektrizitätswerke nicht mehr in der Lage waren, die erforderlichen Strommengen zu erzeugen. Es wurde hierdurch zunächst der Strombezug aus den Alzwerken und dem Innwerk notwendig. Jährlich betrug der Verbrauch an elektrischer Kraft in diesen Industrien mehr als 500 Mio kWh. Die Tatsache, daß sich die Kalkstickstofferzeugung sehr gut den schwankenden Leistungen der Wasserkräfte anpassen kann, ermöglichte es auch hier, die aus den Gebirgsflüssen zur Verfügung stehenden Kräfte nahezu vollkommen auszunützen. Dies führte mit Zunahme des Kraftbedarfs dazu, elektrische Energie auch aus dem benachbarten österreichischen Gebiet, und zwar aus Salzburg heranzuziehen. Seit Dezember 1918 ist die Dr. Alexander Wacker-Gesellschaft für elektrochemische Industrie in Burghausen mit dem Wiestalwerk verbunden[5]) auf der ein Grenzaustausch stattfindet, bei dem allerdings die Menge der aus Österreich bezogenen Energie überwiegt. Der Stromimport betrug im Jahre durchschnittlich 10—17 Mio kWh, der Export jährlich nur 400 000 kWh.

Für die elektrochemische und metallurgische Industrie in Bayern, sowie für die Steigerung des Verbrauches elektrischen Stromes in anderen Wirtschaftskreisen und den Haushaltungen, wird diese Kupplung weiterhin große Bedeutung haben und dem Ausbau der verbundwirtschaftlichen Bestrebungen förderlich sein. Allein die w i r t s c h a f t l i c h e n V o r t e i l e, die durch diese Verbindung beiden Länderteilen erwachsen sind und noch erwachsen werden, lassen ihre Zweckmäßigkeit für die Volkswirtschaft erkennen. Diese Grenzaustauschlinie wird ebenfalls eine derjenigen bereits bestehenden zwischenstaatlichen Verbindungen sein, die heute schon ihrer Lage und Entwicklung nach dazu bestimmt sind, die engste Verknüpfung der deutschen und österreichischen Elektrizitätswirtschaft mit herbeizuführen und zu festigen.

Mit zu den ältesten zwischenstaatlichen Strombindungen zählen zwei 8 kV-Leitungen, die vom **Elektrizitätswerk Reutte** (Nordtiroler Überlandzentrale) ausgehend, in das **Allgäuer Stromabnehmergebiet** (Füssen) zum Zwecke der direkten Versorgung laufen. Seit dem Jahre 1904 besteht zwischen dem Allgäu und Tirol diese Verbindung, die ausschließlich dem S t r o m i m p o r t B a y e r n s dient. Die bezogenen Mengen haben an dieser Stelle von Jahr zu Jahr

[5]) Irrig ist die Anahme, daß auch das Saalachkraftwerk, der Deutschen Reichsbahn, Bad Reichenhall, gehörend, mit dem Wiestalkraftwerk Stromaustausch pflegt. Es beliefert lediglich ebenfalls die Alexander Wacker-Werke. Dagegen wird die Leitung, die das Saalachkraftwerk mit Burghausen verbindet, zum Teil auch für den Stromausstausch zwischen Wiestalwerk und Dr. Alexander-Wacker-Werk verwendet.

stark zugenommen, da sich bei der vielseitigen Verwertbarkeit der elektrischen Energie eine Gemeinde nach der anderen zur Installierung elektrischer Einrichtungen entschlossen hatte. Die zahlreich vorhandenen kleineren Kraftanlagen vermochten diesen Strombedarf nicht zu decken, sodaß weiterhin das Elektrizitätswerk Reutte die Versorgung übernehmen konnte. Mit der fortschreitenden Zentralisation in der Elektrizitätsversorgung wollte die bayerische Staatsregierung auch das Allgäuer Gebiet einer planmäßigen Versorgung unterstellen und hiermit die Lechwerke beauftragen. Diese Absicht führte jedoch zum Zusammenschluß der Allgäuer Kraftwerke und diese gründeten unter Führung der Stadt Kempten das „Allgäuer Überlandwerk" G. m. b. H. (Kempten i. A.). Das Bestreben nach Ausgleich und möglichst billiger Stromversorgung führte zur Errichtung einer 50 kV-Leitung, die das **Allgäuer Überlandwerk** mit dem **E. W. Reutte** seit 1927 verbindet. So entstand neben dem obenerwähnten Grenzimport ein Grenzaustausch. Während der Grenzaustausch zwischen dem Kraftwerk Wiestal und den Dr. Alexander Wacker-Werken in der Hauptsache rein industriellen Zwecken dient, hat dieser hier die Aufgabe, die Schwankungen der allgemeinen Versorgung auszugleichen. Die ständig wachsenden Importziffern zeigen, daß die Aufnahmefähigkeit des dortigen Abnehmergebietes besonders in den letzten Jahren sehr groß geworden ist, und das Bedürfnis ein sehr dringendes gewesen sein muß, da trotz des allgemeinen Rückganges des Stromabsatzes und damit der Erzeugung, der Verbrauch zugenommen hat. So wurden seit Bestehen dieses Austausches folgende Mengen im- und exportiert:

Import und Export von elektrischer Energie aus Tirol durch das Allgäuer Überlandwerk G. m. b. H.:

Jahr:	Import:	Export:
1927	4,300 000 kWh	— kWh
1928	7,100 000 „	0,200 000 „
1929	5,700 000 „	2,300 000 „
1930	13,200 000 „	5,200 000 „
1931	13 700 000 „	4,300 000 „

Die rechtliche Basis dieses Stromaustausches bilden Stromlieferungsverträge, die bis 31. 12. 34 und 31. 12. 37 Gültigkeit haben.

Mehr dem Stromimport als dem Stromaustausch dient die Verbindung der **„Allgäuer Kraftwerke Sonthofen Ges. m. b. H."** mit dem österreichischen **Kraftwerk Schattwald.** Zur Übertragung gelangt hier Drehstrom mit einer Betriebsspannung von 5000 Volt. Die Leitung dient in der Hauptsache dem Bezug von Energiemengen aus Tirol. Der Stromlieferungsvertrag, der diesem Austausch zugrunde liegt, enthält die Bestimmung, daß das E. W. Schattwald in Tirol zur Lieferung aller verfügbaren Energiemengen über seinen Bedarf hinaus verpflichtet ist. Andererseits bezieht es in allen Fällen von Störungen, Unterbrechungen, verursacht durch Defekte und Reparaturen an den Stromerzeugungsanlagen, Strom aus den Allgäuer Kraftwerken. Die Lieferung von bayerischer Seite ist allerdings sehr klein und beträgt durchschnittlich im Jahr ca. 2—5000 kWh. Dagegen ist der Import von elektrischer Energie aus Tirol verhältnismäßig groß, was in dem starken Stromverbrauch der, dem E. W. Sonthofen angeschlossenen Textilindustrie begründet liegt. Seit Beginn dieses Austausches wurden von den Allgäuer Kraftwerken folgende Strommengen aus Schattwald bezogen:

1921:	14 161	kWh	1927:	1 988 260	kWh
1922:	278 140	„	1928:	2 076 200	„
1923:	254 480	„	1929:	1 979 630	„
1924:	1 450 930	„	1930:	2 107 400	„
1925:	1 860 570	„	1931:	426 570	„
1926:	1 867 790	„			

Die Ursache des starken Rückganges des Bezugs elektrischer Energie aus Schattwald 1931, ist auch hier auf die schlechten wirtschaftlichen Verhältnisse (Produktionsverminderung der in der Umgebung viel verbreiteten Textilindustrie), sowie auf die Unterbrechung der Stromlieferung an das benachbarte Allgäuer Überlandwerk zurückzuführen.

Die natürlichen Verhältnisse und die Lage der Kraftzentralen ließen diesen Grenzaustausch zweckmäßig erscheinen, der der Kupplung der beteiligten Grenzgebiete, elektrizitätswirtschaftlich gesprochen, auch weiterhin nutzbringend dienen wird.

Neben den hier erwähnten Fällen von Grenzaustauschverkehr mit österreichischen Werken, ist noch der Stromaustausch zwischen den Vorarlberger Kraftwerken **Bregenz - Rieden** und den **Oberschwäbischen Elektrizitätswerken Biberach** zu erwähnen. Im Besitze der Vorarlberger Kraftwerke A. G. befindet sich das Wasserkraftwerk **Andelsbuch,** dessen Erzeugung nach Lindau an die dortigen städtischen Elektrizitätswerke, wie auch an die **Allgäuer Elektrizitätsgesellschaft m. b. H.** in **Lindenberg** verkauft wird.

Außerdem haben sich noch zum Zwecke der gegenseitigen Deckung des Mehrbedarfs ihrer kleinen Versorgungssgebiete die Kraftwerke:

Wertach — Jungholz (Tirol)
Reith i./W. — Kössen (Tirol)

mit je einer 5000 Volt-Leitung verbunden.

Die Erfassung der wichtigsten Vorkommen von elektrischem Energieverkehr Deutschlands mit Österreich hat gezeigt, daß die Bindungen sehr mannigfaltig sind und zweifellos für beide Länder wirtschaftliche Vorteile ergeben können. Darüber hinaus besteht in Verfolg der verbundwirtschaftlichen Bestrebungen für den Fall Dr. Alexander-Werke / Wiestal-Werk die Möglichkeit, daß sich an dieser Stelle die Bindung mit der österreichischerseits geplanten 220 kV-Leitung von Wien über Linz und das Strubbklammwerk vollzieht. Die Heranziehung der Wasserkräfte in den Hohen Tauern, an deren zweckmäßigster Ausnützung deutsche und österreichische Gesellschaften zusammenarbeiten, wird an dieser Stelle ebenfalls die wichtigsten Übergänge schaffen, wenn ihre Wirtschaftlichkeit außer Zweifel steht.

Austausch mit der Tschechoslowakei.

Außer mit Österreich, ist Bayern mit der Tschechoslowakei verbunden und stellt damit einen Teil der energiewirtschaftlichen Verknüpfung Deutschlands mit diesem Lande dar. Das der **„Bayerischen Elektrizitäts-Lieferungsgesellschaft“ (Bayreuth)** gehörende **E. W. Arzberg** ist durch eine 20 kV-Leitung mit dem Elektrizitätswerk in **Eger** und den Westböhmischen Elektrizitätswerken in **Asch** verbunden. Eine besondere Bedeutung kommt dieser Austauschlinie jedoch nicht zu; sie dient lediglich dem Ausgleich des Stromausfalls, der durch irgendwelche Störungen hervorgerufen wurde.

Der Austausch und vor allem Grenzexport nach der Tschechoslowakei verteilt sich auf zahlreiche Verbindungen, von denen die wichtigsten der **„Aktiengesellschaft Sächsische Werke“ (ASW)**, dem **„Städtischen Elektrizitäts- und Wasserwerk, Klingenthal i./Sa.“** und der **„Niederschlesischen Elektrizitäts-Aktiengesellschaft“** gehören.

Den größten Anteil an der Lieferung elektrischer Energie nach der Tshechoslowakei hat die ASW in Dresden, ein staatliches Unternehmen, welches 1923 aus der Durchführung der sächsischen Landeselektrizitätsversorgung heraus entstanden war und in der die staatliche Elektrizitäts- und Braunkohlen-Unternehmungen zusammengelegt worden sind. Die größte Leitung der ASW, die nach der Tschehoslowakei führt ist die 40 kV-Leitung vom Kraftwerk **Hirschfelde** nach dem E. W. **Warnsdorf.** Dieser schließen sich noch eine Reihe kleinerer Leitungen an, wie:

Himmelsmühle — E. W. Weipert 30 und 10 000 Volt,

ferner eine Leitung nach

der Elektrizitätslieferungsgesellschaft Grottau 20. u. 6 kV
der Gemeinde Peterswald 20 kV
der Elektr. Licht- u. Kraftanl. G. m. b. H., Mixdorf 10 kV
dem E. W. Preßnitz und dem E. W. Sebastiansberg.

Das Kraftwerk Hirschfelde lieferte bereits 1912 Strom nach der Gemeinde Warnsdorf, als es noch der Elektrizitätslieferungsgesellschaft Berlin gehörte. Die übrigen Verbindungen sind größtenteils in der Zeit von 1904—12 entstanden. Insgesamt lieferte die ASW seit 1925 folgende Strommengen nach der Tschechoslowakei:

1925:	17 984 000 kWh	1929:	18 021 000 kWh
1926:	16 605 000 „	1930:	17 987 000 „
1927:	17 109 000 „	1931:	16 660 000 „
1928:	17 296 000 „		

Ein Bezug elektrischer Energie durch die ASW findet nur in ganz seltenen Fällen und wiederum nur in sehr geringen Mengen statt.

Völlig einseitige Lieferung und zwar G r e n z e x p o r t liegt vor bei der Versorgung der Gemeinden:

Markhausen	seit 1907
Schwaderbach	seit 1912 und
Silberbach	seit 1914,

welche das **„Städtische Elektrizitäts- und Wasserwerk Klingenthal i./Sa.“** durchführt. Diese direkte Stromversorgung der angrenzenden tschechoslowakischen Gemeinden erfolgt bei Markhausen mit Gleichstrom (2 × 220/440 Volt). Bei Schwaderbach und Silberbach mit Drehstrom (5000/380/220 Volt, 50 Perioden). Zahlenmäßig stellt sich der S t r o m v e r k a u f nach diesen Gemeinden s e i t 1 9 1 4 wie folgt dar:

1914:	54 900 kWh	1927:	309 000 kWh
1924:	210 200 „	1928:	358 600 „
1925:	223 000 „	1929:	390 700 „
1926:	251 800 „	1930:	375 200 „

In den zusammengelegten Verbrauchsabschnitten des Geschäftsjahres 1931:

April/Mai	51 300 kWh
Juni/Juli	50 600 „
August/September	57 600 „
Insgesamt:	159 000 kWh.

Auch der Stromexport der **Niederschlesischen Elektrizitäts-A.-G.** (bis 1. 4. 31 Provinzial-Elektrizitätswerk Niederschlesien) stellt eine derartige direkte Versorgung ausländischer Abnehmer dar. Durch das **Kraftwerk Hirschberg i./Riesengeb.** versorgt diese Gesellschaft sechs hart an der Grenze liegende tschechische Dörfer mit elektrischem Strom. Zum Teil bestanden diese Verbindungen schon vor dem Kriege, fanden aber in den nachfolgenden Jahren eine weitere Verstärkung. Ein Fall direkter Stromversorgung, der nur deshalb stattfinden kann, weil das tschechoslowakische Hochspannungs- und Verteilungsnetz noch nicht genügend ausgebreitet ist, um ohne verteuernde Einrichtungen errichten zu müssen, diese Stromabnehmer befriedigen zu können. Die gelieferten Mengen belaufen sich in den letzten Jahren in ähnlicher Höhe, wie bei Klingenthal, von kleineren Schwankungen abgesehen:

1928:	407 000 kWh
1929:	352 000 „
1930:	271 000 „

Einen Überblick über die durchschnittliche Monatslieferung gestattet für das Jahr **1931** nachfolgende Aufstellung:

Januar:	20 857 kWh	April:	14 887 kWh
Februar:	15 097 „	Mai:	11 206 „
März:	18 198 „	Juni:	11 126 „

1931 1. Halbj. insg.: 91 371 kWh.

Die, bei den tschechoslow. Abnehmern herrschenden, ungenügenden Wirtschaftsverhältnisse zwangen auch diese zu industriellen Stilllegungen und anderen Sparmaßnahmen, was den ständigen Rückgang der Stromlieferung verursachte.

Außer den erwähnten Bindungen bestand noch eine solche zwischen der **Elektrizitätswerk Schlesien A.-G.** und **Braunau**, doch wurde diese nunmehr abgebrochen. Auch die Überlandwerk Oberschlesien A.-G. liefert Strom in kleineren Mengen nach der Tschechoslowakei. Zusammen mit einigen weniger wichtigen Wiederverkäufern von Strom über die Reichsgrenze dürften diese Mengen nicht mehr als 400 000 kWh ausmachen.

Auf die wirtschaftliche Bedeutung des elektrischen Energieverkehrs für die Tschechoslowakei und die Eingliederung ihres Hochspannungsnetzes in ein europäisches Verbundprojekt, soll bei der Darstellung der Stromverhältnisse dieses Staates näher eingegangen werden.

Austausch mit Polen.

Größer noch, als nach der Tschechoslowakei sind die Stromlieferungen Deutschlands nach Polen, die nur hinter denen nach der Schweiz und Frankreich zurückstehen.

Durch den Ausgang des Weltkrieges wurden hier an zahlreichen Stellen zwischenstaatliche Stromgrenzverbindungen geschaffen, wobei sowohl die Bestimmungen des Versailler Vertrages, als auch die des Genfer Vertrages eine große Rolle spielten. Besonders der Letztere (vom 15. 5. 1922) betreffend das deutschpolnische Abkommen über Oberschlesien, war Veranlassung, daß durch die Grenzziehung und damit Teilung Oberschlesiens, eines der wichtigsten dortigen Elektrizitätswerke — Chorzow — an Polen abgetreten werden mußte. Chorzow wurde im Jahre 1897 von den „Oberschlesischen Elektrizitätswerken" errichtet und erhielt während des Krieges auf Kosten des Reiches große Anlagen zur Erzeugung von Stickstoff. Mit einer Maschinenleistung von 81 000 kW ist es mit das größte Kraftwerk Oberschlesiens gewesen. Auf Grund des Genfer Vertrages vom 15. 5. 1922 wurden die Anlagen der polnischen Gesellschaft **„Oberschlesische Kraftwerke Spolka Akcyjna"**, Sitz **Kattowitz** übertragen, jedoch verblieb die Betriebsführung auf Grund einer besonderen Vereinbarung in Händen der deutschen

Gesellschaft **„Oberschlesische Elektrizitätswerke“** (O. E. W.), **Gleiwitz.**

Durch diese Bestimmungen ist nun der Fall eingetreten, daß bisher deutsche Hochspannungsleitungen durch die Grenzverlegung zu zwischenstaatlichen Stromlinien geworden sind. Die wichtigste Leitung, die nunmehr die Verbindung zwischen Deutsch- und Polnisch-Oberschlesien darstellt, ist eine 60 kV-Leitung, welche von **Zaborze** (Hindenburg) über Beuthen O./S.-Radzionkow nach **Chorzow** führt. Mit Hilfe derselben kann jederzeit Stromaustausch zwischen dem polnischen Netz und den deutschen Leitungen stattfinden. In der Hauptsache dient dieser Stromaustausch der gegenseitigen Unterstützung in Fällen der Not. Nach den statistischen Angaben läßt sich ohne weiteres feststellen, daß der Stromexport nach Polen weit überwiegt. Eine Tatsache, die sich auf den hohen Verbrauch elektrischer Energie für die Stickstofferzeugung in Chorzow zurückführen läßt. Die eigene Kraftzentrale des Stickstoffwerkes Chorzow [6]), welches mit dem unter deutscher Leitung stehendem Werke Chorzow (81 000 kW) nicht identisch ist, reicht nicht aus, um die erforderlichen Strommengen zu erzeugen. So muß ein großer Teil elektrischer Energie von anderer, darunter auch reichsdeutscher Seite, bezogen werden. Die Mengen elektrischer Energie, die von Oberschlesien nach Chorzow abgegeben werden, belaufen sich im Jahresdurchschnitt auf ca. 50—60 Mio kWh. Diesen steht, wie schon erwähnt, ein nur kleiner Strombezug aus Polen gegenüber. In den letzten Jahren (seit 1928) hat der Import nicht mehr als 2—3 Mio kWh betragen.

Jahr:	Abgabe nach Polen:	Bezug von Polen: [7])
1926:	10 104 000 kWh	675 000 kWh
1927:	61 955 000 „	11 072 000 „
1928:	52 118 000 „	3 305 000 „
1929:	50 385 000 „	2 633 000 „

Neben der obenerwähnten 60 kV-Leitung existiert noch eine Anzahl kleinerer Verbindungen mit Spannungen bis herunter zu 6 kV. Der größte Teil dieser Leitungen geht von deutscher Seite aus, nur drei oder vier haben ihren Ursprung in Polen und versorgen von dort deutsche Verteilungsstellen. Alle diese Leitungen werden jedoch nach und nach auf das landeigene Netz umgeschaltet, so daß sie praktisch in kurzer Zeit für einen Energieaustausch oder Grenzverkehr überhaupt nicht mehr in Frage kommen.

Außer diesem Grenzaustausch zwischen Chorzow und Zaborze begegnen wir weiter nördlich einem sehr starken Grenzexport Deutschlands nach Polen. Die „Brandenburgische Elek-

[6]) Die Zentrale des Stickstoffwerkes in Chorzow gehört, nach Angabe von E. Génissieu, (Journal des Electriciens, Nr. 83, vom 15. August 1931) dem polnischen Staat und besitzt eine Leistung von 31 000 kW.

[7]) Industrielle Produktionsstatistik, Sonderheft zu Wirtschaft und Statistik.

trizitäts-, Gas- und Wasserwerke" Aktiengesellschaft, Berlin, liefert seit Bestehen des polnischen Freistaates von ihrem Kraftwerk in **Schneidemühl** elektrischen Strom an die Überlandzentrale des jetzt polnischen Kreises **Chodziez** (früher Kolmar). Die elektrische Energie wird mit einer Spannung von 15 000 Volt von der Schalttafel des Schneidemühler Werkes nach Polen geliefert. Die hierfür nötigen Verteilungsleitungen gehören der Überlandzentrale, da das Schneidemühler Werk hart an der Grenze liegt, die Leitungen also zum größten Teil über polnisches Gebiet führen. Die Größe des Grenzexportes von Schneidemühl nach Polnisch-Kolmar zeigt die nachstehende Zusammenstellung der jährlich nutzbar abgegebenen Strommengen:

Stromexport von Schneidemühl nach Polnisch-Kolmar:

1919:	599 531 kWh	1926:	639 518 kWh
1920:	594 133 „	1927:	673 252,5 „
1921:	602 677 „	1928:	685 270 „
1922:	757 631 „	1929:	742 423 „
1923:	1 053 556,5 „	1930:	749,826,5 „
1924:	661 433,5 „	1931:	698 034 „
1925:	635 384 „		

Dieser Grenzexport von elektrischer Energie geht auf einen, im Jahre 1913 mit dem seinerzeit preußischen Kreis Kolmar abgeschlossenen, Stromlieferungsvertrag zurück. Der Vertrag hat eine Geltungsdauer bis zum Jahre 1934, wobei dem Kreise Kolmar ein Optionsrecht auf weitere 20 Jahre eingeräumt wird. Nach Bildung des polnischen Freistaates, mit der die Überlandzentrale in den Besitz Polens kam, ließ man diese privatrechtlichen Vereinbarungen unangetastet und diesem Umstand hat der ebenerwähnte Stromexport seine Existenz zu verdanken.

Neben dieser Ausfuhr weist der Kreis Kolmar, soweit er noch bei Deutschland geblieben ist **(Deutsch-Kolmar)**, auch Grenzimport von elektrischer Energie auf, rechtlich das Gegenteil vom vorerwähnten Fall. Drei Ortschaften, die Deutschland verblieben sind, wurden früher schon von der an Polen gefallenen **Überlandzentrale Kolmar** versorgt, da sie mit diesen Abnehmern einen Vertrag abgeschlossen, der bis zum Jahre 1934 Geltung hat. Diesen Vertrag mußte die „Überlandzentrale Pommern", Aktiengesellschaft, bei der Neuregelung der Gebietsverhältnisse übernehmen. Sehr groß ist dieser Import elektrischer Energie nicht, er übersteigt im Durchschnitt keine 50 000 kWh, die auf einer 15 kV-Leitung übertragen werden. Rechtlich sind hier im Grunde die gleichen Verhältnisse für Deutschland gegeben, wie im vorerwähnten Grenzexport für Polen. Nicht dagegen wirtschaftlich, denn der Ausbau und die Organisation der polnischen Elektrizitätsversorgung ist noch nicht soweit fortgeschritten, daß man in diesen Gebieten den Verzicht auf diese, aus Deutschland eingeführten, Strommengen aussprechen könnte, wo zudem der Bedarf an elektrischer Energie immer mehr im Steigen begriffen ist.

Anders liegen die Verhältnisse, wirtschaftlich gesprochen, beim Strombezug Deutsch-Kolmars von Polen. Dem Pommernwerk dürfte es bei seiner gut durchorganisierten Stromverteilung nicht schwer werden, auch dieses Verbrauchsgebiet zu erfassen, dessen Stromverbrauch zu decken den eigenen Werken nicht schwer fallen wird. So wird also wohl der Strombezug von Polen an dieser Stelle eines Tages verschwinden, während der Stromexport des E.W. Schneidemühl, wenn nur wirtschaftliche Faktoren ausschlaggebend sind, auch nach Ablauf der Vertragsfrist weiterhin Bestand haben dürfte.

Ostpreußen steht ebenfalls, in Bezug auf den elektrischen Energieverkehr, mit Polen in Verbindung. Der nennenswerteste Grenzaustauschverkehr wurde jedoch 1929 abgebrochen. Es handelt sich um den Grenzaustausch der **„Westpreußischen Überlandwerk G. m. b H.", Marienwerder,** mit dem **polnischen Elektrizitätswerk Stocksmühle** bei Pelplin. Dieser Stromverkehr bestand seit der Abtretung deutscher Gebietsteile an Polen 1920 bis zum Abbruch der Weichselbrücke 1929. Auf einer 15 kV-Hochspannungsleitung über die Weichselbrücke wurden folgende Mengen elektrischer Energie ausgetauscht:

Stromaustausch zwischen Marienwerder und Stocksmühle (Polen).

Lieferung nach Polen:

Monat:	1923 kWh	1924 kWh	1925 kWh	1926 kWh	1927 kWh	1928 kWh	1929 kWh
Januar:	—	—	—	400	700	600	16 500
Februar:	—	—	—	3 400	—	6 800	79 600
März:	—	—	—	—	600	4 000	29 900
April:	—	—	—	35 700	—	2 425	—
Mai:	—	—	—	15 200	51 400	1 600	2 500
Juni:	—	—	—	900	1 800	29 400	29 400
Juli:	13 710	—	3 100	2 000	700	1 200	1 500
August:	131 272	—	7 200	1 600	1 800	1 600	—
September:	206 972	—	21 100	1 400	15 800	—	—
Oktober:	77 204	—	1 400	—	2 300	4 900	—
November:	—	2 000	4 200	2 700	15 400	800	—
Dezember:	—	400	—	6 400	13 000	18 700	—
Insgesamt:	429 158	2 400	37 000	69 700	103 500	72 025	159 400

Bezug aus Polen:

Monat:	1920 kWh	1921 kWh	1922 kWh	1923 kWh	1924 kWh
Januar	—	139 885	141 400	261 750	4 550
Februar:	—	107 062	212 750	255 300	11 800
März:	—	71 959	191 250	211 200	2 150
April:	—	83 668	167 150	187 950	14 650
Mai:	—	84 914	135 850	15 300	13 350
Juni:	—	50 881	113 600	167 700	60 250
Juli:	91 423	111 065	132 500	50 750	56 200
August:	144 229	132 200	192 300	6 700	89 400
September:	70 804	127 200	211 550	2 150	18 300
Oktober:	164 162	125 650	193 750	150	1 000
November:	120 664	187 450	265 950	26 100	6 800
Dezember:	130 138	226 250	302 050	12 350	5 200
Insgesamt:	721 420	1 448 184	2 263 100	1 197 400	283 650

Monat:	1925 kWh	1926 kWh	1927 kWh	1928 kWh	1929 kWh
Januar:	2 100	36 700	3 600	5 200	—
Februar:	—	8 900	2 600	4 900	700
März:	800	1 200	1 400	3 900	—
April:	500	4 400	1 800	1 500	—
Mai:	63 200	500	1 000	1 800	1 200
Juni:	89 200	300	200	—	2 300
Juli:	72 800	30 100	1 800	—	200
August:	35 900	7 500	4 900	2 500	—
September:	12 300	3 200	1 000	—	—
Oktober:	5 600	100	100	—	—
November:	4 200	2 600	2 100	—	—
Dezember:	4 400	5 600	5 600	300	—
Insgesamt:	291 000	101 100	26 100	20 100	4 400

[8]) Aus einer derartigen Zusammenstellung der Austauschwerte ist am besten die unterschiedliche Inanspruchnahme einer solchen Austauschmöglichkeit zu ersehen. Die großen Schwankungen, aus den verschiedensten Ursachen, wie Störungsfällen, Reparaturen, plötzlichen Mehrbedarf, Ausfall von Stromabnehmern u. a., entstanden, drücken sich deutlich in den stark voneinander abweichenden Zahlenwerten aus. Da die Schwankungsursachen in anderen Grenzaustauschfällen mehr oder weniger die gleichen sind, so vermag diese Übersicht, wenn sie auch nur aus einem kleinen und nunmehr abgebrochenen Stromverkehr herausgewachsen ist, im Verhältnis genommen, doch ein Bild über die zahlenmäßige Abwicklung eines Austauschverkehrs zu geben. Dies ist um so beachtlicher, als in den meisten Fällen die am zwischenstaatlichen elektrischen Energieverkehr beteiligten Elektrizitätswerke solche Aufstellungen aus grundsätzlichen Erwägungen nicht veröffentlichen.

Die rechtliche Grundlage bildete ein Stromlieferungsvertrag des Westpreußischen Überlandwerkes mit der Überlandzentrale Pomorze in Danzig.

Außer dieser bis 1929 bestandenen Austauschlinie, verbinden heute noch einige kleinere Leitungen Ostpreußen mit Polen, doch spielen diese eine nur wenig bedeutende Rolle. Unbedeutend ist auch der

Stromexport Deutschlands nach Litauen (Memelland).

Litauens Elektrizitätswirtschaft ist noch wenig entwickelt. Hauptsächlich sind es landwirtschaftliche Betriebe, die als Stromabnehmer in Frage kommen. Von Deutschland wurde das Land mit geringen Strommengen — im Jahre nicht mehr als 10—18 000 kWh — beliefert, ein Austausch fand nicht statt. Die Rechtsgrundlage der litauischen Elektrizitätswirtschaft bilden die vormalig russischen Bestimmungen und im Memelland die deutschen Normen. Für den Stromexport nach Litauen gelten diese jedoch nicht, da die deutschen Bestimmungen amtlich nicht anerkannt sind, sondern nur soweit angewandt werden, als sie eine unbestrittene praktische Usance darstellen. Die Errichtung zweier Wasserkraftzentralen an der Memel durch litauische Gesellschaften dürfte in Zukunft den Stromexport Deutschlands nach Litauen illusorisch machen. Das letztvergangene Jahr ließ zwar in der litauischen Elektrizitätswirtschaft Ansätze großzügiger Entwicklung erkennen, ob sich aber trotzdem die Verhältnisse in nächster Zeit schon so verändern, daß ein größerer Ausgleichsverkehr mit benachbarten deutschen Werken, wie Tilsit, sich entwickeln könnte, darf wohl zunächst noch bezweifelt werden.

Austausch mit Dänemark.

Im Norden haben die zwischenstaatlichen Stromverbindungen Deutschlands mit Dänemark, durch das Verschwinden des bisherigen Grenzexportes, eine vollkommene Umstellung erfahren. Seit 22. März 1930 findet zwischen den beiden Staaten ein ständig zunehmender Grenzaustausch statt.

Bis zum Jahre 1929 wurden 10—11 kleinere Ortschaften des Landkreises Flensburg, welche durch die im Frühjahr 1920 stattgefundene Abstimmung in Nordschleswig an Dänemark abgetreten werden mußten, vom deutschen **Kraftwerk Flensburg (G. m. b. H.)** mit elektrischem Strom versorgt. Als im Jahre 1929 der Zusammenschluß der dortigen 60 kV-Leitungen erfolgte, wurde der jenseits der Grenze liegende Teil des 15 kV-Netzes des **Kraftwerkes Flensburg** abgetrennt und die vorhandenen Anlagen an die **„Sonderburg-Apenrader-Ämterversorgung"**, Sonderburg, käuflich abgetreten. Die weitere Versorgung der abgetrennten Ortschaften übernahm von diesem Zeitpunkt an die ebengenannte dänische Gesellschaft. Damit war der einseitige Grenzverkehr (Stromexport) Deutschlands verschwunden, dafür trat an seine Stelle ein umso bemerkenswerterer Grenzaustausch. Schon Ende 1928 waren die Verhandlungen über die Errichtung eines derartigen Stromaustausches zwischen dem Kraftwerk Flensburg und dem Hochspannungswerk Apenrade (Hjspaendingsvark Aabenraa) zum Abschluß gekommen. Infolge des starken Frostes im Jahre 1929, sowie der Errichtung einer neuen Freiluftstation des Hochspannungswerkes Apenrade, konnte die diesem Grenzaustausch dienende 60 kV-Leitung erst im Herbst 1929 errichtet werden. Dies war auch die Ursache, weshalb die neue Verbindungsleitung Flensburg—Apenrade mit einer Länge von ca. 30 km erst am 22. März 1930 in Betrieb gesetzt werden konnte.

Zweck und Abwicklung dieses neuen Austauschverkehrs mit elektrischem Strom sollen uns nachstehende Ausführungen näher veranschaulichen: Der auch hier zugrunde liegende Stromlieferungsvertrag sieht ebenfalls die Unterstützung der beiden Werke durch gegenseitige Hilfe in Störungsfällen, sowie Ausgleich der Belastungsverhältnisse vor. Die von den Werken hin- und zurückgelieferten kWh werden gegeneinander ohne Vergütung aufgerechnet. Falls Überschußlieferungen eintreten, so findet deren Berechnung auf der Kohlenbasis statt. Das Hochspannungswerk Apenrade hat seine höchste Belastung in den frühen Nachmittagsstunden, während es abends die Last absenkt; eine Tatsache, die bei dem rein landwirtschaftlichen Zwecken dienenden Werk Apenrade begreiflich erscheint. Um nun die Maschinenlast trotzdem gleichmäßig belastet durchzufahren, ist es dem Kraftwerk Flensburg möglich, den Spitzenstrom zu beziehen. Es wurde deshalb vereinbart, daß das Werk Apenrade während der Nacht und Sonntags still steht und während des Tages von 6 Uhr früh bis 10 Uhr abends, mit Ausschluß der Mittagsmulde so gleichmäßig wie möglich belastet wird. Die mehr gelieferten kWh, welche keinen Ausgleich durch die Nacht- und Sonntagsbelieferung erfahren haben, sollen im Sommer zurückgeliefert werden und zwar derart, daß das Werk Apenrade in den Sommermonaten zwecks Überholung solange stilliegt, bis der Stromausgleich herbeigeführt ist.

Die Gründung der Betriebsgemeinschaft der Schleswig-Holsteinischen-Werke machte eine Erweiterung des zugrundeliegenden Stromlieferungsvertrages durch sog. „Ausführungsbestimmungen" notwendig, da sich das Hochspannungswerk bezügl. seines Lastfahrplans der Lastverteilungsstelle für die Werke Kiel, Neumünster und Flensburg unterordnete.

Handelspolitische Maßnahmen stehen diesem Stromaustausch von deutscher Seite — etwa in Form einer Zollerhebung — nicht im Wege. Da es sich um gegenseitigen Austausch handelt, genießen sämtliche Stromlieferungen Umsatzsteuerfreiheit. Auf dänischer Seite allerdings findet für den nach Dänemark eingeführten Strom indirekt eine Art Verzollung statt, in Form einer staatlichen Abgabe von $7\frac{1}{2}$ % des Wertes der vom Hochspannungswerk eingeführten kWh. Auf Grund einer Vereinbarung mit den dänischen Behörden kommt diese Abgabe in Wegfall, sobald einmal zu irgend einer Stunde im Jahre sich die Hin- und Rücklieferung ausgeglichen hat, wobei gleichgültig ist, ob der Ausgleich durch Rück- oder Zulieferung herbeigeführt wurde.

In dieser Form hat sich die Zusammenarbeit bisher einwandfrei entwickelt. Schon nach kurzer Zeit wurde diese Ausgleichsmöglichkeit weiter ausgebaut, durch die Anschaffung einer neuen Spitzenmaschine im Werk Apenrade, um dadurch die Möglichkeit zu haben, noch mehr in den Wintermonaten in die Spitze des Kraftwerkes Flensburg hereinfahren zu können und im Sommer umsolänger außer Betrieb zu sein.

Einen zahlenmäßigen Überblick über die seit 1920 nach Dänemark gelieferten bezw. von dort bezogenen Strommengen, gibt uns nachstehende Tabelle:

Jahr:	Export in kWh	Import in kWh	Jahr:	Export in kWh	Import in kWh
1921:	150 000	—	1927:	179 000	—
1922:	160 000	—	1928:	204 000	—
1923:	173 000	—	1929:	Umstellung	
1924:	170 000	—	1930:	3 200 000	2 100 000
1925:	188 000	—	1931:	6 500 000	5 000 000
1926:	186 000	—			

Der erste Ausgleich wurde im Jahre 1930 am 1. Juli durchgeführt, ein weiterer fand am 25. März 1931 statt, dem im Januar 1932 und im Dezember 1933 neue Ausgleiche folgen werden. Der monatliche Stromtransport beläuft sich seit kurzer Zeit auf ca. 1½ Mio kWh.

Die vorerwähnte Verbindung Flensburg—Apenrade ist die einzige, die Deutschland mit Dänemark stromwirtschaftlich verbindet. Sowohl für die dänische Landwirtschaft als Abnehmer des elektrischen Stroms, als auch für den Stromausgleich auf deutscher Seite, vermag diese Stromlinie hervorragende Dienste zu leisten. Sicher lassen sich mit diesem Grenzaustausch noch mehr wirtschaftliche Vorteile für beide Länder verbinden. Ob diese gleichzeitig in Zusammenhang stehen mit den großen überstaatlichen Verbundprojekten, die Norwegens elektrische Energie durch Schweden und Dänemark auf 380 kV-Leitungen nach Deutschland bringen sollen, dies wollen wir einer späteren Untersuchung vorbehalten.

Austausch mit Holland.

Zwei zwischenstaatliche Hochspannungslinien, auf denen sich ein nennenswerter elektrischer Stromgrenzverkehr abwickelt, verbinden seit 1908 bezw. 1923 Deutschland mit den Niederlanden.

In dem einen Falle handelte es sich um eine Grenzaustauschlinie, die das **RWE. Essen,** mit der **'Proviciale Gelder'sche Electrici-**

teits-Maatschappy" in Arnhem (P.G.E.M.) seit 1923 verbindet. Dem Sinne nach besteht zwar hier eine Grenzaustauschverbindung; praktisch gilt dies jedoch nicht, da diese Bindung nur in besonderen Fällen dem Austausch bezw. dem Export von Strom nach Holland dient. Von einem regelmäßigen Austauschverkehr ist hier keine Rede. Im Jahre 1927 hatte der Export elektrischer Energie vom RWE nach Holland seinen Höchststand erreicht, um dann in den darauffolgenden Jahren, gemäß der elektrizitätswirtschaftlichen Entwicklung Hollands, wieder abzunehmen. Von deutscher Seite wurden auf dieser Strecke nur kleinere Energiemengen aus Holland bezogen. Folgendes Zahlenbild soll dies näher veranschaulichen:

Jahr:	Export in kWh	Import in kWh	Jahr:	Export in kWh	Import in kWh
1925:	1 200 000*	26 000	1928:	426 650	34 000
1926:	1 500 000*	43 000	1929:	622 989	37 000
1927:	2 019 861	36 000	1930:	541 260	37 000

* geschätzte Zahlen.

Der intensivere Ausbau der holländischen Elektrizitätswirtschaft wird auch in nächster Zeit keine allzugroße Änderung in der Frequenz dieses Grenzaustausches herbeiführen. Er wird wie bisher — im Gegensatz zu Flensburg—Apenrade (Dänemark) — auch weiterhin dem Austausch elektrischer Energiemengen in Sonderfällen dienen.

Die zweite Strombindung Deutschlands mit Holland dient dem Grenzexport von elektrischer Energie zum Zwecke der direkten Versorgung der holländischen Gemeinde **Kirchrath (Kerkrade)** durch das Kraftwerk der **„Rheinischen Elektrizitäts- und Kleinbahnen-Aktiengesellschaft** in **Aachen.** Seit 1908 beliefert dieses Kraftwerk die Gemeinde Kirchrath mit Strom. Das für diese Versorgung notwendige Hoch- und Niederspannungsnetz wurde von obengenannter Gesellschaft errichtet und blieb im Besitze derselben bis zum Jahre 1922; dann übernahm es die Gemeinde Kirchrath. Die Übertragung der elektrischen Energie erfolgt mittels einer Hochspannungsleitung mit einer Spannung von 3750 Volt. Abgesehen von den früheren Jahren wurden seit 1923 folgende Strommengen geliefert:

1923:	1 158 579 kWh	1927:	1 279 788 kWh
1924:	1 441 863 „	1928:	1 339 492 „
1925:	1 379 897 „	1929:	1 386 878 „
1926:	1 339 009 „	1930:	1 682 147 „

Auch hier wieder ein Stromlieferungsvertrag mit der Gemeinde Kirchrath als Rechtsgrundlage des Grenzexportes.

Austausch mit Belgien und Luxemburg.

Auch mit diesen beiden Ländern bestehen zwischenstaatliche Strombindungen. Große Bedeutung kommt diesen aber nicht zu.

Bis zum Jahre 1928 lag der Stromgrenzexport nach einigen an der Mosel gelegenen luxemburgischen Gemeinden in Händen des Städtischen Elektrizitätswerkes Trier, um dann aber, nach Abtretung des größten Teiles seines Überlandnetzes an das **Rheinisch-Westfälische Elektrizitätswerk A.G., Betriebsverwaltung Trier,** überzugehen. Eine 12,5 kV-Leitung ermöglicht die Durchführung der Stromlieferungen.

Austausch mit dem Saargebiet.

Die Bestimmungen des Vertrages von Versailles (Art. 45—50) haben Deutschland bis zur Abstimmung nach 15 Jahren die Regierungsgewalt über das Saargebiet entzogen und es einem vom Völkerbund zu ernennenden fünfgliedrigen Ausschuß unterstellt. Dadurch ist nun auch ein Stromgrenzverkehr mit dem Deutschen Reiche entstanden, der sich in der Hauptsache zwischen der „Pfalzwerke Aktiengesellschaft“, Ludwigshafen und dem Saargebiet abspielt. Dieser Austausch erfolgt über die „Kraftwerk Homburg Aktiengesellschaft“, Homburg (Saargebiet), welches im Jahre 1923 für den Teil der Pfalzwerks-Anlagen einschließlich dem Kraftwerk in Homburg gegründet wurde, die durch die Saargrenze von dem ursprünglichen Versorgungsgebiet der Pfalzwerke Aktiengesellschaft abgetrennt wurden. Das gesamte Aktienkapital dieser Gesellschaft befindet sich in Händen der Pfalzwerke A.G. Ludwigshafen.

Nicht nur für die Pfalzwerke A.G., sondern auch für die Elektrizitätswirtschaft des Saargebietes, hat die Kraftwerk Homburg-A.G. große Bedeutung als Erzeugungsstelle für elektrischen Strom. Allerdings geht der größte Teil der erzeugten Energiemengen — etwa $^{2}/_{3}$ — nach der Pfalz auf Leitungen mit einer Spannung von 20 kV und weiter nach Ludwigshafen auf einer 100 kV-Leitung.

Zahlenmäßige Darstellung der Austauschvermittlung der „Kraftwerk Homburg-Aktiengesellschaft“ zwischen Pfalz und Saargebiet: [9])

Jahr:	Gesamterzeugung d. Kraftw. Homburg A. G.	Abgabe an Pfalz	Abgabe an Saar	Bezug aus Pfalz	Bezug ans Saar
1923:	37 227 000	21 018 267	11 044 012	14 600	1 121 281
1924:	44 627 500	25 283 884	16 190 211	32 700	1 327 495
1925:	48 182 594	25 843 142	19 170 932	23 200	1 418 937
1926:	38 692 800	15 229 346	24 409 193	4 800 000	1 502 239
1927:	31 454 300	13 692 025	22 445 686	7 300 000	1 574 261
1928:	46 619 000	20 629 306	23 627 822	2 100 000	819 229
1929:	71 880 018	41 610 167	25 339 816	600 000	830 663
1930:	68 216 382	38 460 897	24 685 385	300 000	918 704
1. Halbjahr 1931:	31 847 991	18 574 452	10 323 955	100 000	450 806

[9]) Gesamtaustauschwerte siehe Seite 40: Übersicht über den Auslandsverkehr des Deutschen Reiches mit elektrischem Strom.

Der Rest — $^1/_3$ der Gesamterzeugung — wird im Saargebiet selbst untergebracht. Der Bezug elektrischer Energie von Ludwigshafen bleibt hinter dem von den übrigen saarländischen Stromerzeugern zurück.

Besondere Rechtsbestimmungen liegen dem Austausch mit der Pfalz nicht zugrunde; er baut sich auf rein privatgeschäftlichen Abmachungen auf.

Dem starken Stromexport nach der Pfalz steht ein nahezu gleichstarker Import beim **Austausch des Saargebiets mit Frankreich** gegenüber. So bezog die „Vereinigte Saar-Elektrizitäts-Aktiengesellschaft" (VSE), Saarbrücken:

1925:	7 388 835 kWh	1928:	15 183 845 kWh
1926:	13 011 237 „	1929:	16 902 628 „
1927:	11 786 526 „	1930:	11 911 395 „

Der Austausch obengenannter Gesellschaft mit Frankreich besteht seit März 1925. Eine 35 000 Volt-Leitung verbindet das der „Vereinigte Saar-Elektrizitäts-Aktiengesellschaft" gehörende Kraftwerk in **Saarlouis** und das Röhrenwerk in Bous mit der „Sté. Ame. de Mines et d'Electricité (Division: Centrale Electrique, Creutzwald - la Croix Moselle), in **La Houve.**

Für den innerdeutschen Stromausgleich ist das Saargebiet ein wichtiger Faktor. Mit der obenerwähnten 100 kV - Leitung — Homburg, Kaiserslautern, Mundenheim — ist das Saargebiet nicht nur mit der Pfalz, sondern auch mit Baden, Württemberg und dem Bayernwerk verbunden. Im Norden des Saargebiets hat sich bereits das RWE seine Interessengebiete gesichert und seinen Einfluß durch die Beteiligung an einzelnen Elektrizitätswerken u. a. dem Kraftwerk Wehrden, sowie der Durchkreuzung der Ausdehnungsbestrebungen des Elektrizitätswerkes Trier gefestigt.

Austausch mit Frankreich.

Bis zur Abtretung Elsaß - Lothringens durch Deutschland an Frankreich lieferte auch Baden einen Teil elektrischer Energie — ca. 13 000 kW — nach dem Elsaß. Dieser Lieferung diente die schon vor dem Kriege bestehende 70 kV - Leitung des Netzes der Badischen Kraftlieferungs-Gesellschaft und derjenigen der Kraftübertragungswerke Rheinfelden, die mit den Anlagen der „Soc. des forces motrices du Haut Rhin" („Formo") in Mulhouse (Mülhausen), verbunden ist.

Um nicht plötzlich auf den Ausfall dieser badischen Stromlieferungen verzichten zu müssen und Unregelmäßigkeiten in der Stromversorgung zu bekommen, legte Frankreich im Art. 69 des Versailler Vertrages Deutschland folgende Bestimmung auf:

„Während eines Zeitraumes von 10 Jahren nach Inkrafttreten des gegenwärtigen Vertrags sind die auf deutschem Gebiet liegenden Kraftwerke, die die im Artikel 51 bezeichneten Gebiete oder irgendeine Anlage, deren Betrieb endgültig oder vorläufig von Deutschland an Frankreich übergeht, mit Elektrizität versorgten, verpflichtet, diese Versorgung bis zur Höhe des Verbrauchs fortzusetzen, der den am 11. November 1918 gültigen Abschlüssen und Verträgen entspricht.

Der Strom ist nach den in Kraft befindlichen Verträgen und zu Sätzen zu liefern, welche die von den deutschen Reichsangehörigen an die Werke gezahlten Sätze nicht übersteigen dürfen."

So ist also Deutschland gezwungen, bis zum Ablauf dieser Frist weiterhin 13 000 kW nach dem Elsaß zu liefern. Ein Fortbestehen dieser Lieferung über den im Vertrag festgesetzten Zeitpunkt hinaus wird nicht in Frage kommen, da die Lieferung im eigenen Lande untergebracht werden kann.

Außer dieser Stromlinie besteht noch eine weitere dem zwischenstaatlichen Stromverkehr dienende Leitung, die die Badische Landeselektrizitätsversorgung (Badenwerk) über Offenburg mit dem EW Straßburg verbindet. Dieser Stromaustauschverkehr (Grenzaustausch) begann im Februar 1931. Er dient der Lieferung von Sommerenergie aus den Oberrheinwerken nach Frankreich und dem Bezug von Winterenergie aus Straßburg.

Der Stromverkehr Deutschlands (Baden) mit Frankreich (Elsaß-Lothringen) ist in der Hauptsache ein reiner Grenzverkehr, der mit nur geringen Ausnahmen dem Ausgleich der Spitzen dient.[10])

Der Kranz der elektrischen Kupplungen Deutschlands mit dem Auslande ist hiemit geschlossen. Wir sahen, daß neben den kleineren nur mit örtlicher Bedeutung ausgestatteten Austauschlinien eine Reihe lebenswichtiger Verbindungen ins Ausland führen, die mit der zukünftigen Gestaltung der deutschen Elektrizitätswirtschaft aufs engste verknüpft sind. Deshalb müssen wir ihre besondere wirtschaftliche Bedeutung gegenüber den übrigen Austauschlinien im Zusammenhang mit der modernen Entwicklung, den großen Rationalisierungsplänen und den überstaatlichen Verbundprojekten, soweit sie Deutschland berühren, im folgenden Kapitel untersuchen.

Zusammenfassende Übersicht über Wert und zukünftige Bedeutung des zwischenstaatlichen elektrischen Energieverkehrs für Deutschland.

Die Frage nach dem Wert des Stromverkehrs Deutschlands mit den Nachbarländern fand in den beiden letzten Jahren eine besonders lebhafte Erörterung. Aus den zahlreichen Ausführungen bedeutender Elektrizitätswirtschaftler heben sich deutlich zwei große Gruppen heraus:

---

[10]) Vergleiche Tabelle Seite 40.

Die Befürworter einer nationalen Verbundwirtschaft und die Befürworter einer übernationalen Verbundwirtschaft (paneuropäischen Elektrizitätswirtschaft).

Der zwischenstaatliche Stromverkehr ist kein selbständiges Wirtschaftsgebilde, sondern stellt ein Glied der Elektrizitätswirtschaft eines Landes — in diesem Falle Deutschland — dar. Wir haben ihn an anderer Stelle als eine besondere Art des innerstaatlichen Austausches und Ausgleiches kennengelernt und so ist die Beurteilung des Wertes organisch in erster Linie abhängig von den **innerstaatlichen Stromverhältnissen,** denen wir uns nun kurz zuwenden müssen.

Trotzdem die deutsche Elektrizitätswirtschaft in vielen derjenigen anderer europäischen Staten vorauseilt, zeigt ihre Struktur ein Bild großer Zerrissenheit. Eine Tatsache, die bis heute nur in Wenigem abgeschwächt werden konnte. Die Hindernisse, die sich der Schaffung eines rationellen Austausch- und Ausgleichssystems gegenüberstellen, finden wir sowohl im technischen, als auch im wirtschaftlichen und rechtlichen Aufbau der deutschen Elektrizitätswirtschaft. Eng verknüpft mit Ausgleich und Austausch sind hier die Tarifverhältnisse, das Spitzenproblem, die Erhöhung der Benutzungsdauer, die Konzentrationsbewegung, der Kampf um das Monopol zwischen dem öffentlichen und privaten Unternehmen und über all diesen der Mangel einer zweckmäßigen Organisation.

Die Regelung der sehr verworrenen Stromtarifsverhältnisse in Deutschland ist eng verbunden mit all den Maßnahmen, die eine Verbilligung der Erzeugung und eine Erhöhung des Absatzes herbeiführen soll. Diese Bestrebungen standen des Öfteren in starkem Widerspruch zur Tarifpolitik der Reichs-, Staats- und kommunalen Betriebe und der privaten Elektrizitätsgesellschaften. Vielfach benutzte der Staat oder die Gemeinde die eigenen Betriebe als Einnahmequelle der öffentlichen Verwaltung — verband also auf Kosten des Abnehmers damit fiskalische Interessen; andererseits nahmen auch einzelne private Unternehmungen keine Gelegenheit wahr, um mit zunehmender Benutzungsdauer und Verbesserung der Erzeugungsanlagen die Tarife zu erniedrigen. Die Entwicklung der letzten Zeit hat zwar hierin eine Verbesserung erkennen lassen, doch ist diese noch nicht so fortgeschritten, daß sie zu einer wesentlichen Erhöhung des Stromkonsums, vor allem in den Haushaltungen, geführt hätte.

Die Möglichkeit der Stromverbilligung besteht heute nach fortgeschrittener Konzentration im Wesentlichen nur mehr in der Steigerung der Benutzungsdauer der Anlagen, wodurch gleichzeitig eine Senkung der festen Kosten herbeigeführt werden kann. Auch die Vergrößerung des Absatzkreises durch entsprechende Werbung ist hier ebenfalls bedeutsam. Mit diesem Bestreben aber rückt das Verteilungsproblem in den Vordergrund, das heute große Schwierigkeiten bereitet. In vielen Fällen ist bei der zunehmenden Konzentration für große Elektrizitätswerke das Optimum der Wirtschaftlichkeit erreicht und jede Vergrößerung birgt die Gefahr in sich, die bisher erzielten Vorteile zu schmälern. Gleichzeitig hängt mit der zweckmäßigen Ausnützung der Verteilungsnetze, die den Hauptteil der Stromerzeugungskosten ausmachen, das Spitzenproblem aufs engste zusammen. Die zwangsweise Beseitigung der Spitzen wird heute allgemein verurteilt. Man sucht — und dies mit Erfolg — den, verteuernde Neuanlagen erfordernden, Mehrbedarf der Abnehmer dadurch zu decken, daß man vielfach stark abgeschriebene ältere Elektrizitätswerke in den Verbrauchszentren mit dem Verteilungsnetz verbindet. Eine derartige Verwendung der älteren Werke birgt zweifellos große wirtschaftliche Vorteile in sich, da sie nicht nur für den Spitzenausgleich, sondern auch bei großen Störungen in den Überlandleitungen wertvolle Aushilfsdienste zu leisten vermögen. Ein Beispiel dafür, daß die Konzentrationsbewegung mit Rücksicht auf rationellen Ausgleich eben doch nicht auf kleinere Werke verzichten kann. Dort, wo die Konzentration Stromgebiete erfaßte, deren Zusammensetzung für sie geeignet war, hat sie ohne Zweifel große rationelle Erfolge bringen können. Sobald aber Gebiete erfaßt wurden, die für die Großerzeugung- und verteilung weniger geeignet waren, zeigten sich große Schwierigkeiten. Die kostspieligen Stromverteilungsnetze ließen gar bald das Maximum der Kostensenkung erreichen. Es ist auch kaum damit zu rechnen, daß es in absehbarer Zeit gelingt, durch technische Verbesserungen den Preis der kWh zu senken. Trotz vieler Vorteile ist eben doch eine allgemeine, allzu stark betriebene Zentralisation der Erzeugungsstellen nicht angebracht. Die Verhältnisse liegen oft so, daß Eigenerzeugungsanlagen und kleinere Elektrizitätswerke für ihr Abnehmergebiet weit leistungsfähiger sind, als große Werke. Die praktischen Erfolge, die Oskar von Miller in Schweinfurt und Schwandorf erzielen konnte, zeigen, daß man bei richtiger wirtschaftlicher Überlegung und gutem Willen, den Preis der kWh für Kraft und Wärme soweit herabsetzen kann, daß nicht nur der Abnehmer wirklich günstige Bedingungen hat, sondern auch der Erzeuger wirtschaftlich arbeiten kann. Die gleiche Möglichkeit ist für Großkraftwerke, in Bezug auf Großabnahme, sicher ebenfalls gegeben. Dasselbe, was für Groß- und Kleinbetrieb im allgemeinen Wirtschaftsleben gilt, gilt auch hier. Beide können nebeneinander bestehen und dem ganzen Wirtschaftsorganismus Nutzen bringen, wenn nicht machtpolitische- und Sonderinteressen, sondern zweckmäßige wirtschaftliche Erwägungen dabei den Ausschlag geben. So ist es nicht ohne weiteres richtig, die gesamte Erzeugung und Verteilung in die Hände nur weniger Großunternehmungen zu legen. Gerade bei der Elektrizitätswirtschaft, die einen Wirtschaftskörper von besonderer Geschlossenheit darstellen soll, insofern, als sie sich über sämtliche Wirtschaftsglieder erstreckt, erscheint eine Zusammenfassung in nur Großbetrieben bedenklich. Nicht nur deshalb, weil auch kleinere Werke, neben den großen, wirtschaftliche Aufgaben zu erfüllen haben, denen der Großbetrieb nicht in gleicher Weise gerecht werden könnte, sondern auch der Kampf zwischen öffentlichen und privaten Unternehmen [11]) um die Monopolstellung berücksichtigt werden muß. Neben der Rentabilität für den einzelnen Unternehmer muß die gesamte Elektrizitätsversorgung produktiv wirkend aufgebaut sein für die Volkswirtschaft. Sie darf deshalb nicht willkürlich zu fiskalischen Zwecken ausgenutzt, oder gar ein Machtmittel in Händen einer Partei werden, wie dies beim Staatsmonopol nicht ausgeschlossen ist. [12])

Der besondere Charakter der Elektrizitätswirtschaft, der sie unter den anderen Wirtschaftszweigen heraushebt, ist leider vielfach mißbraucht worden. Die Abhängigkeit der Abnehmer von dem Erzeuger, ist hier weit größer, als bei irgend welchen anderen Handelswaren. Auch ein privates Monopol hat in diesem Fall nachteiligere Wirkung, als etwa das Monopol eines Automobilkonzerns, der durch die latente Konkurernz der einzelnen Teilnehmer im Innern des Unternehmers veranlaßt, den Bogen nicht überspannen wird.

All diese Schwierigkeiten würden sich heute in der deutschen Elektrizitätswirtschaft nicht so empfindlich bemerkbar machen, wenn sie von einer geschlossenen Organisation, in Bezug auf

---

[11]) Anteil der öffentlichen Hand an der deutschen Stromversorgung 1900 und 1929:

Werksgattung	Anteil an der Gesamterzeugung	
	1900 (in %)	1929 (in %)
Werke in öffentlicher Hand	23,0	56,3
Gemischtwirtschaftliche Werke*	—	31,9
Privatwerke	77,0	11,8

*) Mit meistüberwiegendem Einfluß der öffentlichen Hand.
Aus: Wirtschaftsdienst, Heft 50, vom 12. 12. 30, Seite 2140.

[12]) Diplom.-Ing. R. Boye; Deutsche und amerikanische Elektrizitätswirtschaft; Wirtschaftsdienst, Heft 50, v. 12. 12. 30. „Die Betätigung der öffentlichen Hand in der Elektrizitätswirtschaft wird im wesentlichen damit begründet, daß es nicht angängig sei, in derartigen, für die Volkswirtschaft lebenswichtigen Betrieben, dem Privatkapital ein Monopol, mit allen seinen möglichen schädlichen Folgen einzuräumen. Daß sich die Öffentlichkeit aber gegen Monopolmißbräuche sehr wohl auf andere Weise sichern kann, zeigt das Beispiel der vereinigten Staaten, wo die Public Utilities einer doppelten staatlichen Kontrolle unterworfen sind."

Den gleichen Ausführungen entnommen: Public Utilities sind rein privatwirtschaftlich orientierte Unternehmungen, in deren Händen hauptsächlich (1927 zu 95,1 %) die Stromversorgung der Vereinigten Staaten liegt. Sie werden zunächst von der Interstate Commerce Commission beaufsichtigt. Diese fordert die nach einheitlichem Muster aufgestellten Bilanzen. Außerdem sind die Public Utilities meistens noch besonders Kontrollorganen unterworfen (Public Service Commission). Diese bestehen aus 3, manchmal auch 5 bis 7, vom Gouverneur mit Zustimmung des Senats ernannten Mitgliedern, darunter eine besonders sachverständige Persönlichkeit. Die Grenzen für die Zuständigkeit der Commission sind in den einzelnen Bundesstaaten verschieden. Im Falle von Streitigkeiten zwischen Commission und Gesellschaft können beiderseits die ordentlichen Gerichte angerufen werden. Neben dieser staatlichen Überwachung haben die meisten Stromversorgungsgesellschaften noch freiwillig eine solche durch ihre Abnehmer auf sich genommen.

die zahlreichen Elektrizitätsunternehmungen, geleitet worden wäre. Die machtpolitischen Interessen, die gerade hier weit zurückgestellt werden sollten, haben zwar gut organisierte Einzelgruppen geschaffen, aber kein geschlossenes organisches Gebilde. Auf technischem, wirtschaftlichem und rechtlichem Gebilde macht sich der Mangel an zweckmäßiger Zusammenarbeit geltend, und hat dazu geführt, daß sich eine Unmenge von Unternehmungen mit den verschiedensten Unternehmungsformen in die deutsche Elektrizitätswirtschaft teilen. Öffentliche Kraftunternehmungen stehen den Eigenerzeugern gegenüber und durch allerlei Maßnahmen sucht die öffentliche Hand immer größeren Einfluß zu gewinnen. Andererseits ist die deutsche Elektrizitätswirtschaft zum Versuchskarnickel für die unmöglichsten Experimente geworden. Das Fehlen jeglicher Übersicht, sowie kurzsichtige Bestrebungen einzelner Interessengruppen, ließen bei der Durchführung größerer Projekte Erzeugungsanlagen entstehen, für die das Bedürfnis noch gar nicht vorhanden war. So wurden in gewisser Beziehung an mancher Stelle in Deutschland zu viele Elektrizitätswerke gebaut. Fehlinvestitutionen [13]) und die unklaren Tarifverhältnisse sind nicht minder eine Folge ungenügender Verständigung. Die derzeitigen Bestrebungen gehören zwar schon einer neuen Gestaltung an, doch konnten sie zusammen mit den technischen Neuerungen noch keine allzugroße Klarheit bringen. Das Optimum der technischen ist eben noch lange nicht das Optimum der wirtschaftlichen Ausgestaltung. Bis heute sind in Deutschland nur zwei Gründungen erfolgt, die dem Zusammenschluß dieser Einzelwirtschaften dienen sollen und gleichzeitig die Aufgabe haben, die deutsche Elektrowirtschaft wirtschaftlich und organisatorisch vorbildlich zu gestalten. Es sind dies die:

[14]),**„Aktiengesellschaft für deutsche Elektrizitätswirtschaft“ Berlin,**
und die
„Westdeutsche Elektrizitätswirtschafts A.G.“ Frankfurt a. Main.

Es ist noch nicht entschieden, ob die Gründung derartiger Vereinigungen schon das für die deutsche Elktrizitätswirtschaft Gegebene ist.

So groß nun auch die Schwierigkeiten noch sein mögen, wollen wir doch nicht verkennen, daß die deutsche Elektrizitätswirtschaft,

---

[13]) Daß gerade hier wirtschaftliches Handeln notwendig ist, erhellt die Tatsache, daß z. B. 1928 von den Auslandsanleihen der Kommunen rund 51 % für den Ausbau der Elektrizitätserzeugung verwendet wurden und außerdem noch 13 öffentliche Gesellschaften im Ausland fast 360 Mio Mk. aufgenommen hatten.

[14]) Die „Aktiengesellschaft für deutsche Elektrizitätswirtschaft“ wurde im Mai 1928 durch die „Elektro A.G.“ (Reich), die Preußische Elektrizitäts A.G.“ und die „Bayernwerk A.G.“ gegründet. Ferner gehören ihr an die „Aktiengesellschaft Sächsische Werke“, das „Badenwerk“, die ‚Rhein. Westf. Elektrizitäts A.G.“ und diese wieder haben sich vereinigt mit anderen Unternehmungen so der „Gesellschaft für elektrische Unternehmungen A.G.“ Berlin (Gesfürel) und die „Vereinigte Elektrizitätswerke Westfalen A.G.“. — An der Westdeutschen Elektrizitätswirtschaft A.G. sind u. a. das RVE, die Württembergische Sammelschienen A.G., Stuttgart und die Mainkraftwerke A.G. beteiligt.

wenn auch manchmal mit Umwegen, in der modernen Entwicklung auf ihrem naturgesetzmäßigen Weg vorwärtsschreitet. Vor allem gelang es ihr, die Tendenzen einer zwangsweisen Gestaltung erfolgreich abzuschütteln, denn Zwangsmaßnahmen sind auch hier, gleich in welcher Form, zu verurteilen. Sie machen das Übel — wie sich dies wiederholt im Wirtschaftsleben gezeigt hat — nur noch schlimmer. Die freie Entwicklung darf nicht gehemmt und mit ihr das natürliche Ausscheidungsmittel ungesunder Wirtschaftsmaßnahmen, die Konkurrenz, nicht beseitigt werden. So darf man es auch als Glück bezeichnen, daß das berühmte Sozialisierungsgesetz vom 31. Dezember 1919 keine praktische Geltung erlangt hat. Im allgemeinen sind zwar die rechtlichen Verhältnisse, soweit sie die deutsche Elektrizitätswirtschaft betreffen, noch nicht aus dem kritischen Stadium heraus, aber man kann bereits erkennen, daß man bemüht ist, die bisherigen Schranken zu beseitigen.

So braucht auch die Entwirrung der Verhältnisse in wirtschaftlicher und technischer Hinsicht noch Zeit, bis sie reif ist für eine geschlossene Organisation. Der letztgenannten bleibt es dann vorbehalten, die beiden sich herausentwickelnden Gruppen der Großerzeugung- und -versorgung und der Kleinerzeuger- und -verteiler zu einem gedeihlichen Ganzen zusammenzufassen.

Ein Organ, überparteilich, und aus Vertretern sowohl der beiden Hauptgruppen, als auch dem Staat und den Stromabnehmern bestehend, würde diesem Endziel gerade auf elektrizitätswirtschaftlichem Gebiete zum Wohl der gesamten Volkswirtschaft nur förderlich sein. Eine entsprechende Zuständigkeit müßte allerdings die Gewähr bieten dafür, daß aus einem solchen Organ kein ewig tagender Ausschuß wird.

Für die Wertbeurteilung des Außenhandels Deutschlands mit elektrischem Strom war diese Übersicht über die Schwierigkeiten, die sich heute noch dem rationellen innerstaatlichen Austausch und Ausgleich entgegenstellen, notwendig, da schon die wichtigsten Vorschläge zur Schaffung und Förderung einer produktiven Elektrizitätswirtschaft, den zwischenstaatlichen elektrischen Energieverkehr eng berühren.

So weist man — und nicht mit Unrecht — zunächst in Verfolg des innerstaatlichen Verbundgedankens daraufhin, daß die im Inland bestehenden Anlagen und vorhandenen günstigen Energiequellen, erst voll ausgewertet sein müßten. Eine gesunde Grundlage müßte erst mal im Inland geschaffen sein, bevor man all zu starkes Interesse und Kapital kostspieligen und im wirtschaftlichen Erfolg zweifelhaften, zwischenstaatlichen Austauschlinien opfert. Diese Einwände werden durch die folgenden Behauptungen unterstrichen: Deutschland verfügt über ein reichliches Maß von Energiequellen (vor allem Wasserkräften), deren Heranziehung den Strombezug aus dem Ausland vollkommen überflüssig machen würde. Ein großer Teil dieser Wasserkräfte und hier wiederum besonders die süddeutschen, ist in Bezug auf Ausbaukosten und Lage den ausländischen Wasserkräften zum Teil überlegen, mindestens aber ebenbürtig. Die Nutzbarmachung dieser Energiequellen würde nicht nur ausländischen Strombezug überflüssig machen, sondern das bisher hierfür ins Ausland geflossene deutsche Kapital bleibt dem Inland erhalten und kann hier an anderen Stellen produktivere Arbeit leisten.[15]) So kann es gleichzeitig für den Ausbau der eigenen Wasserkräfte Verwendung finden. Dadurch werden nicht nur für zahlreiche Arbeitskräfte neue Verdienstmöglichkeiten geschaffen, sondern auch für die am Ausbau mittel- oder unmittelbar beteiligten Betriebe. So bleibt der Nutzen aus diesem Kapital, der bisher dem ausländischen Unternehmer die Möglichkeit der Abschreibung seiner Betriebe und damit die Erhöhung seines Gewinnes gegeben hatte, im Lande selbst. Ebenso kommen die Kosten der ins Ausland führenden Hochspannungsleitungen in Wegfall und auch diese Ersparnisse der deutschen Volkswirtschaft zugute. Die Art der Stromlieferungsverträge ist ebenfalls von Einfluß auf den Wert des Stromaustausches mit dem Ausland und ganz besonders der Stromeinfuhr; nämlich dann, wenn kurzfristige Verträge dem Austausch zugrunde liegen, die dann die Stabilität des Ausgleiches im Innern zu wenig sichern.

In technischer Hinsicht wird neben all dem auch auf die Vorteile der Pumpspeicheranlagen für die innerstaatliche Verbundwirtschaft

---

[15]) Reg.-Rat Dr.-Ing. Dreyer, München, äußerst sich zu diesem Punkt in: „Der arbeitschaffende Wert des Wasserkraftausbaues", Wasserkraft und Wasserwirtschaft, 6. Heft, 15. III. 1931, 26. Jahrg., wie folgt:

„Von manchen Seiten wird die Forderung erhoben, die Wasserkräfte in erheblichem Umfang für den Energiebedarf zu Zukunft zurückzustellen oder sie für bestimmte Interessen auf lange Sicht zu reservieren. Diese Forderung könnte nur durch einen Mangel an Wasserkräften begründet werden. Aus Ermittlungen des künftigen Bedarfes ist jedoch zu schließen, daß in absehbarer Zeit der für die Deckung durch Wasserkräfte in Frage kommende Teil der deutschen Energieanforderung zuverlässig in deutschen Wasserkräften erzeugt werden kann, die in jenen Untersuchungen nicht einmal voll in Rechnung gestellt werden. Für spätere Zeiten steht immer noch ein Teil der fast unerschöpflichen alpinen und skandinavischen Wasserkräfte zur Verfügung, die bis dahin keineswegs ausgebeutet werden können. Die Zurückstellung von Wasserkräften ist um so weniger zu rechtfertigen, als ja nach Ansicht mancher Versorgungsunternehmungen ein nicht unerheblicher Teil des Bedarfes selbst des wasserkraftreichen Süddeutschlands durch Wärmekräfte gedeckt werden soll. Eine Zurückstellung von Wasserkräften würde zweifellos eine Reihe von größeren Anlagen dem Ausbau für immer entziehen. Gerade in einer Krisenzeit läßt sich eine Vorsorge auf Jahrzehnte hinaus für die Energieversorgung, die dann voraussichtlich unter wesentlich günstigeren Verhältnissen arbeiten wird, nicht rechtfertigen. In einem zweifelhaften Einzelfall müssen die finanziellen Vorteile des Ausbaues vom Standpunkt der Volkswirtschaft und der öffentlichen Hand (insbesondere auch die Steuern und Wasserausnützungsgebühren!) den etwa angeführten Nachteilen gegenübergestellt werden. Die Ausbaubestrebungen in den Nachbarländern beweisen, daß die deutschen Wasserkräfte durch übergroße Vorsorge für die Zukunft endgültig in den Hintergrund gerückt würden, wodurch die deutsche Volkswirtschaft zugunsten der ausländischen erheblicher Werte beraubt würde.

Für eine Energieeinfuhr von beispielsweise 100 Mio kWh/Jahr fließt jährlich annähernd ein Betrag von etwa 2,5 Mio Mk. ins Ausland. Durch eine mehrjährige Energieeinfuhr von 100 Mio kWh werden, wenn man die obigen Zusammenstel-

hingewiesen, da sie einen wichtigen Faktor für den rationellen Ausgleich darstellen.

All diese Einwände, die gegen die Notwendigkeit eines zwischenstaatlichen elektrischen Energieverkehrs für Deutschland, insbesondere gegen die Stromeinfuhr, erhoben werden, sind nur bedingt richtig. Zunächst muß festgestellt werden, daß der Grenzausgleich mit dem innerstaatlichen Ausgleich organisch verwachsen ist. Es geht nicht an, zuerst den innerstaatlichen Verbundgedanken, entgegen der freien wirtschaftstechnischen Entwicklung, durchzuführen, und dann erst an den praktischen Nutzen überstaatlicher Bindungen zu denken. Die Entwicklung der Stromwirtschaft hat nicht nur inländische, sondern auch gleichzeitig über die Landesgrenzen gehende wertvolle Bindungen geschaffen. Diese zwischenstaatlichen Kupplungen hätten sich auch dann vollzogen, wenn die Schwierigkeiten, die heute noch im Innern des Landes der Schaffung einer zweckmäßigen Elektrizitätswirt-

---

lungen als Anhalt heranzieht, der deutschen Volkswirtschaft und der öffentlichen Hand insgesamt folgende Summen unmittelbar entzogen:

a) aus dem andernfallsigen Bau einer inländischen Anlage einmalig

1. der öffentlichen Hand:

Steuern	1 180 000 Mk.
Arbeitslosenversicherung u. Arbeitslosenunterstützung	4 280 000 „
Sonstige Sozialversicherungen	1 110 000 „
Summe 1:	6 570 000 Mk.

2. dem Wirtschaftsleben ein unmittelbarer, sofortiger Impuls von . . . 3 820 000 „

sohin der deutschen Volkswirtschaft ein sofort wirksamer Gesamtnutzen von . . . 10 390 000 Mk.
(= Summe 1 und 2.)

3. der Reichsbahn an Frachten . . . 1 170 000 „

b) aus dem Betrieb der Anlage jährlich:

1. für Unterhaltung	150 000 Mk.
2. für Abschreibung	370 000 „
3. für Steuern und Wassernutzungsgebühren	200 000 „
4. für Bedienung und Verwaltung	190 000 „
5. für Gewinne	330 000 „
das sind jährlich:	1 240 000 Mk.

Der gesamte jährliche Ausfall für die eigene Wirtschaft durch den Bezug vom Ausland setzt sich zusammen:

aus der jährlichen Zahlung des Einkaufspreises von	2,50 Mio Mk.
aus dem Entgang der jährlichen Einkünfte von	1,24 Mio Mk.
und beträgt somit insgesamt	3,74 Mio Mk.

Das heißt:

Außer einem ersten einmaligen Zuschuß in rund 4-facher Höhe der Jahreszahlungen für die eingeführte Energie und außer diesen Jahreszahlungen selbst wird fortlaufend noch ein Betrag von 50 % dieser Jahreszahlungen zur Belebung einer fremden Volkswirtschaft aufgewendet,

bezw. geht der eigenen Volkswirtschaft verloren. (Tatsächlich ist der einmalige Zuschuß erheblich höher, wenn die oben vernachlässigten Größen berücksichtigt werden, den Unternehmergewinnen beim Bau und den mittelbaren Auswirkungen Rechnung getragen wird.) Außerdem wird das ausländische Werk in 20 bis 25 Jahren abgeschrieben, und zwar durch Zahlungen der deutschen Volkswirtschaft, die aus der vollendeten Abschreibung kaum jemals Nutzen ziehen dürfte.

schaft entgegenstehen, durch eine geschlossene Organisation beseitigt worden wären, — da sie sich vollziehen mußten, solange sich das Wirtschaftsleben in freien Bahnen gestalten kann. Zweifellos sind auch in Deutschland noch viele Energiequellen, besonders Wasserkräfte vorhanden, die für die Deckung des steigenden Mehrbedarfs sicher gut geeignet sind, doch damit keineswegs den Wert zwischenstaatlicher Kupplungen für einzelne Teile des Stromwirtschaftsgebietes aufheben können. Bei der Darstellung der Strombindungen Deutschlands mit dem Ausland haben wir schon gesehen, daß der größte Teil derselben, ihre Entstehung, gesunden wirtschaftlichen Erwägungen zu verdanken hat. Auch der Einwand, daß die für Strombezug ins Ausland gehenden Zahlungen der deutschen Volkswirtschaft verlustig gehen, ist nicht so bedeutend. Ganz abgesehen davon, daß die für die Stromeinfuhr aufgewandten Geldmittel verhältnismäßig klein sind, bietet der Kauf ausländischer Energie nicht nur bei dem heutigen Stand der Elektrizitätswirtschaft, sondern auch später für die direkten Abnehmer den Vorteil größerer Billigkeit, für Austauschwerke den Vorteil des Bezugs billiger Pumpenergie für Speicherzwecke, für die gesamte Volkswirtschaft Vorteile insofern, als nicht zuletzt eine wesentliche Schonung, bezw. anderweitige Verwertung der Stein- und Braunkohlenschätze möglich ist und schließlich werden auch wieder Strommengen ins Ausland verkauft werden, oft zu weit höheren Sätzen, als die bezogene Energie. Wenn sich bei wichtigen Austauschlinien, mit überstaatlichem Charakter, für die deutsche Wirtschaft anfänglich finanzielle Nachteile ergeben haben sollten, so sind diese heute durch die finanzielle Beteiligung deutscher Elektrizitätsunternehmungen an ausländischen, für den zwischenstaatlichen Energieverkehr wichtigen Elektrizitätswerken, fast vollständig beseitigt worden. Beispiele hierfür finden wir beim Stromaustausch Deutschlands mit der Schweiz und Österreich. Eine derartige Kapitalinvestitution gestattet, den gewonnenen Einfluß auf das ausländische Werk für die regelmäßige und notwendige Stromlieferung ins Inland, so geltend zu machen, daß der Bezug dieser ausländischen Energie durch den intensiveren Ausbau der Elektrizitätswirtschaft des Lieferstaates nicht in Frage gestellt wird. Besonders in der modernen Zeit spielen derartige Einflüsse eine beachtenswerte Rolle für den zwischenstaatlichen elektrischen Energieverkehr. Handelt es sich um Austauschverbindungen, bezw. solche, die der Stromeinfuhr dienen, so ist der langfristige Stromlieferungsvertrag, wenn keine finanzielle Beteiligung vorliegt, dem kurzfristigen vorzuziehen, da er diesem gegenüber die größere Sicherheit bietet. Die jeweils von Fall zu Fall gegebenen Verhältnisse werden natürlich den Wert solcher Momente bestimmen.

Wie schon erwähnt, ist es nicht richtig, zuerst den Ausbau im Innern zu verfolgen, und dann erst neue und wirtschaftlich vorteilhafte Energiequellen, aus dem benachbarten Ausland heranzuziehen. Die jüngste Entwicklung hat gezeigt, daß sich trotz der

Betonung des innerstaatlichen Ausbaues, zwischenstaatliche, ja sogar überstaatliche Bindungen zwischen Deutschland und dem Ausland vollzogen haben. Die im Austausch mit Österreich erwähnte 220/380 kV-Leitung des RWE, sowie der neue Grenzaustauschverkehr mit Dänemark, bestätigen dies. Von vielen Seiten wird behauptet, daß die Leitung des RWE nach Vorarlberg auf Kosten der Wirtschaftlichkeit zu Gunsten machtpolitischer Bestrebungen errichtet worden sei; dies umsomehr, da die Gewinne beim Bau derartiger Leitungen nicht allzugroße sind. Wie weit derartige Behauptungen aufrecht erhalten werden können, muß die Zukunft zeigen. Vom volkswirtschaftlichen Standpunkt aus müßten allerdings derartige machpolitische Bestrebungen, gerade auf elektrizitätswirtschaftlichem Gebiete, verurteilt werden, denn es ist klar, daß die Unrentabilität derartiger Leitungen bei einem Unternehmen wie das RWE an anderer Stelle wieder ausgeglichen werden muß, was aber letzten Ende dazu führt, daß die Produktivität der allgemeinen Stromversorgung zum Schaden des einzelnen inländischen Abnehmers, herabgedrückt wird.

Die Bedenken, die gegen diese überstaatliche Hochspannungsleitung aufgetaucht sind, mögen ja z. Zt. noch nicht so ohne weiteres von der Hand zu weisen sein, doch werden sie bei den verbundwirtschaftlichen Bestrebungen Deutschlands mit Österreich und der Schweiz, für spätere Zeit lange nicht so bedeutend ins Gewicht fallen, wie beim Bau solcher überstaatlicher Leitungen, die einen rein europäischen, verbundwirtschaftlichen Charakter tragen sollen. Diese Leitung besteht nun und so ist es viel wichtiger, statt Kritik zu üben, Wege zu finden, daß diese Verbindung nicht nur den daran beteiligten Unternehmungen, sondern auch der gesamten inländischen Stromversorgung praktischen Nutzen bringen kann.

Der Nutzen[16]), der bereits erwähnten P u m p s p e i c h e r u n g , kommt nicht allein dem innerstaatlichen Ausgleich, sondern auch dem zwischenstaatlichen Austauschverkehr zugute. Die zweckmäßige Eingliederung einer Pumpspeicheranlage kann sehr wohl, insbesondere bei Werken, die mit kurzer Spitze arbeiten, oder die Möglichkeit haben, billige Nachtenergie zu beziehen, (s. Badenwerk) den wirtschaftlichen Wert einer zwischenstaatlichen Austauschlinie erhöhen.

---

[16]) Die Vorzüge solch künstlicher Speicher bestehen darin, daß man sie dort errichten kann, wo sie benötigt werden. Ferner eine Reihe technischer Einrichtungen, wie Wasserzuleitungen usw. sich erübrigen; und schließlich verursachen sie im Gegensatz zu natürlichen Speichern, weniger Kosten. Man rechnet beispielsweise: Grenzwert:

Die kW einer natürlichen Speicheranlage mit:	Mk. 450—500
die kW einer künstlichen Speicheranlage mit:	Mk. 200
und zum Vergleich:	
die kW eines Dampfkraftwerkes mit:	Mk. 400
die kW eines Wasserkraftwerkes mit	Mk. 1000 bezw. 600—1500

Die Gegenüberstellung all dieser Momente bedeutet zusammenfassend für den zwischenstaatlichen elektrischen Energieverkehr Deutschlands, daß weder eine völlige Vernachlässigung, noch ein allzu übertriebener Ausbau der zwischenstaatlichen Austauschlinien der deutschen Volkwirtschaft nützlich sein kann. Die Behauptung, daß der Stromaustausch Deutschlands mit dem Ausland nur geringe Bedeutung hat und kaum beachtenswert erscheint, ist schon insofern nicht ganz richtig, als jedes Glied eines organischen Wirtschaftskörpers eine besondere Aufgabe zu erfüllen hat. Die Außerachtlassung dieser Tatsache würde, nachdem die Bindungen nun bestehen, nicht ohne Rückwirkung auf die übrigen Teile der Wirtschaft bleiben. Die Mehrzahl der Kupplungen sind nicht aus Willkür oder egoistischem Machtstreben entstanden, sondern fast ausnahmslos das Ergebnis der Ausnützung wirtschaftlich günstiger Gegebenheiten. Sie ermöglichten es, den Strom aus dem Ausland billiger, bezw. günstiger zu beziehen, als aus den inländischen Anlagen. So sind diese zwischenstaatlichen Stromlinien heute mit dem deutschen Wirtschaftskörper so verwachsen, und ihr Wert durch finanzielle Beteiligung deutscher Unternehmer an ausländischen Kupplungswerken noch mehr gesteigert worden, daß man nicht ohne weiteres an Ihnen vorübergehen kann. Nicht weniger wertvoll haben sich die Grenzaustauschlinien erwiesen, die tatsächlich größeren wirtschaftlichen Erfolg bringen können, als manche noch nicht ausgebaute inländische Energiequelle.

Man darf also neben dem inneren Ausbau auch die praktischen und produktiven Ausgleichsmöglichkeiten jenseits der Reichsgrenze nicht vernachlässigen, wenn dabei nicht wertvolle Kräfte der Volkswirtschaft verloren gehen sollen.

Die Auswertung der vielen noch vorhandenen Entwicklungsmöglichkeiten (Industrie, Handel, Eisenbahn, usw.) der deutschen Elektrizitätswirtschaft, wird mit fortschreitender Organisation die heutige Stromerzeugungsziffer um ein Wesentliches erhöhen. Bei der organischen Verbundenheit des zwischenstaatlichen Stromverkehrs wird dementsprechend auch dieser erhöhte Ziffern aufzuweisen haben. Insbesondere gilt dies der Stromeinfuhr, die allein durch die Inbetriebsetzung der Vorarlberger Leitung des RWE prozentual stark anwachsen wird. Welche besondere Bedeutung man der Zukunft des zwischenstaatlichen Stromverkehrs und vor allem der Stromeinfuhr zuzumessen glaubt, zeigt sich daran, daß die *modernen Projekte*, deren Verwirklichung man in absehbarer Zeit für notwendig hält, Kontingente enthalten, die nicht im entferntesten von der heutigen Stromeinfuhr Deutschlands erreicht sind. Allein die Nutzbarmachung der *Wasserkräfte in den Hohen Tauern* in Österreich (Tauernwerk) — ein Projekt, dessen Durchführung am nächsten liegt, — soll die Einfuhr von nicht weniger als 6 Mia kWh nach Deutschland ermöglichen. Fast die gleiche Menge — 5 Mia kWh — sieht ein norwegisches Projekt für Deutschland vor. Im Vergleich mit solchen Ziffern verschwindet die heutige Einfuhrmenge von 400 Mio kWh. Der Bedarf für rd. 12 Mia kWh ausländische Energie liegt aber vorerst für Deutschland noch in sehr weiter Ferne, wie dies auch beim Vergleich der modernen Entwicklung mit einem Plan, der für die

zukünftige Bedeutung des zwischenstaatlichen elektrischen Energieverkehrs

wertvolle Richtlinien enthält, ersichtlich ist. Es ist das bekannte „Gutachten über die Reichselektrizitätsversorgung[17]) von Exzellenz Oskar von Miller. Hier wurde zum erstenmal der Versuch gemacht, einen Elektrizitätsversorgungsplan für Deutschland aufzustellen und dabei auch dessen Strombezug eingehend gewürdigt. Wenn dieser Plan auch zahlenmäßig in manchen Teilen durch die fortschreitende Entwicklung überholt wurde, so ändert dies nichts an der Tatsache, daß er die Grundlage für den wirtschaftstechnischen und organisatorischen Aufbau einer zweckmäßigen Elektrizitätsversorgung geschaffen hat.

Von allen „Generalplänen", die sich in der letzten Zeit mit den elektrizitätswirtschaftlichen Verbundproblemen befaßt haben, hebt er sich ganz besonders bedeutsam heraus, da er so gestaltet ist, daß der gesunde Wettbewerb der beteiligten Gruppen in keiner Weise gestört wird. Die zukünftige Bedeutung des zwischenstaatlichen elektrischen Energieverkehrs wird hier nicht unwesentlich unterstrichen, da das, der Reichselektrizitätswirtschaft gedachte Gutachten trotzdem nicht vor den Reichsgrenzen halt machen konnte, sondern neben den im Inland zu erzeugenden Energiemengen (36 Mia kWh)[18]) auch die Heranziehung von 3,4 Mia kWh ausländischer Energie vorsieht. D. h. die Anlagen und Leitungen sind so projektiert, daß Deutschland die Möglichkeit hat, zeitweise Elektrizität aus ausländischen Kraftwerken zu beziehen. Allerdings nur in Fällen, in denen der Bezug aus dem Ausland vorteilhafter ist, als der aus inländischen Anlagen.

Obwohl dieser Generalplan in erster Linie der Gewinnung völliger Unabhängigkeit von ausländischem Strombezug gilt, berücksichtigt er doch in bemerkenswerter Weise die Entwicklungsmöglichkeiten bei den heute bestehenden Austauschverhältnissen, wie dies aus folgenden Ausführungen, die dem Plane entnommen sind, erkenntlich ist:

„Als ausländische Kräfte kommen die Wasserkräfte der Schweiz, insbesondere deren Anteil an den Rheinwasserkräften, weiter die bereits im Ausbau begriffenen Vorarlberger Wasserkräfte, sowie ein Teil der sehr leistungsfähigen Nordtiroler Wasserkräfte, sowie der österreichische Anteil an den Innwasserkräften, in Frage. Weiter nach Osten sind beachtenswert die ausgedehnten Projekte für die Zusammenfassung der Tauernkräfte, sowie die oberösterreichischen

[17]) „Gutachten über die Reichselektrizitätsversorgung" von Dr. Oskar v. Miller. Mit 42 Listen und 23 Plänen. V. D. I. Verlag G. m. b. H. Berlin 1930.

[18]) Bis 1935.

Kräfte im Traun-Donaugebiet. So könnten in der Zeit von 1925—1935 insgesamt etwa 750 000 kW an besonders günstigen ausländischen Wasserkräften für die deutsche Stromversorgung herangezogen werden, wovon etwa 200 000 kW auf Speicherkräfte entfallen".

Wie wir schon bei der allgemeinen Darstellung der Austauschbindungen Deutschlands mit dem Ausland gesehen haben, kommt dem Stromverkehr mit der Schweiz und Österreich die größte Bedeutung zu, dem gegenüber derjenige mit anderen Staaten zurücktreten muß.

Die bestehenden Linien, die heute Deutschland mit der Schweiz und Österreich stromwirtschaftlich verbinden, werden ihre Bedeutung auch für die zukünftige Stromversorgung nicht verlieren. Mit dem intensiveren Ausbau der Kupplungen ist sowohl bei der Schweiz einschl. der Stromstraße Basel—Konstanz, als auch bei Österreich zu rechnen. Die evtl. notwendige Zusammenfassung mehrerer Austauschlinien und die Errichtung von Leitungen mit sehr hohen Spannungen zur Steigerung der Leistungsfähigkeit, wird wohl das bisherige Bild verändern. Dies spielt jedoch keine Rolle, angesichts der Tatsache, daß selbst bei der zu begrüßenden strafferen Zusammenfassung der Erzeugungs- und Verteilungsstellen in Deutschland und der damit erstrebten Unabhängigkeit von ausländischem Strombezug, sich diese Kupplungen erhalten werden, da sie der Volkswirtschaft, aus den bereits bekannten Gründen, stets nützlich sein können. Während das Austauschverhältnis mit der Schweiz im Laufe der kommenden Jahre eine intensivere Ausgestaltung erfahren dürfte, wird das gegenüber Östereich, außer einer solchen Ausgestaltung, noch durch eine Reihe neuer und bedeutsamer Verbindungen verstärkt werden. So ist die Nutzbarmachung der Tauernkräfte in dem „T a u e r n w e r k" ernstlich erwogen worden und Vorbereitungen zur Durchführung getroffen. Dadurch sollen über 6 Mia kWh für Deutschland frei werden. Ein Projekt, dessen Durchführung man heute schon verwirklichen möchte, wobei es aber unter den derzeitigen Verhältnissen genügen dürfte, der deutschen Elektrizitätswirtschaft vertraglichen Einfluß für spätere Zeiten zu sichern. Voraussetzung bei der Durchführung muß schon zunächst der Ausbau im Innern und die intensivere Ausnützung der bestehenden zwischenstaatlichen Bindungen, soweit diese hierfür Bedeutung haben, bleiben. Ist dies annähernd geschehen, dann wird sowohl für den rationellen Ausgleich, als auch für die Deckung des Mehrbedarfes an elektrischer Energie, die besondere Bedeutung des Tauernwerkes hervortreten; sie liegt darin, daß die Tauernkräfte, die von Deutschland nach dem zweckmäßigen Ausbau seiner eigenen Energiequellen, noch benötigten ausländischen Strommengen, hinreichend zu liefern vermögen. Das Stromverhältnis Deutschlands mit Österreich wird außerdem noch verstärkt werden, da mit der Errichtung einer Hochspannungsleitung, die die K a c h l e t s t u f e bei Passau mit der Linie P a r t e n s t e i n-Wien verbindet, zu rechnen ist, um dadurch die Ausgleichs- und

Austauschbestrebungen mit Österreich möglichst großzügig zu gestalten.

Dem Ausbau der Stromverbindungen mit Österreich darf man nicht allzu skeptisch gegenüberstehen. Vielmehr muß bei den vielen gemeinsamen Interessen des österreichischen und deutschen Volkes der weitere Ausbau der Strombindungen, im Hinblick auf eine organische Verschmelzung der Elektrizitätswirtschaften beider Länder, erfolgen.

Neben der Schweiz und Österreich haben wir auch das Saargebiet als ein für Deutschland wichtiges Stromreservoir kennen gelernt. Bestrebungen der jüngsten Zeit [19]) suchen die dort vorhandenen überschüssigen Energiemengen dem Reich nutzbar zu machen.

Die bisher erwähnten elektrizitätswirtschaftlichen Probleme haben mehr oder weniger die Verbundenheit des zwischenstaatlichen elektrischen Energieverkehrs mit den Bestrebungen des innerstaatlichen Verbundgedankens erkennen lassen und sind zum größten Teil die Folge einer natürlichen Entwicklung und eines intensiven Ausbaues, sowohl der deutschen, als auch der übrigen europäischen Elektrizitätswirtschaften.

Nun aber gesellen sich zu diesen Entwicklungsvorgängen in den letzten Jahren die elektrizitätswirtschaftlichen Projekte mit rein überstaatlichem, ja sogar paneuropäischen Charakter, hinzu. Sie stellen sich über die Entwicklung und suchen eine völlige Zentralisierung der europäischen Elektrizitätswirtschaften durchzuführen. Einer der bedeutendsten Pläne ist hierbei der deutsche „Vorschlag eines europäischen Großkraftnetzes“ [20]) von Dr.-Ing. Oskar Oliven.

[19]) Frankfurter Zeitung Nr. 34/36 v. 14. I. 32: „Verhandlungen über den Saarstrom“. Seit langem bemühen sich die interessierten Wirtschaftskreise an der Saar um eine Möglichkeit, den überschüssigen Strom ihres Gebietes durch Export bestmöglichst zu verwerten. Beratungen und Fühlungnahmen in dieser Richtung gehen nach den verschiedensten Seiten, und zwar seit Jahren. Neuerdings sind wieder, wie auch aus saarländischen Blättern hervorgeht, Verhandlungen in der Schwebe, die auf eine Eingliederung des Saarstroms in die deutsche Elektrizitätsversorgung abzielen. Die Verhandlungen sollen sich auf etwa folgender Basis bewegen: Zwischen der gemeinwirtschaftlichen Vereinigte Saar-Elektrizitäts-A. G. (VSE) und den zum Konzern der Rhenelektra gehörenden Pfalzwerken in Ludwigshafen soll ein Demarkationsabkommen geschlossen werden, das aber den VSE bestimmte, in der Pfalz liegende jetzige Abnehmer sichert. Zum Ausgleich für den Verzicht der VSE auf weitere Werbung in der Pfalz wird das Kraftwerk Homburg (Pfalzwerke) von den VSE 5 Mill. kWh jährlich beziehen. Die Pfalzwerke erklären sich ferner bereit, nach Ausnutzung ihrer eigenen Werke und nach der Belieferung des Großkraftwerks Mannheim Strom von den VSE zu beziehen, falls er zu wettbewerbsfähigen Preisen geliefert wird. Die Pfalzwerke werden auch eine Durchleitung des Saarstroms durch die Pfalz nicht behindern; die Genehmigung der bayer. Staatsregierung ist hierzu aber erforderlich. Beide Gesellschaften nehmen die Anknüpfung engerer Beziehungen, gegebenenfalls auch einen Aktienaustausch in Aussicht.

[20]) Gesamtbericht Zweite Weltkraftkonferenz, Berlin 1930, Bd. XIX, Allgemeine Hauptvorträge. Dr.-Ing. Oskar Oliven: „Europas Großkraftlinien“, Vorschlag eines europäischen Großkraftnetzes.

Ein großer Teil der deutschen Elektrizitätswirtschaftler steht, nicht mit Unrecht, solchen Plänen sehr skeptisch gegenüber, da sie besonders bei Nichtbeachtung bereits bestehender Stromverbindungen, große wirtschaftliche Verluste verursachen können. Sehen wir dabei vollkommen ab, von politischen Gefahren und Sabotageakten, denen solche Europanetze jedenfalls in erhöhtem Maße ausgesetzt sind, so lassen schon rein wirtschaftliche Überlegungen die Durchführung solcher Pläne bei dem heutigen Stand der Elektrizitätsverhältnisse sehr fraglich erscheinen. Wohl stellen sie technisch ein großes gigantisches Unternehmen dar, dessen Wirtschaftlichkeit aber keineswegs gesichert erscheint. Das wirtschaftliche Optimum ist bei vielen Elektrizitätwerken noch nicht erreicht. Oft bieten kleinere Werke neben den großen wichtige Vorteile, sodaß zuletzt neben den großen europäischen Leitungen auch noch solche mit geringerer Spannung parallel betrieben werden müßten. Dies würde der deutschen Volkswirtschaft unsinnige Kosten auferlegen, die durch Vorteile aus dem paneuropäischen Netz in keiner Weise wett gemacht werden können. Wir werden am Schluß dieser Arbeit sehen, daß solche Pläne für Europa noch in weiter Ferne liegen und sich später ganz anders darstellen, als man heute vielfach erwarten könnte. Was für Deutschland hier im Besonderen gilt, gilt allgemein für ganz Europa.

Ein Teilprojekt einer solchen paneuropäischen Wirtschaftsidee stellt die geplante Einfuhr norwegischer Energie nach Deutschland dar. Ein Vorschlag, der die großen Energiekräfte Norwegens, soweit sie dort nicht Verwendung finden können, nach Deutschland zu bringen versucht. Nicht weniger als 6 Mia kWh soll diese 400 000 Volt-Leitung nach Deutschland transportieren. Dabei wird die Durchführung dieses Projektes nicht nur wegen des wachsenden Strombedarfs Deutschlands, sondern auch wegen der großen Billigkeit des Stromes (ca. 1,2 Pf.) für möglich gehalten. Genügt diese Tatsache allein, bezw. ist der Grad der Billigkeit wirklich so groß, um Deutschland zu veranlassen, für die Verwirklichung dieses Planes möglichst bald einzutreten? — Die folgenden Darlegungen widersprechen dem zum Teil.

Die Frage der Aktualität dieser Leitung und damit die Notwendigkeit des Strombezugs aus Norwegen, kann nicht ohne weiteres mit ja oder nein beantwortet werden. Es ist durchaus möglich, daß Deutschland mit Norwegen in eine derartige elektrische Verbundenheit eintritt, und auch vom nationalen Standpunkt aus kann der Augenblick kommen, daß man eine solche Einfuhr begrüßt; nämlich dann, wenn die deutschen Energiekräfte rationell genug ausgenützt sind, und dennoch Strombedarf vorhanden ist, den besonders der nördliche Teil Deutschlands ohne allzugroßen Kapitalaufwand mit norwegischer Energie decken kann, oder wenn ein neuer Produktionszweig entstehen würde, der die Produktivität einer solchen Leitung garantieren könnte!? Doch solange in Deutschland das, in den bestehenden Erzeugungs- und Verteilungsanlagen investierte Kapital nicht produktiv ausgenützt ist, so lange bedeutet eine Einfuhr aus Norwegen einen unbedingten Verlust für die deutsche Wirtschaft. Äußerst bedenklich ist auch der Einwand, daß dadurch der deutschen Eigenstromerzeugung eine fühlbare Konkurrenz erwachsen würde, die, so vorteilhaft sie bis zu einem gewissen Grade ist, in dieser Form für die elektrizitätswirtschaftliche Entwicklung nicht nötig ist. Zudem muß man auch bedenken, daß der Strom nicht eine gewöhnliche Handelsware darstellt, die auf den üblichen Verkehrsmitteln befördert werden kann, sondern seine Transportierung den Bau kostspieliger Hochspannungsleitungen erfordert. Außerdem müssen noch eine Reihe von Verteilungs- und Umformanlagen erbaut werden, was große Abschreibungen nötig macht, die sich schätzungsweise auf nicht weniger als 30 Jahre erstrecken würden, um dann erst eine wirklich billige Stromlieferung zutage treten zu lassen. Bei solchen elektrischen Energiemengen spielt auch die Abwanderung deutschen Kapitals eine nicht unbedeutsame Rolle. Diese Kapitalmengen müssen, solange noch andere günstigere Bezugsquellen vorhanden sind, dort angesetzt werden, wo sie produktivere Arbeit leisten. Sollte tatsächlich das Optimum im inneren Ausbau erreicht sein, und trotzdem der Strombedarf noch so wachsen, daß die erforderlichen Mengen die Rentabilität des Bezugs aus Norwegen sichern, dann wird sich für diesen Fall der Stromimport begrüßen lassen. Schließlich ist dann auch die Tatsache gegeben, daß dieser Strom wiederum wertschaffend für die gesamte Volkswirtschaft ist und dadurch die Schlußbilanz eine positive zu Gunsten Deutschlands sein wird. Für Norddeutschland tritt im Falle des Bezugs süddeutscher oder österreichischer Energie das Moment des Spannungsverlustes hinzu, das bei der Einfuhr norwegischer Energie unter Umständen geringer sein kann. Doch wird eine geeignete Organisation eine derartige Abhängigkeit der einzelnen Gebietsteile der deutschen Elektrizitätswirtschaft untereinander, schon von vornherein ausschließen. Es wird also dieser Einwand den Bezug norwegischer Energie nicht früher notwendig machen, als bei obenerwähnten Gründen.

Das politische Gefahrenmoment, Deutschland würde sich durch den Bezug norwegischer Energie in allzu gefährliche Abhängigkeit begeben, wird hier weniger ausschlaggebend sein, da dieses Projekt erst dann reif ist, wenn tatsächlich die Kräfte im Innern, sowie die aus der Schweiz und Österreich bezogenen, nicht mehr ausreichen. Dann allerdings muß die deutsche Elektrizitätswirtschaft sich nach neuen Quellen umsehen, und diese findet sie jedenfalls am besten in Norwegen, ein Umstand, der das Projekt für Deutschland jedenfalls beachtenswert macht. Ist es soweit, dann ist die Abhängigkeit nicht einseitig, da Norwegen diese neue Einnahmequelle in seinem Etat sicher nicht mehr vermissen möchte. All dies sind jedoch Dinge, die noch in sehr weiter Zukunft liegen. Der Einwand der Billigkeit kann dies nicht ändern, da der Vorteil in dieser Hinsicht nur den Bruchteil eines Pfennigs gegenüber der Erzeugung im Inland und dem Bezug aus Schweiz und Österreich ausmacht. Auch die dadurch evtl. mögliche Schonung unserer Kohlenvorräte fällt nicht so ins Gewicht, weil diese auch durch eine straffere Zusammenfasssung der deutschen Elektrizitätswirtschaft und Ausnützung bestehender Verbindungen, genügend ersetzt werden kann. Als Austausch oder gar als Aushilfsleitung ist die Errichtung und Erhaltung einer derartigen überstaatlichen Transit-Stromstraße für die beteiligten Länder zu kostspielig — ein Luxus, den sich vielleicht spätere Generationen leisten können!?

Für Deutschland sollen diese Erwägungen lediglich zeigen, daß Norwegen als Stromerzeugungsland für Norddeutschland evtl. dieselbe Bedeutung erhalten kann, die heute schon Österreich für Süddeutschland und die gesamte deutsche Elektrizitätswirtschaft hat. Außerdem liegt die Errichtung dieser überstaatlichen Leitung von Norwegen nach Deutschland für letztere immer noch näher, als die Beteiligung an einem paneuropäischen Verbundnetz, bei dessen Durchführung Deutschland, infolge seiner Mittellage, Leitungen durchziehen würden, deren Wirtschaftlichkeit weit mehr in Frage stehen dürfte, als die der norwegischen Leitung.

Der Eintritt für ein paneuropäisches Netz hat für Deutschland keinen Sinn. Derartige Pläne mögen technisch sehr vollkommen erscheinen, wirtschaftlich aber werden sie an dem natürlichen Entwicklungsprozeß einer gesunden Volkswirtschaft zugrunde gehen. Die Entwicklung läßt sich nicht vorgreifen, man kann höchstens Richtlinien aufstellen, deren Brauchbarkeit durch das fortschreitende Wirtschaftsleben entschieden wird. Solange derartige Pläne nicht am Bestehenden ansetzen, stören sie die freie Entwicklung und den freien Wettbewerb, der für die Gestaltung des Fortschritts unbedingt notwendig ist.

Für Deutschland besteht in Bezug auf seinen zwischenstaatlichen elektrischen Energieverkehr, zunächst die Aufgabe, neben dem Ausbau der inneren Kräfte, auch den stromwirtschaftlichen Entwicklungsmöglichkeiten, gegenüber der Schweiz und Österreich, Rechnung zu tragen. Dabei dürfen die übrigen bestehenden und sich natürlich vollziehenden Bindungen, d. h. solche, die alsbald der gesamten Volkswirtschaft zugute kommen, nicht vernachlässigt werden. Günstige Stromkauf- und -verkaufsverträge, sowie finanzielle Beteiligung an ausländischen Werken, müssen die Wege auch weiterhin ebnen. Gerade die beiden letzten Momente geben natürlich in vielem den Ausschlag, denn es ist klar, daß die meisten Linien nur dann Zweck haben, wenn der Strombezug billiger aus dem Ausland bewerkstelligt werden kann und Vorteile dadurch gegenüber den Eigenkosten erwachsen. So gibt der zwischenstaatliche Stromverkehr (Stromeinfuhr) auch hier eine Möglichkeit, die Leitungen im Verein mit der Pumpspeicherung wirtschaftlich zu gestalten; sei dies nun billige Nachtenergie, oder aber Strommengen, die zu Konkurrenzzwecken auf dem Strominlandsmarkt verwendet werden könnten. Das letzte Moment tritt bei der derzeitigen Bedeutung des zwischenstaatlichen Stromverkehrs für die deutsche Volkswirtschaft allerdings nicht nennenswert in den Vordergrund. Vielleicht erst dann, wenn der Strom aus Österreich so billig bezogen werden kann, wie dies im Miller'schen Gutachten oder bei der Einfuhr norwegischer Energie veranschlagt wurde. So sieht Miller als Strompreis vom Ausland 1,2 Pfg./kWh bei einer Spannung von 220 bezw. 110 kV vor; Bei Norwegen schwankt der Preis zwischen 0,89 und 1,89 Pfg./kWh (mit bezw. ohne Abschreibung). Heute sind diese Preise allerdings noch nicht erreicht, höchstens in einzelnen Fällen des Bezugs von Nachtenergie. Die Preise verstehen sich loco Grenze, also ohne Umformungs- und Fortleitungskosten zu den Wiederverkäufern bezw. Großabnehmern. Einer solchen Verbilligung stehen noch große Schwierigkeiten (Abschreibung usw.) entgegen. Späterer Entwicklung bleibt es vorbehalten, hier allgemein Produktivität und Rentabilität zusammenfallen zu lassen, d. h. Strom so billig zu liefern, daß die Erzeugnisse, die mit seiner Hilfe hergestellt werden, ebenfalls wesentlich verbilligt werden können.

Ohne damit eine starre Aufstellung geben zu wollen, sollten doch folgende Punkte in erster Linie Beachtung finden, um Wert und Bedeutung des zwischenstaatlichen elektrischen Energieverkehrs für Deutschland, zum Nutzen seiner gesamten Wirtschaft und des Einzelnen, zu erhalten und zu erhöhen:

1. Die bestehenden zwischenstaatlichen elektrischen Strombindungen — vor allem mit der Schweiz (einschl. der Stromstraße Basel—Konstanz) und Österreich — dürfen nicht nach, sondern müssen neben dem innerstaatlichen Ausbau intensiv ausgewertet werden so u. a.:
   a) in technischer Hinsicht, durch zweckmäßige Kupplung von Wasser- und Dampfkraftwerken, Verwendung leistungsfähiger Spannungen und Pumpspeicherwerke.
   b) in wirtschaftlicher Hinsicht, durch finanzielle Beteiligung an ausländischen Werken — Abschluß langfristiger Stromkaufverträge — Aufnahme und produktive Verwertung langfristiger Auslandsanleihen, um günstige Ausgleichs- und Austauschmöglichkeiten, sowohl innerhalb, als auch außerhalb der Reichsgrenze der deutschen Elektrizitätswirtschaft zu sichern.
   c) in rechtlicher Hinsicht, Beseitigung aller gesetzlichen Schranken, die den zwischenstaatlichen Energieverkehr erschweren, oder gar zum Schaden der Volkswirtschaft verhindern. Gesetzliche Regelung nur dann, wenn unwirtschaftliche Maßnahmen wertvolles Volksgut gefährden.
2. Die Stromverkehrsverhältnisse gegenüber den übrigen Staaten (Schweiz und Österreich ausgenommen) müssen sich auf einem leistungsfähigen Grenzexport bezw. Grenzaustausch fortentwickeln.
3. Schaffung einer großzügigen Austausch- und Ausgleichsgrundlage durch enge Zusammenarbeit deutscher und österreichischer Elektrizitätswirtschaftskreise
4. Ablehnung paneuropäischer Verbundnetze, da für diese keine wirtschaftlichen Grundlagen gegeben sind. Statt deren, Heranziehung der norwegischen Kräfte, wenn die Austausch- und Ausgleichsverhältnisse der deutschen Elektrizitätswirtschaft genügend gesichert sind und außerdem

erhöhter Strombedarf die Erbauung einer solchen Leitung wirtschaftlich gerechtfertigt erscheinen läßt.

Innerstaatliche Verbundwirtschaft und zwischenstaatlicher elektrischer Energieverkehr dürfen nicht getrennt werden, beide gehören zusammen und schaffen in gegenseitiger Wechselwirkung die Möglichkeit eines rationellen innerstaatlichen Ausgleiches und Austausches für die Elektrizitätswirtschaft Deutschlands.

Viele dieser Erörterungen über den Wert des zwischenstaatlichen elektrischen Energieverkehrs für Deutschland, haben in mehr oder weniger veränderter Form auch bei den übrigen europäischen Staaten, soweit diese für den Stromverkehr mit dem Ausland in Frage kommen, grundsätzliche Bedeutung. Nirgends aber spielt der Einfluß des elektrischen Energieverkehrs mit dem Ausland in Bezug auf das gesamte Wirtschaftsleben des Landes, eine so einschneidende Rolle, wie in den beiden nun folgenden Ländern — Schweiz und Österreich.

Schweiz.

Das Fehlen jeglicher Kohlenschätze hat die Schweiz schon frühzeitig veranlaßt, ihre reichen Wasserkräfte für die Erzeugung elektrischer Energie heranzuziehen, was zur Folge hatte, daß die Schweiz zu einem Stromüberschußland ersten Ranges geworden ist, obwohl ein großer Teil der erzeugten Energiemengen im Inland verwertet wird. Es sind heute nicht weniger als nahezu 30 % der Gesamterzeugung, die alljährlich über die Grenzen der Schweiz transportiert werden. Ungefähr 25 Jahre ist nun die Schweiz ein ausgesprochenes Ausfuhrland elektrischer Energie. Der Energieexport ist während dieser Zeit für das Schweizer Wirtschaftsleben zu einem vielumstrittenen Exponenten geworden. Die Entwicklungslinie zeigt einen abwechslungsreichen Kampf zwischen Exportfreunden und Exportgegnern, der nicht ohne Einfluß auf die Gestaltung der gesamten Strompolitik des Landes geblieben ist. Bevor wir aber diese in wirtschaftlicher und rechtlicher Hinsicht verfolgen, soll uns ein kurzer

Überblick über die Grundlage der Schweizer Elektrizitätswirtschaft

die Bedeutung des elektrischen Energieverkehrs dieses Landes mit den angrenzenden Staaten anschaulicher machen.

Der Schweiz stehen schätzungsweise 5—6 Mio kW ausbaufähige Energiekräfte zur Verfügung, wovon bis heute 1,7 Mio kW in den Dienst der Wirtschaft gestellt sind. Die Elektrizitätswirtschaft baut sich vorwiegend auf hydraulischen Kraftwerken auf, die nicht weniger als 99,86 % der Gesamterzeugung liefern; nur 0,14 % entfallen auf die thermischen Kraftwerke, die als Reserve für den Ausgleich und für die Wasserklemmen im Winter in Frage kommen. So ist der Anteil der einzelnen Gattungen an der seit 1926/27 von Werken mit mehr als 1000 kW jährlich erzeugten Energiemenge folgender: [1])

Stromerzeugung in:	1926/27 Mio kWh	1927/28 Mio kWh	1928/29 Mio kWh	1929/30 Mio kWh
Wasserkraftwerken ca.	3515,0	3622,0	3788,0	3730,0
Saisonspeicherwerken	439,5	457,5	506,6	494,9
Wärmekraftwerken	1,7	2,18	5,07	12,1
Gesamterzeugung von Werken mit mehr als 1000 kWh	3956,2	4081,7	4299,7	4237,0
Stromerzeugung der Werke mit mehr als 300 kW	4087,9	4220,0	4439,0	4377,0
Gesamtstromerzeugung im Inland (einschl. Bundesbahnen u. Industrie)	4780	5100	5300	5200

Von der Gesamtstromerzeugung wurden

45 % für Beleuchtung, Beheizung und als Triebkraft in Fabriken und Haushaltungen,

13 % für die Eisenbahnen [2]),

22 % für die elektrotechnische Industrie und

25 % für die Ausfuhr

verwendet.

Die Elektrizitätswerke der Schweiz verteilen sich ungefähr wie folgt: [3])

Privatwerke einschl. Genossenschaften	847 000 PS	(40 %)
Gemeindewerke	198 000 „	(9 %)
Kantonale und gemischtwirtschaftliche Werke	782 000 „	(36 %)
Bundeswerke (Schweizerische Bundesbahnen)	315 000 „	(15 %)
Insgesamt:	2 142 000 PS	(100 %)

Der Ausbau der hydraulischen Kräfte der Schweiz hat im wesentlichen nach dem Kriege begonnen, wobei sich besonders die Bedeutung des Energieexportes bemerkbar macht. Die in-

[1]) Erzeugungsziffern der Werke mit mehr als 1000 kWh entnommen dem: Bulletin des Schweiz. Elektrotechnischen Vereins (SEV), Jahrgg. 1930, Nr. 23: Statistik über die Energieproduktion schweizerischer Kraftwerke von mehr als 1000 kW (ausschl. die schweiz. Bundesbahnen, Kraftwerke der Industriellen und Werke mit weniger als 1000 kW).

Die Energieproduktion der kleineren Elektrizitätswerke beläuft sich auf ca. 3 % der hier berücksichtigten größeren Kraftwerke.

[2]) Von den Schweizer Bundesbahnen sind heute rund 2481 km elektrifiziert, bei einer Gesamtgleislänge von 3041 km (1928). Von den Berner Alpenbahnen, sowie den Rhätischen Bahnen sind je 250 km, d. h. je 100 % elektrifiziert.

[3]) Aus Zusammenstellungen des schweizerischen Wasserwirtschaftsverbandes und Angaben des Amtes für Wasserwirtschaft, sowie des Verbandes Schweizericher Elektrizitätswerke für das Jahr 1928.

stallierte Leistung stieg von 887 000 PS im Jahre 1913 auf rund 2 500 000 PS im Jahre 1929. Dieser starke Ausbau der Elektrizitätswirtschaft, sowie die Elektrifizierung des ganzen Landes, die übrigens ihren Sättigungspunkt noch lange nicht erreicht hat, haben es der Schweiz ermöglicht, die Kohleneinfuhr des Landes wesentlich einzuschränken. So konnten 1929 nicht weniger als rund 170 Mio Franken eingespart werden, die man für den Mehrbezug von 3,5 Mio t Kohle hätte aufwenden müssen, um die gleiche Energiemenge in thermischen Kraftwerken erzeugen zu können. Dadurch konnten die Ausgaben für den Bezug ausländischer Brennstoffe — die heute ca. 220 Mio Fr. betragen — also nahezu um die Hälfte verringert werden.[4])

Zu diesen finanziellen Vorteilen kommen noch solche technischer und wirtschaftlicher Art, wie u. a. die Möglichkeit, der zweckmäßigen Ausnützung bestehender Elektrizitätswerke mit Hilfe des zwischenstaatlichen elektrischen Energieverkehrs. Dieser letztere bildet die Hauptursache, daß heute in der Schweiz die für allgemeine Zwecke Verwendung findende elektrische Energie zu außerordentlich günstigen Preisen abgegeben werden kann. Der ohnedies schon niedrige Strompreis für die Kilowattstunde in der Schweiz, ist, durch das Ineinandergreifen dieser Vorteile noch mehr gesenkt worden, worauf schließlich auch die starke Verwendung elektrischer Energie für Beleuchtungs- und Haushaltszwecke zurückzuführen ist.[5])

Wie in den Elektrizitätswirtschaften der übrigen europäischen Staaten, so hat sich auch in der schweizerischen eine starke Konzentrationsbewegung geltend gemacht, die eine große Anzahl kleinerer Werke aufsaugte. So waren 1925 von 304 Elektrizitätswerken 213 kleinere Unternehmungen, mit einer Leistung von 17 100 kW; 1929 aber waren es nur noch 175 EW mit einer Leistung von 10 500 kW, währenddem die der großen Werke immer mehr stieg. Dieser Aufsaugprozeß hat heute die Ausgleichsmöglichkeiten im Innern der Schweiz sehr verbessert und die Gleichmäßigkeit der Stromversorgung nicht zuletzt durch Erbauung künstlicher

---

[4]) Härry: „Die Ausnutzung der Wasserkräfte der Schweiz", Wasserkraft und Wasserwirtschaft, 6. Heft, S. 69, 25. Jahrg. 1930:

Die Angabe, daß die in der Schweiz aus Wasserkraft gewonnene Energie 5 Mio t Kohle im Jahr ersetzt, bezieht sich auf den Gleichwert der andernfalls durch Wärmekraft zu erzeugenden mechanischen Arbeit unter Berücksichtigung dessen, daß weitaus der überwiegende Teil des Stromverbrauches auf Kraft entfällt. Der Bericht von Härry sagt wörtlich: „Die Energieproduktion sämtlicher Kraftwerke kann im Jahre 1928 auf rund 5,3 Mia kWh geschätzt werden, von welchen 1,034 Mia kWh exportiert wurden, so daß auf den Inlandsverbrauch rund 4,3 Mia kWh treffen. Müßte die in der Schweiz verwendete elektrische Energie in modernsten kalorischen Kraftwerken erzeugt werden, so würde der Kohlenimport rund 3,5 Mio t mehr betragen als er heute effektiv beträgt."

[5]) 1929 entfielen bei einer Gesamtverteilung von 5,3 Mia kWh auf den Kopf der Bevölkerung rund 1350 kWh. Der tatsächliche Verbrauch pro Kopf (also ohne Bahnen, Industrie und Ausfuhr) betrug 1929 rund 620 kWh und mit Ausfuhr rund 840 kWh.

Energiespeicher gesichert. An diesem Ausbau hat der zwischenstaatliche elektrische Energieverkehr der Schweiz besonderen Anteil, was schon daraus hervorgeht, daß die Schweiz seit einiger Zeit auch Strom aus dem Ausland für Ausgleichszwecke in steigendem Maße importiert. Jedenfalls ohne den Energieexport wäre dieser Ausbau nicht in dieser Weise möglich gewesen. Die vorhandenen Ausgleichsschwierigkeiten hätten die wenigen Dampfkraftwerke nicht bewältigen können. Man muß außerdem auch noch in Betracht ziehen, daß eine Reihe schweizerischer Elektrizitätswerke erst durch Vertragsabschlüsse mit ausländischen Großabnehmern schweizerischer Energie, existenzfähig geworden sind und so neben dem Export gleichzeitig dem Inland gute Ausgleichsdienste zu leisten vermochten. So konnte durch das Ineinandergreifen all dieser Momente ein hoher Grad der Wirtschaftlichkeit erzielt werden.

Der zwischenstaatliche elektrische Energieverkehr der Schweiz setzt sich zusammen aus dem Austausch:

Im Norden mit: Deutschland
„ Westen mit: Frankreich
„ Süden mit: Italien
„ Osten mit: Österreich (Liechtenstein).

Diese Stromverkehrsbeziehungen dienen in der Hauptsache der Ausfuhr elektrischer Energie. Seit einigen Jahren aber macht sich besonders gegenüber Deutschland und Italien ein immer stärkerer Austauschverkehr bemerkbar. Während wohl auch von Frankreich ansehnliche Energiemengen im Winter durch die Schweiz bezogen werden und Austauschverkehr besteht, ist doch der Stromverkehr nach wie vor ein reiner Exportverkehr, der der großen Aufnahmefähigkeit der französischen Elektrizitätswirtschaft entspricht.

Den

Anteil des Exportes und Importes von elektrischer Energie an der Gesamterzeugung im Inland,

zeigt uns nachstehende Aufstellung: (Sämtl. Zahlen in Mio kWh)

[6])	%	1925	%	1926	%	1927	%	1928	%	1929	%	1930
Gesamterzeug.	—	3400	—	4190	—	4780	—	5100	—	5300	—	5200
+ Import		33		87		76		107		284		423
insgesamt:	—	3433	—	4277	—	4856	—	5207	—	5584	—	5623
— Export		654		913		1028		1107		1059		1021
Im Inland verbliebene Energiemenge		2779		3364		3828		4100		4535		4602

[6]) Der Anteil des Ex- und Importes an der Gesamterzeugung elektrischer Energie läßt sich für die Schweiz nur schwer bestimmen, da die einzelnen Werte oft von verschiedenen Meßstellen stammen und somit Differenzen unvermeidlich werden. Andererseits werden die Austauschwerte von Grenzwerken über-

Weitaus der größte Teil der für die Ausfuhr bestimmten Energiemengen, ist Sommerenergie, Überschußenergie, die keine andere Verwertung im Inland finden kann. Die Lieferung im Winter geht um einige Prozente zurück. Die Ausfuhr der Sommerenergie wird bewerkstelligt in der Zeit vom 1. April bis 30. September, die des Winterstromes in der Zeit vom 1. Oktober bis 31. März. Eine monatliche Aufstellung über die Lieferung elektrischer Energie ins Ausland (Statistik des Verbandes Schweiz. Elektrizitätswerke) läßt den Übergang zur Winterlieferung ziemlich deutlich erkennen:

Monat in	1928 Mio kWh	1929 Mio kWh	1930 Mio kWh	1931 Mio kWh
Januar:	79,4	91,2	73,0	91,3
Februar:	83,3	62,8	59,0	86,7
März:	97,4	74,8	58,1	82,1
April:	88,8	88,3	83,7	83,8
Mai:	97,3	96,7	90,5	93,4
Juni:	94,3	94,9	88,2	97,7
Juli:	97,4	109,2	98,8	96,9
August:	101,2	117,0	98,7	87,2
September:	96,1	103,6	102,0	88,1
Oktober:	89,1	72,1	93,3	78,6
November:	82,5	67,9	84,4	64,5
Dezember:	91,4	68,8	88,6	67,9
Total:	1098,2	1048,0	1018,3	1018,2

Als Ergänzung sei noch folgende Tabelle angeführt, die die Verteilung der seit 1926 hauptsächlichst ausgeführten Energiemengen auf Sommer und Winter zeigt [7]):

Jahr:	Ausgeführte Energiemengen in Mio kWh	Davon Sommerenergie in Mio kWh	%	Davon Winterenergie in Mio kWh	%
1926:	854,0	448,4	52,5	405,6	47,5
1927:	961,0	512,2	53,3	448,8	46,7
1928:	1034,5	539,0	52,1	495,5	47,9
1929:	990,0	581,0	58,7	409,0	41,3
1930:	955,0	524,3	54,9	430,7	45,1

haupt nicht erfaßt oder es sind diese nur teilweise für die Statistik zugänglich. Die Nichtbeachtung der Austauschmengen einzelner Grenzwerke dürfte wohl auch die Ursache sein, daß der auffallend starke Stromimport der Schweiz aus Italien in anderen Aufstellungen überhaupt nicht, bezw. nur sehr wenig zutage getreten ist. Diese und andere Ursachen erschweren jedenfalls sehr eine genaue Feststellung der Ein- und Ausfuhrwerte des Schweizer Energieverkehrs.

[7]) Entnommen dem Jahresbericht des Eidgenössischen Amtes für Elektrizitätswirtschaft.

Die Strompolitik der Schweiz, die durch den Export der elektrischen Energie eine besondere Note im Laufe der Entwicklung erhielt, hat eine Elektrizitätsgesetzgebung geschaffen, die u. a. auch die Ausfuhr elektrischer Energie sehr sorgsam regelt.

Die gesamte Kontrolle über die Ausfuhr unterliegt den Bundesbehörden. Bedeutsam ist zunächst der Artikel 24 der Bundesverfassung, wodurch die Bewilligung der Ausfuhr vom Bunde abhängig wird. So lautet Abs. 7 dieses Artikels:

„Die Abgabe der durch Wasserkraft erzeugten Energie ins Ausland darf nur mit Bewilligung des Bundes erfolgen."

Auf Grund dieses Verfassungsartikels wurde sodann das „Bundesgesetz betreffend die Nutzbarmachung von Wasserkräften" vom 22. Dezember 1916 erlassen und am 1. 1. 1918 in Kraft gesetzt (Wasserrechtsgesetz). Insbesondere spielt der Artikel 8 des Gesetzes eine Rolle. Er sagt:

„Die Ableitung von Wasser und die Abgabe der aus einem Gewässer erzeugten Kraft ins Ausland bedarf der Bewilligung des Bundesrates. Die Bewilligung soll nur erteilt werden, wenn das öffentliche Wohl durch die Ausfuhr nicht beeinträchtigt wird und nur soweit, als voraussichtlich das Wasser oder die Kraft für die Zeit der Bewilligung im Inland keine angemessene Verwendung findet."

Das Gesetz, betreffend die Ausfuhr elektrischer Energie ins Ausland, vom 1. 1. 1918 wurde fortlaufend ergänzt, so u. a. auch durch die Verordnung vom 4. September 1924. Letztere regelt in mehreren Abschnitten die Aufsicht über die Handhabung der Ausfuhrbewilligungen, ferner genaue Vorschriften darüber, welche Voraussetzungen erfüllt sein müssen, um die Ausfuhrbewilligungen erteilen zu können. Die Inlandsversorgung darf nicht gefährdet werden, es hat deshalb jeder Antragsteller die Pflicht, die für die Ausfuhr in Frage kommende Energie zuerst in geeigneter Weise den wirtschaftlich erreichbaren inländischen Konsumenten anzubieten. Gemäß Artikel 14 der Verordnung hat das Angebot an den inländischen Abnehmer zu mindestens gleich günstigen Bedingungen zu erfolgen, wie sie dem ausländischen Abnehmer gegenüber vertraglich zugesichert wurde. Die Prüfung der Ausfuhrgesuche obliegt der „Eidgen. Kommission zur Ausfuhr elektrischer Energie", die aus je einem Vertreter der Erzeuger und der Verbraucher besteht. Den Vorsitz hat der Vorsteher des Departements des Innern oder der Direktor des Amtes für Wasserwirtschaft. Die Stromausfuhrbewilligungen sollen in der Regel auch heute nicht länger als für eine Dauer von höchstens 20 Jahren erteilt werden. Ausnahmen bilden lediglich solche Fälle, in denen es sich nicht um einseitige Ausfuhrbewilligung handelt, sondern um einen „Abtausch von Energieausfuhrbewilligungen auf paritätischer Grundlage", wie es in dem Geschäftsbericht des Eidgen. Amtes für Wasserwirtschaft für 1929 lautete [8]).

---

[8]) Bulletin des VSE, XXI. Jahrg. 1930, vom 20. Juni 1930. S. 408.

Der Einfuhr elektrischer Energie stehen keine gesetzlichen Bestimmungen entgegen. Eine bundesrätliche Bewilligung ist hierfür nicht erforderlich.

Die staatliche Elektrizitätspolitik und Gesetzgebung ermöglicht es also der schweizerischen Regierung den Energieexport zu überwachen und, falls nötig, so zu regeln, daß durch ihn ernstliche Störungen in der inländischen Stromversorgung nicht hervorgerufen werden. Dabei ist größtmöglichste Toleranz geübt und jeglicher Zwang zu staatlicher Konzessionierung vermieden worden, um die freie Entwicklung nicht zu stören oder durch starre Gesetzesformen zu hemmen. Daß die Bewegungsfreiheit durchaus nicht eingeengt worden ist, geht schon daraus hervor, daß von den Energiemengen, die z. B. 1928/29 auf Grund der Bewilligungen und der erstellten Anlagen der Ausfuhr hätten zur Verfügung gestellt werden können, nur rund 51 % tatsächlich ausgeführt wurden.

Der elektrische Energieverkehr der Schweiz mit Deutschland — Frankreich — Italien und Österreich.

Der Hauptabnehmer schweizerischer Energie ist **Frankreich**, das infolge seiner noch nicht sehr weit ausgebauten Elektrizitätswirtschaft, auch späterhin zur Deckung seines Bedarfes große Energiemengen aus der Schweiz beziehen wird.

Die Durchführung des Energieexportes, aber auch die des Bezugs elektrischer Energie aus Frankreich, ermöglichen folgende Hochspannungsleitungen[9]):

Kupplungsstelle

	Schweiz	Frankreich	Spannung Volt
1.	Beznau—Allschwil	Mülhausen	150 000
2.	Gösgen—Bottmingen	Réchesy	60.000
3.	Gösgen—Bottmingen	Delle	60.000
4.	Mühleberg—Bassecourt	Mülhausen	150.000
5.	Bassecourt	Besançon	60 000
6.	La Goule	Lelocle	30./80.000
7.	Hauterive—Corbalière—Le Refrain	Etupes (Belfort)	60.000
8.	Montcherand	Pontarlier	60.000
9.	Chèvres	Bellegarde	60.000
10.	Chancy—Pougny	Villefranche	60.000

Das letztgenannte Werk Chancy-Pougny an der Rhone dient ausschließlich dem Energieexport nach Frankreich. Es ist ein Kraftwerk, das zu $^3/_5$ in französischen Händen ist und zu $^2/_5$ der Schweiz gehört. Die Leistung des Werkes beträgt 35.000 kWh.

---

[9]) Siehe Karte!

Die zweitgrößte Leistungsquote von insgesamt max. 29.500 kW, exportiert die Bernische Kraftwerke A. G. (BKW) an die Forces Motrices du Haut-Rhin in Mülhausen und an die Electricité de Strassbourg S. A. in Straßburg. Dieser Energielieferung dient die 150 kV-Leitung Mühleberg—Bassecourt—Mülhouse, die, soweit sie sich auf Schweizer Gebiet erstreckt, den BKW gehört. Eine andere bundesrätliche Bewilligung, die sich ebenfalls im Besitze der BKW befindet, gestattet den Export von max. 11.000 kW an die Societe Electrique du Jura in Besançon über die 60 kV-Leitung Bassecourt—Besançon.

Die auf den übrigen Leitungen ausgeführten Energiemengen, bewegen sich zwischen einer Leistung von 5.000—11.000 kW.

In der Hauptsache begann der Energieexport nach Frankreich kurz nach dem Weltkriege. So gingen 1923 bereits 250 Mio kWh nach Frankreich, wogegen jedoch nur ca. 20 Mio kWh von dort eingeführt wurden. Im Laufe der folgenden Jahre änderte sich dieses Bild und neben den reinen Exportverkehr trat auch Austauschverkehr, sodaß heute die Schweiz rund 500—600 Mio kWh nach Frankreich liefert und rund 100 Mio kWh französischer Energie einführt.

Wie schon bei den rechtlichen Bestimmungen über die Stromausfuhr erwähnt, hängt dieselbe jeweils von der bundesrätlichen Bewilligung ab. Als Beispiel für Frankreich soll hier folgender derartiger „Stromausfuhrbewilligung“ Erwähnung getan werden:

Vom schweizerischen Bundesrat erteilte Stromausfuhrbewilligung[10]):

„Der S. A. l'Energie de l'Ouest-Suisse in Lausanne (E. O. S.) wurde nach Anhörung der eidg. Kommission für Ausfuhr elektrischer Energie die Bewilligung (Nr. 109) erteilt, elektrische Energie aus den Disponibilitäten, die ihr aus Kraftwerken in Wallis zur Verfügung stehen, nach Frankreich, an die Energie-Industrielle Paris auszuführen. Die Ausfuhr darf am 1. Mai 1930 beginnen. Die zur Ausfuhr bewilligte Leistung beträgt zunächst 6200 kW im Sommer, und 2200 kW im Winter. Im Laufe der Jahre erhöhen sich diese Leistungen, um frühestens im Jahre 1935 die größte zur Ausfuhr bewilligte Leistung von max. 16 500 kW zu erreichen.

Im Winter (1. November — 31. März) darf bloß diejenige Energiemenge ausgeführt werden, die einer 1050 stündigen Gebrauchsdauer der jeweils zur Ausfuhr bewilligten Leistung entspricht. Überdies kann die Ausfuhr in der Zeit vom 15. Okt. — 15. April zur Verbesserung der Inlandsversorgung bis auf 40 % der zur Ausfuhr bewilligten Energie eingeschränkt werden.

Die Bewilligung Nr. 109 ist 15 Jahre gültig.“

Da auch Frankreich sehr stark bemüht ist, seine Elektrizitätswirtschaft vorteilhaft auszubauen, wird wohl in den nächsten Jahren die Steigerung der Exportziffern sich verlangsamen, dafür aber der Austausch umso beachtenswertere Fortschritte verzeichnen.

Bis in die jüngste Zeit war auch der Stromverkehr mit **Italien** ein reiner Exportverkehr. Seit neuer Zeit aber macht sich der Aus-

[10]) Bulletin des SEW Nr. 7, v. 1. April 1930, S. 250.

bau der italienischen Elektrizitätswirtschaft sehr stark bemerkbar, sodaß heute der Ausfuhrcharakter des Stromverhältnisses gegenüber Italien verloren gegangen ist und immer mehr einem Stromaustauschverkehr Platz machen muß. Hierbei ist die starke Zunahme des Energieverkehrs der Schweiz aus Italien überaus bemerkenswert und beleuchtet zugleich das zwischenstaatliche Ausgleichsbedürfnis, das auch die Schweiz in stärkerem Maße als bisher betont. Der Austausch im Jahre 1930 und 1931 setzt sich aus einem Bezug von ca. 250 Mio kWh und einer Lieferung von 157 Mio kWh nach Italien zusammen.

Die Lieferung nach Italien hat seit 1920 an Bedeutung zugenommen, ein nennenswerter Stromverkehr entwickelte sich also auch hier erst in den Nachkriegsjahren. Im gleichen Jahre hatte das Elektrizitätswerk in Zürich die Aufgabe übernommen, den Austausch zwischen den Dampfkraftwerken in Nancy und den Wasserkraftwerken in Oberitalien zu vermitteln.

Die für den Stromaustausch der Schweiz mit Italien in Frage kommenden Hochvoltleitungen, deren Lage aus der Karte ersichtlich ist, sind folgende:

Kupplungsstelle		Spannung
Schweiz	Italien	Volt
1. Biaschina	Veveri	80 000
2. Biaschina	Varano	50 000
3. Campocologno	Piattamala	55 000
4. Campocologno	Sondrio	70 000
5. Campocologno	Cislago	140 000

Italien stand lange Zeit an zweiter Stelle der ausländischen Stromabnehmer der Schweiz. Infolge der nationalistischen Bestrebungen ist nunmehr Deutschland an seine Stelle getreten.

Der geringe Energieexport nach **Österreich** (Liechtenstein) kommt am besten in folgender Tabelle, die zugleich eine Übersicht über die prozentuale Verteilung der 1929/30 zur Ausfuhr bewilligten Leistungen auf sämtliche Bezugsstaaten gibt, zum Ausdruck[11]:

[11]) Aus den Geschäftsberichten des Eidgen. Amtes für Wasser u. Elektrizitätswirtschaft, sowie der Statistik des SEV./Bulletin Nr. 12, Jahrg. 1930, S. 409.

	i. Jahre 1928		i. Jahre 1929		i. Jahre 1930	
	30. Juni	31. Dez.	30. Juni	31. Dez.	30. Juni	31. Dez.
Insgesamt zur Ausfuhr bewilligte Leistungen in kW	363 278	312 988	383 378	446 614	515 601	475 611
Davon (in %) bewilligt nach:						
Deutschland . . .	20	18	19	36	35	36
Frankreich . . .	35	39	38	34	33	36
Italien	26	30	25	21	18	19
Österreich (einschl. Liechtenstein) . .	0,019 %	0,022 %	0,022 %	0,016 %	0,02 %	0,02 %
Absatzgebiet noch unbestimmt . . .	19	13	18	9	14	9
Davon praktisch mögliche Energieausfuhr/kW|*)	275 238	254 948	289 338	274 074	306 061	302 271
Praktisch mögliche Energieausfuhr in % der zur Ausfuhr bewilligten Leistungen	75,8	81,5	77,8	61,4	59,3	63,5

Außer mit Frankreich spielt sich der wichtigste Stromverkehr mit **Deutschland** ab. In der Hauptsache Energieexport, seit 1929, aber in nennenswerter Weise auch Austauschverkehr.

Bedeutsam ist die Stromstrecke Basel—Bodensee, mit einer Reihe von Elektrizitätswerken, die zum Teil schweizerischen, zum Teil deutschen Unternehmungen gehören. Das größte davon ist, das nunmehr in den Stromdienst gestellte Kraftwerk Ryburg—Schwörstadt, mit einer Leistung von max. 135 000 kW. An ihm sind beteiligt das Badenwerk, die Kraftübertragungswerke Rheinfelden A. G., die Nordostschweizerischen Kraftwerke, Baden (Schweiz) und die Motor-Kolumbus A. G., Baden (Schweiz). An dem mit einer Leistung von max. 80 000 kW ausgestatteten Kraftwerk Albbruck-Dogern, ist das RWE mit 77 % beteiligt, ferner Escher Wys & Co., Zürich, und Ingenieur Gruner, Basel. Ein ähnliches Unternehmen stellt das Kraftwerk Eglisau dar, das seit 1920 in Betrieb ist, und eine Leistung von max. 43 000 kW besitzt. Die Konzessionäre sind hier die Nordostschweizerische Kraftwerke A. G. (N. O. K.), Baden, und Elektrizitäts A.-G. vorm. Schuckert & Co., Nürnberg.

---

*) Die praktisch mögliche Energieausfuhr wird erhalten, wenn von den zur Ausfuhr bewilligten Leistungen diejenigen Leistungen abgezogen werden, für die eine Ausfuhr noch nicht in Betracht kommt, weil die Anlagen noch nicht erstellt sind.

Neben den Lieferungen solcher gemeinsam betriebener Werke, sind es besonders die, der rein schweizerischen- und rein deutschen Kraftwerke, aus welchen sich der Austauschverkehr zusammensetzt. Der Export elektrischer Energie nach Deutschland, bleibt hinter dem von Frankreich allerdings zurück, doch ist der Austauschverkehr der Schweiz mit Deutschland intensiver, als bei allen anderen Staaten. Die Ausfuhr elektrischer Energie schwankt zwischen 170—200 Mio kWh, die Einfuhr zwischen 60—80 Mio kWh.

Export und Import spielen sich auf folgenden Linien ab:

Kupplungsstelle

	Schweiz	Deutschland	Spannung Volt
1.	Klingnau	Gurtweil	100.000
2.	Dogern	Gurtweil	100.000
3.	Klingnau	Schluchseewerk	100.000
4.	Baden	Wyhlen/Rheinfelden	30./80.000
5.	Beznau	Schluchseewerk	100.000
6.	Beznau	Waldshut [12])	50.000
7.	Laufenburg	Zollhaus	50.000
8.	Laufenburg	Rheinweiler	50.000
9.	Laufenburg	Waldshut	50.000
10.	Eglisau	Stockach	45.000
11.	Eglisau/St. Gallen	Konstanz	10./30.000

Die Bedeutung dieser Bindungen ist neuerdings für den Ausgleich stark gestiegen. Andererseits ist Deutschland nicht nur jetzt, sondern auch in Zukunft für die Schweiz ein wichtiger Abnehmer seiner Überschußenergie, die trotz des niederen Preises, zu dem sie abgegeben wird, finanzielle Vorteile bringt, da der Ausbau der Wasserkräfte ohnedies für die Schweiz nicht sehr hoch zu stehen kommt.

Von den seit 1923 exportierten bezw. importierten elektrischen Energiemengen, entfielen auf:

---

[12]) Bulletin des SEV u. VSE Nr. 16, Jahrg. 1930, S. 556: Vom schweizerischen Bundesrat erteilte Stromausfuhrbewilligung: *) Der Motor Kolumbus A.G. für elektrische Unternehmungen in Baden (Aargau) wurde nach Anhörung der Eidg. Kommission für Ausfuhr elektrischer Energie als Ersatz für die auf 12 000 kW lautende und bis 31. März 1935 gültige Bewilligung Nr. 25 und für die auf 10 000 kW lautende und bis 19. November 1937 gültige Bewilligung Nr. 32, die Bewilligung (Nr. 112) erteilt, elektrische Energie an die Lonza-Elektrizitätswerke und chemische Fabriken A.G., Basel, auszuführen, zwecks Verwendung in der elektrochemischen Fabrik der Lonzawerke G. m. b. H. in Waldshut (Freistaat Baden). Die zur Ausfuhr bewilligte Leistung beträgt bis 16. Juli 1940 max. 22 000 kW und nach diesem Zeitpunkt bis zum 30. Sept. 1945 max 10 000 kW. Im Winterhalbjahr (1. Oktober bis 31. März) kann die Ausfuhr im Interesse der Inlandsversorgung bis auf 40 % der jeweiligen zur Ausfuhr bewilligten Energie eingeschränkt werden. Die Bewilligung Nr. 112 ist gültig bis 30. 9. 1945.

*) Bundesblatt 1930 Nr. 29, S. 50.

	1923 in Mio kWh		1924 in Mio kWh		1925 in Mio kWh		1926 in Mio kWh	
	Exp.	Imp.	Exp.	Imp.	Exp.	Imp.	Exp.	Imp.
Frankreich	253	20	280	30	307	40	395	56
Deutschland	105	—	120	—	210	22	148	30
Italien	—	—	—	—	170	—	226	—

	1927		1928		1929		1930	
	Exp.	Imp.	Exp.	Imp.	Exp.	Imp.	Exp.	Imp.
Frankreich	467	61	510	70	565	91	590	105
Deutschland	157	28	111	38	167	43	170	68
Italien	210	—	242	—	260	150	175	250

Seit 1928 hat der Stromexport nicht nur absolut, sondern auch relativ, d. h. in Bezug auf Gesamterzeugung[13]) und -Verbrauch im Inland, abgenommen. Selbst aber bei Berücksichtigung des gestiegenen Inlandsverbrauches ist der Anteil des Energieexportes an der Gesamterzeugung mit ca. 25 % nicht so hoch bemessen, da z. B. fast 17 % der Gesamterzeugung von Kraftwerken mit mehr als 1000 kW 1930 nicht verwertet wurden.

Jahr:	Gesamterzeugung	Export	Jahr:	Gesamterzeugung	Export
1916:	1540	296	1925:	2734	654
1919:	1837	327	1926:	3361	913
1920:	1890	347	1927:	4087	1028
1921:	1969	328	1928:	4220	1107
1922:	2032	462	1929:	4439	1059
1923:	2370	522	1930:	4377	1021
1924:	2547	567			

Zum Teil aus statistischem Jahrbuch der Schweiz und Statistik des Verbandes Schweizerischer Elektrizitätswerke.

Wenn auch 1931 der Import elektrischer Energie gegenüber dem Vorjahre ebenfalls abgenommen hat, so ist das mehr auf die allgemein herrschende wirtschaftliche Depression unserer Tage zurückzuführen, als auf die stärkere Verwendung der elektrichen Energie im Inland, und den intensiveren innerstaatlichen Ausbau der Elektrizitätswirtschaft. Die schlechte Wirtschaftslage ließ in der Schweiz nicht nur Export und Import, sondern auch die Gesamtstromerzeugung, wie in fast allen übrigen europäischen Staaten, zurückgehen. Trotzdem bleibt nach wie vor die Bedeutung des zwischenstaatlichen Stromaustausches als Ausgleichsmittel für die Schweiz erhalten, umsomehr, als sie von diesem Gebrauch machen kann, ohne

[13]) Von der Gesamterzeugung der Kraftwerke mit mehr als 300 kW (ohne Bundesbahnen, Industrie und Import) wurden folgende Mengen exportiert: (in Mio kWh)

Gefahr zu laufen, daß dadurch ihre wirtschaftlichen Interessen geschmälert werden.

Die Beeinflussung der Strom- und Preispolitik der Schweiz durch den Energieexport.

Die Einnahmen aus dem Energieexport bilden für die Schweizer Handelsbilanz einen Aktivposten, der Aussicht hat, eine beachtenswerte Größe in Zukunft zu erhalten (man schätzt die Gesamteinnahme, bei vollendetem Ausbau, auf 100 Mio Franken), wenn die fortschreitende Elektrifizierung innerhalb und außerhalb der schweizerischen Staatsgrenze den Ausbau der noch unausgenützten Wasserkräfte notwendig macht. Heute ist die Stärke dieser Einnahmequelle auf rund 21 Mio Franken angewachsen und deckt sie, verglichen mit den Ausgaben für den Bezug notwendiger ausländischer Brennstoffe rund $^1/_{10}$ derselben.

Durchschnittliche Einnahmen. [14])

Jahr:	Ausgeführte Energiemenge Mio kWh	Einahmen Total Mio Franken	Rp./kWh
1920:	377	6,3	1,67
1921:	328	6,7	2,04
1922:	463	10,0	2,16
1923:	522	12,7	2,44
1924:	567	13,0	2,30
1925:	654	13,6	2,08
1926:	854	17,7	2,07
1927:	961	20,3	2,11
1928:	1034	21,1	2,04
1929:	990	ca. 20,5	ca. 2,07
1930:	955	20,3	2,12

Wie die Tabelle erkennen läßt, ist der Preis für die ausgeführte kWh ziemlich konstant, obwohl er nicht zuletzt auch den Schwankungen des Kohlenpreises ausgesetzt ist. Die ins Ausland gelieferte Energie — meist Abfallenergie — muß äußerst niedrig kalkuliert sein, da sonst der Export nicht in diesem Maße durchgeführt werden kann. Dies hat aber zur Folge gehabt, daß auch im Inland der Preis für die Kilowattstunde sehr niedrig zu stehen kam, ja sogar soweit reduziert wurde, daß man befürchtete, bei den Elektrizitätswerken gehe jegliches Interesse für einen erhöhten Stromabsatz zugrunde. Viel haben hierzu die Exportgegner beigetragen und die Regelung der ohnehin schon komplizierten Preispolitik noch mehr erschwert. Vor allem die Hindernisse, die diese einem Strom-Dum-

[14]) Aus Geschäftsbericht des Eidgen. Amtes der Wasserwirtschaft 1930/31. Bulletin Nr. 12, Jahrg. 1930, S. 410.

ping entgegen zu stellen versuchten, waren nicht immer zu rechtfertigen, da der ausländische Stromabnehmer in vielen Fällen durch niedrige Preise zum Strombezug veranlaßt werden mußte und auf diese Weise für viele Elektrizitätswerke erst eine existenzfähige Grundlage geschaffen werden konnte. Es läßt sich auch nicht ohne weiteres bestimmen, den Strom zum gleichen Preise, wie er im Inland Absatz findet, auch dem Ausland anzubieten, zumal dann nicht, wenn es sich um Überschußenergie handelt, die im eigenen Lande keine Verwendung finden kann. Gleicher Preis, falls man ihn überhaupt hätte halten können, wäre gleichbedeutend mit einem Ausfuhrzoll, der aber hier überflüssig ist, da ja die Schweiz eine, man darf wohl sagen, unerschöpfliche Rohstoffquelle in seinen Alpengewässern besitzt, wie außer Norwegen kein anderes Land in Europa. So hat die Schweiz bei der billigen Gewinnung der elektrischen Energie auch am ersten Gelegenheit, den bisherigen Bezieher durch möglichst günstige Angebote nicht zum Neubau eigener Werke zu veranlassen. Schließlich geht doch das Erwerbsstreben stets dorthin, wo sich die größten Vorteile bieten, ohne Rücksicht darauf, ob einzelne Gruppen aus mangelndem wirtschaftlichem Weitblick oder absatzpolitischen Interessen dies wünschen. Zudem ist heute die Schweiz durchaus nicht im Besitze des Strommonopols im internationalen Sinn. Sowohl Frankreich, als auch Deutschland, sind in der Lage, sich von Schweizer Energie unabhängig zu machen, wenn sich dort keine wirtschaftlichen Vorteile mehr bieten. Die Schweiz würde sich also selbst um eine Einnahmequelle bringen, da eben in einem solchen Falle der innerstaatliche Ausbau, sowohl der deutschen, als auch der französischen Elektrizitätswirtschaft, umso rascher vor sich gehen würde und ohne besondere Rücksicht auf die Schweizer Bindungen. Nicht nur dies allein, es würden sämtliche auf Export begründete Elektrizitätswerke zum Teil überflüssig, zum Teil unrentabel werden und das letztere auch bei dem heutigen Stand des inneren Ausbaues der Elektrizitätswirtschaft. Also Nachteile, die auch nicht durch den Einwand wett gemacht werden können, daß ja eine verbilligte Abgabe des Stromes an das Ausland gleichbedeutend wäre mit der Abwanderung der heimischen Industrie. Hier ist, neben anderen wirtschaftlichen Momenten, zu bedenken, daß der ausländische Abnehmer die Verluste der Fortleitungskosten zu tragen hat und zum Teil seinen Energiebedarf nur deshalb aus der Schweiz deckt, weil die innere Ausgestaltung zur Elektrizitätswirtschaft des eigenen Landes die anderweitige Beschaffung des Mehrbedarfes nicht gestattet. So wird auch mit dem Bezug schweizerischer Energie eine wesentliche Verbilligung der Erzeugnisse der stromabnehmenden Industrie, die dann der gleichen Schweizer Industrie eine existenzgefährdende Konkurrenz machen würden, nicht einhergehen. Schließlich hat ja die Schweiz bei der billigen Herstellung der Energie die Möglichkeit, ihrer Industrie durch Steuerermäßigung entgegenzukommen und hierdurch deren Konkurrenzfähigkeit zu erhöhen, wobei der Ausfall, der durch diese

Ermäßigung entstanden ist, wiederum durch die Einnahmen eines geförderten Energieexportes ausgeglichen werden kann. Es liegt also hier ganz in den Händen der Schweiz, durch geeignete Exportpolitik einen nicht unwesentlichen Einfluß auf die elektrizitätswirtschaftliche Ausgestaltung einzelner Gebietsteile der angrenzenden Staaten auszuüben und somit bei deren Ausgleichsbestrebungen eine besondere Rolle zu spielen.

Anders aber liegt der Fall, wenn die Schweiz selbst keinen Einfluß mehr auf ein Elektrizitätswerk hat, wie dies der Fall gewesen wäre, wenn man die Bestrebungen einzelner ausländischer Unternehmungen in deren Sinne befürwortet hätte.

So bemühten sich eine Anzahl großer Elektrizitätsunternehmen, darunter auch das RWE Essen, maßgebenden Einfluß auf schweizerische Energiequellen zu bekommen. Es entsprach dem natürlichen Streben, anstatt, wie bisher, Strom von schweizerischen Unternehmern zu beziehen und dadurch bis zu einem gewissen Grade von diesen abhängig zu sein, diese Abhängigkeit durch Erbauung eigener Werke zu beseitigen und die Energie selbst über die Grenze zu führen. Dadurch wäre allerdings für die Schweiz eine schwierige Situation entstanden, denn ohne Zweifel wäre der Einfluß des Auslandes nicht ohne nachteilige Wirkung für die schweizerische Volkswirtschaft geblieben. So ist es wohl verständlich, daß die Schweiz solchen Bemühungen einen Riegel vorgeschoben und lediglich die Beteiligung ausländischer Unternehmen am Bau und Betrieb eines Kraftwerkes zugelassen hat. In diesem Sinn wurde auch der Antrag des RWE, den dieses vor ein paar Jahren gestellt hatte, um die Genehmigung zum Bau und zur Inbetriebsetzung der Aarekraftwerke er erlangen, beschieden.[15])

Es ist verständlich, daß sich die Schweiz den Einfluß auf den Energieexport schon wegen der handels- und allgemein wirtschaftspolitischen Vorteile nicht entwinden läßt. So ist auch das Bestreben, den ausländischen Abnehmer die am Export beteiligten Werke möglichst allein abschreiben zu lassen, durchaus nicht unnatürlich, nur müssen bei solchem Handeln gewisse Grenzen eingehalten werden. Die Förderung des Ausbaues bleibt auch in diesem Falle privater Unternehmerinitiative und natürlichem Erwerbsstreben vor-

[15]) Aus dem Geschäftsbericht des Eidg. Amtes für Wasserwirtschaft pro 1929. (Bulletin des SEV und VSE, XXI. Jahrg. 1930, S. 408):

„Die Behandlung des Gesuches um Bewilligung der Energieausfuhr aus den zu erstellenden Aarekraftwerken Klingnau und Wildegg—Brugg gelangte im Berichtsjahre zum Abschluß. Die Bewilligung wurde den Aarewerken A.G., mit Sitz in Brugg (Aargau) erteilt, in denen die schweizerische Beteiligung 70 % des Aktienkapitals erreicht. Es sind am Unternehmen beteiligt: der Kanton Aargau mit 35 %, die schweizerische Kreditanstalt mit 5 %, drei schweizerische Elektrizitätsunternehmungen (Nordostschweizerische Kraftwerke, Bernische Kraftwerke und Motor-Kolumbus) mit je 10 % und das Rheinisch-Westfälische Elektrizitätswerk in Essen mit 30 % des Aktienkapitals. Wesentlich ist ferner, daß den beteiligten schweizerischen Elektrizitätsunternehmungen das Recht vorbehalten werden konnte, im Maximum 20 000 kW, mit jährlich 30 Millionen kWh, zu bereits vereinbarten Preisen für die Verwendung in der Schweiz zu beziehen.“

behalten. Im Interesse der gesamten Volkswirtschaft kann der Staat das damit verbundene Risiko nicht auf sich nehmen, sondern muß sich darauf beschränken, den einzelnen Unternehmer, sowie die gesamte Wirtschaft, durch eine geeignete Elektrizitätspolitik zu unterstützen.

Diese allgemeinen Ausführungen über die Strompreispolitik und deren Beeinffussung durch den Export der elektrischen Energie haben uns bereits eine große Anzahl von Einwänden der Exportgegner vor Augen geführt. Im Anschluß hieran wollen wir nun auch die übrigen Einwände, die für und gegen den Export geltend gemacht worden sind, soweit wir sie noch nicht berührt haben, untersuchen und gleichzeitig die

Bedeutung der Schweiz für die internationale Verbundwirtschaft

beachten.

Außer den bisher erwähnten speziellen Einwänden der Gegner des Energieexportes wird vor allem in allgemeiner Hinsicht geltend gemacht, daß gerade die besten Energiekräfte dem Ausland zur Verfügung gestellt werden, anstatt sie der heimischen Wirtschaft nutzbar zu machen. Man betonte in allem die nationale Abgeschlossenheit und suchte diese mit dem Hinweis auf die Ausbaumöglichkeiten der Elektrizitätswirtschaft im Innern (Schaffung von Industriezweigen mit hohem Stromverbrauch, wie etwa die elektro-chemische Industrie) zu bekräftigen. Zu einseitig werden die evtl. Nachteile des Energieexportes betont, wenn man sagt, daß die wirtschaftliche Abhängigkeit der Schweiz vom Ausland dadurch sehr groß sein wird. Ein großer Teil der in Frage kommenden Elektrizitätswerke ist doch erst durch den Export entstanden und dies erst dann, wenn die Rentabilität hinreichend gesichert war. Bei der billigen Erzeugung der Energie und den geringen Kosten, die die Erhaltung der Wasserkraftwerke erfordern, dürfte das Kapitalrisiko für die Schweiz nicht groß sein.

Neben der wirtschaftlichen Abhängigkeit spielt die größte Rolle die politische Abhängigkeit von irgend einem Abnehmerstaat. Hier mögen für die Schweiz die Verhältnisse etwas schwieriger liegen, denn wie sich im Weltkrieg gezeigt hat, hat Frankreich einen sehr starken Druck auf die Schweiz gegen Deutschland ausgeübt. Wenn aber nur solche Momente ausschlaggebend sein sollen, dann hätte die Elektrizitätswirtschaft der Schweiz auf dem Stand einer früheren Entwicklung verweilen müssen. Man darf eben auch hier die gegenseitigen Wechselwirkungen, die die internationale Arbeitsteilung mit sich bringt, nicht unberücksichtigt lassen und muß ihr die in reichem Maße zur Verfügung stehenden Kräfte — die der eigene Inlandsmarkt nicht allein so vorteilhaft hätte aufnehmen können — auf dem Wege freier Entwicklung gewähren.

Es liegt nahe, daß die, vor allem an der Grenze liegenden Elektrizitätswerke Exportfreunde sind, da sich mit dem Export auch die Rentabilität erhöht oder gar erst gegeben wird. Ist dies erreicht, können sie zugleich auch dem Inlandsmarkt wiederum dienen, durch Senkung der Strompreise für den inländischen Abnehmer. Andererseits wird der höhere Strompreis, den der inländische Abnehmer zahlen muß, wiederum aufgewogen durch die Tatsache, daß ein fortschrittlicher Energieexport Vorteile finanzieller und wirtschaftlicher Art in sich schließt, die sich bis auf kleine und kleinste Teile der Wirtschaft auswirken können.

Vielleicht haben gerade die heftigen Widerstände und Schwierigkeiten, die die Exportgegner der Schweiz der Ausfuhr elektrischer Energie entgegenwarfen, dazu geführt, daß trotzdem heute die Schweiz eine Strompolitik betreibt, die sich mehr und mehr den allgemeinen Erfordernissen anpaßt, dabei den eigenen volkswirtschaftlichen Interessen gebührend Rechnung trägt und doch der Entwicklung keinerlei Zwang auferlegt. So hat heute die Schweizer Regierung in der „Stromausfuhrbewilligung" ein Kontrollmittel geschaffen, das die Gewähr dafür gibt, nach Ablauf eines gewissen Zeitabschnittes, im Falle veränderter Verhältnisse (Entstehen neuartiger Industrien) über die eigenen Wasserkräfte wieder zu verfügen oder aber die Ausfuhrbewilligung im Falle ihrer Erneuerung den veränderten elektrizitätswirtschaftlichen Verhältnissen Europas zweckmäßig anzupassen.

Für den rationellen innerstaatlichen Ausgleich hat sich die Energieausfuhr als sehr nützlich erwiesen und werden wohl auch bei der weiteren Entwicklung die Bedenken der Energieausfuhr gegenüber bis auf wenige zerstreut werden können. Dies umsomehr, wenn auch die rechtlichen Verhältnisse in anderen Staaten eine Umgestaltung erfahren haben. Dem neugegründeten „Bundesamt für Elektrizitätswirtschaft", das die Klärung umstrittener elektrizitätswirtschaftlicher Fragen vornehmen und dabei vor allem auch die Ausfuhrfrage in möglichst praktischem Sinne lösen soll, erwachsen hier für die Zukunft große Aufgaben. Es entspricht nicht nur den Wünschen der am Export interessierten Elektrizitätsunternehmungen, wenn die Regelung der Ausfuhr- bzw. Austauschfrage in einem positiven fortschrittlichen Sinne erfolgt, sondern es dürfte dies im Interesse der gesamten Schweizer Volkswirtschaft liegen. Bei den augenblicklichen Verhältnissen in den europäischen Elektrizitätswirtschaften, den Konzentrationsbestrebungen und Abschließungstendenzen, scheinen zwar für einen zweckmäßigen Ausbau des zwischenstaatlichen Austauschverkehrs nicht sehr vielversprechende Hoffnungen übrig zu bleiben. Die Zeit wird jedoch lehren, daß auch derartige Tendenzen ihre Grenzen haben und schließlich die natürliche Fortentwicklung solcher zwischenstaatlicher Verbundbestrebungen nicht aufhalten, da sie im gemeinsamen Interesse der daran beteiligten Staaten liegen.

Nicht für eine paneuropäische, aber wohl für eine zwischenstaatliche Verbundwirtschaft wird die Schweiz große Bedeutung haben und insbesondere für Deutschlands, aber auch für Frankreichs und zum Teil auch Italiens Elektrizitätswirtschaft ein Ausgleichs- und Austauschland von größtem Werte sein; ein Umstand, der bei dem weiteren Innehalten einer so elastischen Elektrizitätspolitik, wie sie der Bundesrat zur Zeit pflegt, dem Schweizer Volke sicher segensreiche Wirkungen offenbaren wird.

Österreich.

(Liechtenstein — Jugoslawien — Ungarn.)

Neben der Schweiz ist Österreich das zweitwichtigste Stromexport-Land Europas. Zwar tritt z. Zt. der tatsächliche Stromexport im Vergleich zu dem der Schweiz und der Stärke der österreichischen Wasserkräfte noch sehr in den Hintergrund, doch ändert dies nichts an der Tatsache, daß Österreich in der zukünftigen Entwicklung des zwischenstaatlichen elektrischen Energieverkehrs in Europa die weitaus größte Rolle spielen wird. Die Strömungen, die sich in der jüngsten Zeit in der österreichischen Elektrizitätswirtschaft bemerkbar machen, bestätigen dies. Die Bedeutung des Stromexportes für Österreich wird immer stärker betont und ist es bereits gelungen eine Anzahl gegnerischer Maßnahmen und gesetzlicher Hindernisse zu beseitigen, die eine natürliche Entwicklung sehr zum Nachteil der gesamten Volkswirtschaft aufgehalten hätten. Die geographischen Verhältnisse, die politische Neugestaltung nach dem Weltkrieg haben der österreichischen Stromverteilung einen völlig neuen Weg vorgeschrieben, der besonders den westlichen Teil — Tirol und Vorarlberg — zu ausschließlichen Stromexportgebieten bestimmt hat.

Der Wert des Energieexportes nach dem benachbarten Auslande liegt für Österreich darin, daß dieser die rationellere Ausgestaltung der Elektrizitätswirtschaft und eine vorteilhaftere Lösung des wichtigen Fortleitungsproblems, außerdem aber auch die günstigere Ausnützung der heimischen Werke, sowie die Verbesserung der Handelsbilanz — durch Verminderung der Kohleneinfuhr — ermöglicht. Seine eigentliche Gegnerschaft hat der Export nahezu verloren; heute geht es nicht mehr um die Anerkennung der Vorteile des Energieexportes, sondern die Meinungsverschiedenheiten bewegen sich um die Kardinalfrage der zweckmäßigen Kapitalbeschaffung und die Art der Finanzierung des Ausbaues. Zwei Gruppen treten in der Stellungnahme zu dieser Frage in den Vordergrund. Einmal diejenigen, die die Werksbauten mit überwiegend eigenem Kapital erstellt wissen wollen und zum anderen diejenigen, die den Erwerb von Besitzrechten durch ausländische Unternehmungen für gut heißen. Ebenso lebhaft wie über diese Kapitalbeschaffungsfrage wird auch über die mit dem Groß-Export zusammenhängenden organisatorischen, rechtlichen und verwaltungstechnischen Veränderungen diskutiert und der Wert der Stromausfuhr nach Deutschland, der Tschechoslowakei und Ungarn untersucht. Eine Reihe von Vorschlägen und Projekten fanden Gegner und Anhänger und schufen die verschiedensten Kombinationsmöglichkeiten für die Stromverteilung und -übertragung ins Ausland.

Bevor wir diese, soweit sie für den Stromexport in Frage kommen, näher berühren, wollen wir uns eines kurzen

Überblicks über die Grundlagen der österr. Elektrizitätswirtschaft zur Orientierung bedienen, um die Notwendigkeit des Stromexportes für Österreichs Energiewirtschaft verstehen zu können.

Nach der Gründung des Bundesstaates mußte sich auch die Elektrizitätswirtschaft auf eine ganz neue Grundlage umstellen. Das frühere Kaiserreich war ein an Kohlenschätzen reiches Land, in dem der Ausbau der Wasserkräfte in den Hintergrund getreten ist. Dies ist auch die Ursache, daß in den Gebietsteilen des heutigen Österreichs erst im letzten Jahrzehnt die Nutzbarmachung der großen Wasserkräfte ins Auge gefaßt wurde.

Österreich verfügt nach neuerlichen Schätzungen über 623 Mio Tonnen Kohle. Die wahrscheinlichen Vorkommen werden nach Angaben von Ziv.-Ing. R. Hofbauer[1]) auf 2350 Mio Tonnen geschätzt. Ausbaufähige Wasserkräfte sind 2,5—3 Mio kW vorhanden, hiervon 900 000 kW teils in Betrieb, teils im Bau befindlich. Die gesamte mögliche Jahresleistung bei vollständigem Ausbau beträgt 20 Mia kWh. Heute erzeugt Österreich rund 3 Mia kWh, davon entfallen auf Wärmekraftwerke (derzeitige Gesamtleistung: 575 000 kW) $^1/_3$ und $^2/_3$ auf Wasserkraftwerke. Die Stromerzeugung der öffentlichen Werke überwiegt die der industriellen Eigenanlagen. Eine Umstellung, auf hydraulischen Energieverbrauch, wie sie dem Wasserreichtum des Landes entsprechen würde, ist in der österreichischen Industrie noch nicht erfolgt. Noch wird mehr als die Hälfte der benötigten Strommengen in thermischen Werken erzeugt. Ausgenommen die chemischen und metallurgischen Betriebe, sind alle anderen Industriezweige immer noch auf den Verbrauch thermischer Energie eingestellt. Deshalb mußten auch seit der Neugründung des Staates große, im Inland benötigte Kohlenmengen aus dem Ausland bezogen werden, was eine schwere Belastung der Handelsbilanz zur Folge hatte. Von 10,300 981 Mio t Kohle, die 1929 verbraucht wurden, mußten nicht weniger als 6 658 247 t aus Polen, der Tschechoslowakei und Deutschland eingeführt werden. Die Ausgabe von rund 150 Mio Mark, die diese Kohleneinfuhr verursachte, läßt es begreiflich erscheinen, wenn man neue Mittel und Wege sucht, diese Summe zu verringern. Der Ausbau der reichen Wasserkräfte gibt hierzu besondere Gelegenheit, da ein großer Teil der dadurch gewonnenen Energiemengen dem Ausland zur Verfügung gestellt werden kann.

[1]) R. Hofbauer, Österreichs zukünftige Energiewirtschaft. Österreichisches Kuratorium für Wirtschaftlichkeit, ÖKW-Veröffentlichung 2, Wien, 130.

Die im Jahre 1929 erzeugten hydraulischen Energiemengen verteilen sich, nach Angaben im Österreichischen Jahrbuch von 1929, wie folgt:

Allgemeinversorgung	850	Mio kWh
Bahnbetrieb [1])	190	„ „
Industrie (Eigenanlagen)	600	„ „
Stromexport	120	„ „
Sa.	1 760	Mio kWh

Einschließlich Bahnstrom und metallurgischer Industrie entfallen auf den Kopf der Bevölkerung rund 400 kWh.

Die besondere Lage und Verteilung der österreichischen Wasserwerke, [2]) von denen der Großteil im Westen ist, während sich die Konsumschwerpunkte in den östlichen Bundesländern befinden, hat der rationellen Ausgestaltung der österreichischen Elektrizitätswirtschaft ein großes Verteilungsproblem erwachsen lassen. Die großen Verbrauchsschwankungen, die in Österreich auftreten, verlangen die Aufstellung eines besonders gut durchdachten Fernleitungsnetzes, das die großen Speicher- und Kraftwerksanlagen zugunsten des innerstaatlichen Austausches und Ausgleiches verbindet. Eng mit dem Stromexport hängt auch die Lösung des Spitzenproblems zusammen. Die Ängstlichkeit der österreichischen Werke, in Bezug auf den Ausgleich der Spitzen, ist vielfach geschwunden. Man versucht eben nun die Anlagen so auszugestalten, daß sie den kompliziertesten Ansprüchen gerecht werden können und entwickelt in anderen Teilen des Landes eine große Kochstrompropaganda, um auf diese Weise die Belastungstäler ausfüllen zu können. Die Hochdruckspeicheranlagen haben dazu in Verbindung mit dem Stromexport größte Bedeutung, denn es ist nicht gleichgültig für die rationelle Ausnützung der bestehenden Anlagen, ob die überschüssigen Strommengen unregelmäßig an das Ausland abgegeben werden können, oder eine konstante Lieferung nach dort zu erfolgen hat.

---

[1]) Von 5844 km Gleisanlagen wurden bis 1930 rund 850 km, also 15 % elektrifiziert

[2]) Die ausbaufähigen Wasserkräfte verteilen sich nach Angaben des Bundesministeriums für Land- und Forstwirtschaft und des technischen Museums Wien schätzungsweise, wie folgt:

Burgenland	25 000	PS
Vorarlberg	171 000	„
Salzburg	333 000	„
Niederösterreich und Wien	433 000	„
Oberösterreich	476 000	„
Kärnten	521 000	„
Steiermark	704 000	„
Tirol	711 000	„
Insgesamt:	3 374 000	PS

Österreichs Hochspannungsnetz besitzt heute eine Länge von ca. 12 000 km. Von 431 (Stand vom 1. 1. 1930) in Bau und Betrieb befindlichen Großwasseranlagen, entfallen auf:

[3]) Unternehmungen	Zahl der Anlagen	Installierte Turbinenleistung in PS	Höchstes Jahresarbeitsvermögen Mio kWh
Öffentliche Stromlieferung	133	858 061	1 973,9
Bahnkraftwerke	8	100 800	201,3
Eigenanlagen	290	237 491	897,5
Insgesamt:	431	1 196 352	3 072,7

Die Gesamtleistung aller „ausgewählter, bereits vorhandener, teilweise schon kommissionierter und baureifer Projekte" gibt Hofbauer [4]) mit 9 452 Mio kWh an. Hierzu tritt noch die Leistung der bereits in Betrieb und in Bau befindlichen Werke, mit 3 072 Mio kWh. Also insgesamt 12 524 Mio kWh. Die meisten der Kraftwerke sind Speicherwerke, zur Ergänzung von Laufwerken.

Hofbauer nimmt an, das sich der Energiebedarf Österreichs bis 1950 zwischen 4 280 und 7 620 Mio kWh bewegen wird. Hiervon sollen durch Wasserkräfte 6,1 Mia kWh gedeckt werden. Man schätzt allgemein, daß Österreich später nicht mehr als ein Viertel all seiner Energiekräfte selbst verwerten kann. Die Jahresarbeit der ausbaufähigen Hochwasserkräfte Österreichs wird nicht weniger als 20 Mia kWh ergeben. Berücksichtigt man hierbei, daß ein Teil dieser Kräfte weniger wirtschaftlich erschlossen werden kann, dann verbleiben trotzdem noch für den Export 10 Mia kWh.

Die Verwirklichung dieser Schätzungen soll nun eine Anzahl großer Projekte ermöglichen. Fast ausnahmslos hat ihre Durchführung den Stromgroßexport als Vorausetzung. Der energiewirtschaftliche Zusammenschluß mit Deutschland, der bis jetzt nur eine größere Verbindung aufweisen kann, steht dabei im Vordergrund. Außer dem Bau großer Stromlinien nach West-, Mittel- und Norddeutschland hält man auch die baldige Errichtung zwischenstatlicher Hochspannungsleitungen nach der Tschechoslowakei und Ungarn für möglich.

Unter den zahlreichen Projekten zur Auswertung der österreichischen Wasserkräfte beschäftigen die folgenden — die zugleich sämtlich für die Stromausfuhr in Frage kommen — am stärksten die Öffentlichkeit. Es sind dies:

[3]) „Die Entwicklung der österreichischen Elektrizitätswirtschaft" von E. Honigmann, ETZ, Heft 25, 1930.
[4]) Vergl. a. a. O. S. 101.

in Vorarlberg: das Vermuntwerk,
Tirol: die Nutzbarmachung der Westtiroler Wasserkräfte (Projekt Innerebner/Pernt),
Salzburg: die Ausnützung der Wasserkräfte in den Hohen-Tauern (Salzburger Alpenwasserkraft),
Oberösterreich (Steiermark): die Ausnützung der Enns- und Traunkräfte,
Ober -und Niederösterreich: der Ausbau der Donaukräfte.

Die Länder Tirol und Vorarlberg bilden das Zentrum für den Stromexport. Man streitet sich um die Auffindung einer günstigen Lösung, wie man dem Ausland deren Energiemengen überlassen soll ohne, daß die Interessen der österreichischen Volkswirtschaft dadurch verletzt werden.

Die **„Vorarlberger Jllwerke A.G."** hat sich zur Aufgabe gemacht, die Wasserkräfte der Jll, des Vermunts und den Lünersee auszubauen. Ein wichtiger Teil dieses Projektes — das Vermuntwerk (inst. Turbinenleistung 62 000 kWh, mögliche Jahresarbeit 140 Mio kWh) — wurde bereits im August 1931 in Betrieb gesetzt. Die Bedeutung dieses Werkes für den Energieexport nach Deutschland wird in Zukunft mit der Errichtung einer Reihe anderer Werke, die in diesem Projekt vorgesehen sind, erst ihre volle Größe entfalten. So sind hier weiter vorgesehen:

	das Obervermuntwerk	28 000 PS	247 m Nutzgefälle,
	„ Vermuntwerk	120 000 PS	688 m (in Betrieb)
	„ Werk Rodund	200 000 PS	340 m
	„ Werk Lorüns	30 000 PS	50 m
[5])	„ Lünerseewerk	168 000 PS	u. 140 Mio

Jahresarbeitsleistung. Insgesamt ergibt das ganze Projekt eine Leistung von 300 000 PS, mit einem Jahresarbeitsvermögen von ca. 400—500 Mio kWh.

Bei den Westtiroler Wasserkräften tritt die große Speichermöglichkeit stark hervor, die im Oetztal, im Stuibenbach, im Sulztal bei der Amberger Hütte, am Riffelsee, im Pitztal und im Kaunsertal gegeben ist. Die Speicherarbeit des Oetztals soll allein 1,17 Mia kWh betragen. Die Gesamtleistung der Werke dieses Projektes schwankt zwischen 2—3 Mia kWh.

Noch größere Energiemengen, als die beiden vorerwähnten Projekte umfaßt das Salzburger Alpenwasserkraftwerk. Dieses Tauernwerk im Kaprunertal ist z. Zt. das größte Wasserkraft-

[5]) Das Vermuntwerk, Vorarlberger Illwerke Aktiengesellschaft, Aug. 1931. Allgemeines: „Neben den Anlagen an der Ill ist die Ausnützung des Lünersees (1940 m ü. M.) in zwei Stufen mit 828 und 444 m Nutzgefälle, bezw. 102 000 und 64 000 PS Leistung in Aussicht genommen. Der Lünersee ist mit 40 Millionen cbm Nutzinhalt ein großes natürliches Speicherbecken. Um dessen Zuflüsse zu vergrößern, soll das vom Brandner-Ferner abfließende Wasser durch einen Stollen in den Lünersee geleitet werden. Überdies ist die Errichtung von Pumpwerken in den benachbarten Tälern des Lünersees geplant, um mittels des Überschußstromes der anderen Werke Wasser in den See fördern und damit speichern zu können."

projekt in Europa. Die Gesamtleistung soll nicht weniger als 6,6 Mia kWh betragen, wovon für den Export nach Deutschland 5 Mia kWh und für die Versorgung von Niederösterreich rund 1,6 Mia kWh vorgesehen sind.

Auch die **Enz- und Traunkräfte** hat man für einen größeren Ausbau ins Auge gefaßt und sucht sie ebenfalls mit Hilfe einer 220/380 000 Volt-Leitung zum Teil nach Deutschland und zum Teil nach Wien weiterzuleiten. An eine solche Leitung glaubt man auch die D o n a u w e r k e (Persenbeug und Aschach) anschließen zu können. Außerdem spielt beim energiewirtschaftlichen Zusammenschluß mit Deutschland das Mitteldruck - Wasserkraftwerk Partenstein (20 000 kWh und 40 Mio kWh Jahresleistung) der Österreichischen Kraftwerke A.G. (Ocka), Linz, insofern eine Rolle, als dasselbe als Kupplungsposten zwischen den süddeutschen Wasserkräften — den west- und mitteldeutschen Dampfanlagen und den österreichischen Donaukraftwerken den Stromaustausch vermitteln kann.

Die Donaukräfte sollen außerdem noch die Energie für den Stromexport nach der Tschechoslowakei und Ungarn liefern.

Neben den Dimensionen dieser Ausbaupläne für die österreichische Elektrizitätswirtschaft verschwindet die augenblickliche Stärke des

zwischenstaatlichen elektrischen Energieverkehr Österreichs.

Welch riesige wirtschaftliche Veränderungen sich vollziehen müssen, um die Energiemengen der obengenannten Projekte sowohl in Österreich, noch mehr aber in Deutschland, unterzubringen, wird am ersten klar, wenn man sich vor Augen hält, daß der für die Ausfuhr zukünftig vorgesehenen Energiemenge von ca. 10 Mia kWh heute nur etwa 150—160 Mio kWh entgegenstehen. Erst seit 1928 hat der Stromexport Österreichs eine beachtliche Größe erhalten. Diese Verdoppelung des Stromexports gegenüber 1927 hat ihre Ursache in der Vollendung des Achenseekraftwerkes. Seither hat der Stromexport, wie die nachfolgende Tabelle zeigt, eine ständige Aufwärtsbewegung erfahren:

Der Anteil des Exportes und Importes von elektrischer Energie an der Gesamterzeugung im Inlande:

	in Mio kWh											
	%	1925	%	1926	%	1927	%	1928	%	1929	%	1930 geschätzt
Gesamterzeugung	—	2300,000	—	2446.000	—	2385,000	—	2800,000	—	2400 000	—	3070 000
+ Import	0,02	**0.565**	0,01	**0.272**	0.02	**0,420**	0,04	**0,909**	0,13	**3,226**	0.03	**1,150**
insgesamt	—	2300,565	—	2446,272	—	2385,420	—	2800,909	—	2403,226	—	3071,150
— Export	0,91	**20,928**	1,00	**24.550**	1,90	**47,300**	3,56	**99.825**	5.58	**134.030**	4,73	**145,417**
Im Inland verbliebene Energiemenge	—	2279,637	—	2421,722	—	2338,120	—	2701,084	—	2269,196	—	2925.733

Der elektrische Energieverkehr mit dem Ausland hat bisher zur Errichtung folgender Stromlinien geführt:

Im Norden:

Kupplungsstelle

	Österreich	Deutschland	Spannung Volt
1.	Bürs/Vermuntwerk	Herbertingen/Brauweiler	220/380 000
2.	Achenseewerk (Sillwerk)	Walchenseewerk	100 000
3.	Wiestalwerk	Burghausen	60 000
4.	E. W. Reutte	Allgäuer Überlandw. Kempten	50 000
5.	Bregenz/Rieden	Biberach/Niederstaufen	30/80 000 (45 000)
6.	Reutte	Allgäu (Füssen) dir. Versorg.	8 000
7.	Reutte	Allgäu, dir. Versorgung	8 000
8.	Schattwald	Sonthofen	5 000
9.	Jungholz	Wertach	5 000
10.	Kössen/Tirol	Reith/Winkel	5 000

Im Westen:

	Österreich	Liechtenstein	
1.	E. W. Feldkirch	Lawena (Landeswerk)	10 000
2.	E. W. Feldkirch	Mauren/Eschen dir. Versorg.	

Im Süden:

Österreich	Italien

Im Südosten:

Österreich	Jugoslawien	
Steiermärkische Elektrizitätsgesellschaft Graz	Mureck	20 000

Nahezu sämtliche hier genannten zwischenstaatlichen Leitungen gehen also nach Deutschland. Wahrscheinlich wird auch in den nächsten Jahren das Stromverhältnis zu Deutschland das einzige sein, das sich an einzelnen Stellen ausbaufähig erweist.[6])

Der **Stromverkehr mit Deutschland** setzt sich aus dem sehr regen Stromex- und import, aber auch zwischenstaatlichem Stromaustausch und überstaatlichem Stromverkehr seit Bestehen der großen 220/380 kV-Leitung des RWE, zusammen. Mit der ebengenannten Leitung wurde der Grundstein zu einer weittragenden Strombindung zwischen Vorarlberg und Westdeutschland gelegt. Ausgangspunkt ist das von der „Vorarlberger Jllwerke A.G." erbaute Vermuntwerk, das, wie schon an anderer Stelle erwähnt, die Verwirklichung eines Teiles des Vorarlberger Großkraftprojektes darstellt.

Die Fortleitung der Energie besorgt eine 100 kV-Leitung (Länge 29 km) durch das Montafon, welche in der Umspannstation Bürs bei Bludenz endet. Dort findet die Umformung des Stromes

[6]) Man vergleiche den Stromaustausch Deutschlands mit Österreich, S. 46 ff.

auf 220 kV statt, um dann nach Deutschland weitergeleitet werden zu können. Einen Teil dieser Energiemengen erhält auch das Land Vorarlberg.[7])

Außer dieser überstaatlichen Verbindung führen noch einige kleinere, dem Grenzverkehr dienende Leitungen, von Vorarlberg nach Bayern und Württemberg: Bregenz/Rieden—Biberach und Andelsbuch (Vorarlberger Kraftwerke A.G.)—Lindenberg. Die Vorarlberger Kraftwerke A.G. pflegt seit 1. 9. 1904 Stromaustausch mit Bayern. Seit 20. 3. 1909 liefert auch die Vorarlberger Kraftwerke A.G. an die „Allgäuer Elektrizitätsgesellschaft m. b. H." in Lindenberg.

Ebenfalls seit 1904 hat sich der Grenzaustausch Tirols mit Bayern entwickelt. Besonders wichtig ist bei diesem Austausch die Verbindung zwischen Achenseewerk und Walchenseewerk (100 000 Volt). Damit erhielt nicht nur der Stromexport Tirols nach Deutschland (Bayern), sondern überhaupt der gesamte Energieverkehr Österreichs mit dem Ausland wesentlichere Bedeutung. Im Januar 1927 wurde ein Vertrag mit 25jähriger Laufzeit zwischen dem Bayernwerk und der „Tiroler Wasser-Kraftwerke A.G." (Tiwag) abgeschlossen. Die letzere Gesellschaft erbaute das Hochgebirgsspeicherkraftwerk (Achenseewerk) mit einer installierten Turbinenleistung von 116 700 PS und einem Jahresarbeitsvermögen von 165 Mio kWh (Jahresspeicher 30 Mio kWh). An diese Leitung ist auch das der Stadtgemeinde Innsbruck gehörende Sillwerk (24 000 PS installierte Leistung, Jahresarbeitsvermögen 85 Mio kWh) angeschlosen.

Westlich von dieser Austauschverbindung stoßen wir auf den Grenzexport -und austausch des E. W. Reutte (Leistung 8 500 PS, Arbeitsvermögen 20 Mio kWh und Jahresspeicher 3 Mio kWh). Dieses Elektrizitätswerk (Planseewerk) versorgt unmittelbar mit Hilfe einiger 8 000 Volt-Leitungen, bayerisches Gebiet (Füssen). Dieser Grenzexport ist einer der ausgedehntesten dieser Art. Er besteht seit 1904, jedoch liegen erst seit 1923 nähere Angaben über seine zahlenmäßige Größe vor:

Stromgrenzexport des E. W. Reutte nach Bayern (Bezirk Füssen).

1923:	3,6 Mio kWh	1928:	5,0 Mio kWh
1924:	3,7 „ „	1929:	5,0 „ „
1925:	4,0 „ „	1930:	4,1 „ „
1926:	3,4 „ „	1931:	1,8 „ „
1927:	4,6 „ „		(I Halbjahr 1931)

Außerdem verbindet seit 1927 eine 50 kV-Stromaustauschleitung das Elektrizitätswerk Reutte mit dem Allgäuer Überlandwerk in Kempten.[8]) Die Rechtsgrundlage dieses Austausches bilden Stromlieferungsverträge (bis 31. 12. 34 und 13. 12. 37), die

[7]) „Das Vermuntwerk" a. a. O. S. 104.
[8]) Vgl. Deutschland S. 49.

unter Berücksichtigung des Elektrizitätswegegesetzes und der provisorischen Energieausfuhrverordnung von 1929, nach der die auszuführende Strommenge der Anmeldepflicht und entsprechender behördlicher Genehmigung bedarf, zusammengestellt wurden.

Größere Energiemengen liefert auch das Elektrizitätswerk Schattwald nach Bayern und zwar an die „Allgäuer Kraftwerke Sonthofen Ges. m. b. H.". Seit 1924 im Durchschnitt 1,5—2 Mio kWh. Dieser Grenzexport, zum Teil auch Grenzimport, besteht seit 1921.

Strombezug aus Deutschland kommt für Tirol praktisch nicht in Frage; außer zu Aushilfszwecken gelangen keine nennenswerten Energiemengen nach Tirol. Die bestehenden Werke können im Winter mit Hilfe des Strombezugs aus dem Achenseewerk, den Bedarf auf lange Zeit hinaus decken. Auch in Zukunft wird hier keine Veränderung eintreten, da mit der Durchführung der großen West- und Osttiroler Großkraftwerksprojekte und des Tauernwerks, die heimische Bedarfsdeckung nur noch sicherer und ungestörter vorgenommen werden kann. Die Erfahrungen, die man bisher in Tirol mit dem Energieverkehr gemacht hat, werden allgemein günstig beurteilt. Es ist dies leicht erklärlich, da ja die Erschließung der reichen Wasserkräfte erst in Verbindung mit dem Stromexport ermöglicht wird und für die heimische Wirtschaft Vorteile bringen kann. Die Errichtung größerer Hochvoltleitungen hängt von der Verwirklichung der Großwasserkraftprojekte ab. Naheliegend ist ein Anschluß an die Leitung des RWE.

Als letzte Verbindung bleibt noch die Salzburgs mit Bayern. Eine 60 kV-Leitung verbindet das Wiestalwerk (Städt. Elektrizitäts-Werke, Salzburg) mit der Dr. Alexander-Wacker-Gesellschaft für elektro-chemische Industrie, München-Burghausen. Seit Beginn dieses Austausches wurden folgende Energiemengen nach Burghausen exportiert:

1918 (Dez.) . . .	200.930 kWh	1925	12,946.490 kWh
1919	6,828.124 „	1926	15,123.779 „
1920	10,991.478 „	1927	16,969.229 „
1921	8,181.595 „	1928	13,290.327 „
1922	10,629.478 „	1929	10,900.822 „
1923	3,729.557 „	1930	10,963.677 „
1924	9,095.114 „	1931	12,851.831 „
			v. 1. 1. — 1. 11. 31.)

Importiert wurden:

1926	221.450 kWh
1929	790.644 „
1930	30.000 „

Als rechtliche Grundlage gelten die Verträge, welche die Dr. Alexander Wacker-Gesellschaft mit der Deutschen Reichsbahngesellschaft (Saalachkraftwerk) und mit dem Elektrizitätswerk

Salzburg abgeschlossen hat. Es sei hier nochmals an die Vorteile erinnert, die diese Verbindung nicht nur für die chemische Industrie bietet, sondern vor allem für das Versorgungsgebiet Salzburg; denn sie beleuchten, was für Österreichs Bundesländer, soweit sie für den Export Bedeutung haben, im Allgemeinen gilt. Die anfallende Überschußenergie kann hier sehr günstig abgegeben werden, wodurch sich der Ausnützungsgrad der Werke günstig gestaltet und die Rentabilität vergrößert. Denn gelingt es nicht, die zunächst anfallende Überschußenergie außerhalb des eigenen Gebietes unterzubringen, dann erfordert die zwangsläufige Reservehaltung für den jährlichen Zuwachs unverhältnismäßig hohe Kosten. Für die chemische Industrie aber bedeutet diese Abnahme große Vorteile, da sie durch eigene Erzeugung oder durch sonstigen Bezug niemals so günstige und billige Strommengen erhalten kann. Gerade bei der Salzburger Stromversorgung ist dies besonders wertvoll, da sie doch ausschließlich auf Wasserkraft aufgebaut ist.

Die Preise für diese Lieferungen ins Ausland sind verschieden, je nachdem die qualitative und quantitative Abstufung der Lieferungen geordnet ist. Sie hängen also sehr stark von der tatsächlichen Lieferung ab.

Der Stromexport nach dem Fürstentum **Liechtenstein** liegt ausschließlich in Händen der städtischen Kraftwerke von **Feldkirch,** die auf Grund besonderer Verträge seit 1906 die liechtensteinische Gemeinde M a u r e n und seit dem Jahre 1910 die Gemeinde E s c h e n direkt mit elektrischer Energie (Jahresdurchschnittslieferung 100 000 kWh) versorgen. Außerdem wurde seit 1920 an das Landeswerk L a w e n a des Fürstentums Liechtenstein von den gleichen Lieferanten elektrische Energie abgegeben. Im August 1927 stellte jedoch das Kraftwerk Lawena den Bezug österreichischer Energie ein, da es von diesem Zeitpunkt ab die benötigten Energiemengen selbst erzeugen konnte. Von 1920 bis August 1927 bezog Lawena ca. 1.990 000 kWh auf der 10 000 Volt-Leitung: Feldkirch—Nendeln—Lawena.

So besteht lediglich noch die direkte Versorgung der Gemeinden Mauren und Eschen; doch ist damit zu rechnen, daß auch diese beiden Gemeinden dem Landeswerk Lawena in allernächster Zeit angeschlossen werden. — Liechtenstein führt selbst keine elektrische Energie ins Ausland.

Ein in **Jugoslawien,** an der Grenze gegen Österreich liegendes Gut wird von der „S t e i e r m ä r k i s c h e n E l e k t r i z i t ä t s - G e s e l l s c h a f t" i n G r a z mit elektrischer Energie versorgt. Dieser Stromexport wird als eine Versorgung im engeren Grenzverkehr gemäß den Bestimmungen des Friedenvertrages von St. Germain durchgeführt. Die Belieferung ermöglicht eine 20 kV-Leitung, die in der Nähe von M u r e c k jugoslawisches Gebiet berührt. Die monatliche Lieferung beläuft sich auf ca. 5—6000 kWh.

Die andere, an der Südgrenze vorhandene Grenzleitung ermöglicht den Strombezug aus **Italien**, der in geringem Ausmaße notwendig wurde, um die Stromversorgung einiger Südtiroler Gemeinden durchführen zu können.

Der zwischenstaatliche Stromverkehr hat also lediglich mit Deutschland energiewirtschaftlichen Wert erlangt. Vergleichen wir die geplanten Großwasserkraftanlagen, einschließlich der für Österreich projektierten überstaatlichen Leitungen, mit den elektrizitätswirtschaftlichen Verhältnissen der umliegenden Staaten, so kommen wir für die Zukunft zum gleichen Ergebnis, d. h. das zwischenstaatliche Austauschbild Österreichs wird sich nur insofern ändern, als allein nur das Austauschverhältnis mit Deutschland durch neue Bindungen verstärkt werden wird.

Die Lage der Verhältnisse spricht zwar heute noch für die Errichtung zwischenstaatlicher Leitungen nach der Tschechoslowakei, doch dürften tatsächlich die Aussichten hierfür gering sein. Der Ausbau der tschechischen Elektrizitätswirtschaft nimmt seinen Fortgang; man hat dort nicht die Absicht, sich am Bau überstaatlicher Leitungen zu beteiligen.

Auch bei Ungarn besteht nur wenig Hoffnung auf das Zustandekommen eines größeren zwischenstaatlichen Austauschverkehrs. Hier haben sich Elektrifizierungspläne durchgesetzt, die den Ausbau des eigenen Kraftnetzes und die Stromversorgung mit eigener Energie zum Ziele haben. Zudem stützt sich Ungarn ausschließlich auf seine Landwirschaft, was ohnedies eine langsamere Entwicklung der Elektrizitätswirtschaft zur Folge hat. Die einzige größere zwischenstaatliche Verbindung kann die Elektrifizierung der Bahnstrecke Wien—Budapest mit sich bringen — von einem zwischenstaatlichen elektrischen Energieverkehr kann man aber hierbei nicht sprechen. Möglich sind dagegen kleinere Grenzaustauschbindungen zwischen Österreich und Ungarn, da bei dem nur wenig ausgebauten ungarischen Verteilungsnetz die Versorgung günstiger durch österreichische Werke vorgenommen werden kann.

Mit Jugoslawien ergab die Prüfung eines Stromaustauschprojektes die Aussichtslosigkeit desselben auf wirtschaftlichen Erfolg.

Vorsichtig müssen auch die Pläne, die auf eine größere stromwirtschaftliche Verbindung mit Italien hinzielen, behandelt werden — denn der Optimismus der in dieser Hinsicht an den Tag gelegt wird, kann zunächst keinen Sinn haben, da Italien seine Abschlußtendenz fortsetzt. Schließlich dürfte auch kein allzu großes Bedürfnis bestehen, hier überstaatliche Verbindungen zu schaffen, da sowohl Deutschland und Österreich, wie auch Italien über genügend Ausgleichsreserven verfügen.

Die schon an anderer Stelle gebührend hervorgehobene Zusammenarbeit mit dem Deutschen Reich, wird sich unter solchen Umständen immer wieder in den Vordergrund drängen. Sie wird von wirtschaftlichen, technischen und handelspolitischen Momenten unterstützt werden und das gemeinsame Vorgehen in der Regelung elektrizitiätswirtschaftlicher Fragen verlangen. Abgesehen von der Notwendigkeit eines solchen Zusammengehens wegen des rationellen Ausbaues der Wasserkräfte, der Schaffung günstiger Ausgleichsmöglichkeiten zwischen Wärme- und Wasserkraft, der Festsetzung der Stromexportpreise und nicht zuletzt auch wegen des zweckmäßigen Abbaues der Kohlenschätze, wird eine solche Verbundenheit eben für alle Glieder der Wirtschaft Vorteile bieten.

Zur Verwirklichung dieses Zieles dürften wohl später, außer der bereits bestehenden Leitung des RWE von Vorarlberg nach Westdeutschland, die Tauernkräfte und eine Verbindung zwischen dem Kraftwerk Partenstein (Ranna) und der bayerischen Kachletstufe, beitragen.

Lange Zeit stand die österreichische Elektrizitätsgesetzgebung dem Stromexport durchaus nicht wohlwollend gegenüber. Erst die Verschlechterung der finanziellen Lage gab Veranlassung, auch hier Erleichterung zu schaffen. Die heute für den Austausch elektrischer Energie mit dem Ausland maßgebenden Bestimmungen enthält das Elektrizitätsgesetz vom 2. Juli 1929. Ähnlich, wie in der Schweiz, hängt danach die Ausfuhr elektrischer Energie von der Bewilligung des Bundesministeriums für Land- und Forstwirtschaft und für Finanzen ab. Die Aus- und Einfuhr unterliegt einer bestimmten Höchstgrenze. Voraussetzung für die Genehmigung ist die Erfüllung einer Reihe von vorher festzulegenden Bedingungen. So kann die Genehmigung zum Export versagt werden, wenn die hierfür vorgesehene Energiemenge im Inland zu gleich günstigen Bedingungen untergebracht werden kann oder als Spitzen- und Speicherkraft besondere Bedeutung gewinnt. Bei den für die Ausfuhr in Frage kommenden Zentralen soll nach Möglichkeit der größte Teil der Maschinen und Anlagen Inlandserzeugnis sein und sich die Mehrzahl der Aktien in österreichischen Händen befinden. Die leitenden Beamten solcher Exportunternehmungen müssen die österreichische Staatsangehörigkeit besitzen. Außerdem darf die Dauer des Stromlieferungsvertrages die übliche Laufzeit von Schuldverschreibungen — höchstens aber 25 Jahre — nicht überschreiten.

Nicht mit Unrecht sagt J. Legge[9]) in seiner Stellungnahme zu diesen Bestimmungen: „Ob diese Gesetzesbestimmungen dem Ausbau der österreichischen Elektrizitätswirtschaft dienen dürften, mag sehr zweifelhaft erscheinen, und zwar um so mehr, als unter solchen Bedingungen das Auslandskapital wenig oder gar kein Interesse haben kann, in größerem Maße sich an dem Ausbau der österreichischen Elektrizitätswirtschaft zu beteiligen. Insbesondere

---

[9]) a. a. O. S. 21.

ist es nicht verständlich, warum diese einschneidenden Bestimmungen zum Gesetz erhoben worden sind, da doch Deutschland in erster Linie Hauptinteressent ist."

Die letzten Worte dieser Äußerung können nicht genug unterstrichen werden, da doch Österreich sicher den natürlichen Weg wählt, wenn es der Zusammenarbeit der deutschen und eigenen Elekrizitätswirtschaft alle Hindernisse aus dem Wege räumt, die zu unwirtschaftlichen Zwangsmaßnahmen führen und dann schließlich doch die Entwicklung nicht aufhalten können.

So wird auch dieses Gesetz nur eine Zwischenlösung darstellen. Die Anlehnung an das Schweizer Vorbild ist wohl gut, doch darf sie der engeren Verbundenheit mit dem Deutschen Reich nicht hinderlich werden. Es gilt eben auch hier, daß, je freier sich die Entwicklung entfalten kann, sich desto rascher wirklich vorteilhafte Energiequellen erschließen lassen und übertriebene, wirtschaftlich nicht notwendige Projekte von vorneherein ausgeschlossen werden. In Bezug auf Deutschland wird die gemeinsame Finanzierung des Ausbaues für Österreich nicht die Gefahr bringen, seine Selbständigkeit dadurch zu verlieren. Eine Erschwerung in dieser Hinsicht wäre ebenso kurzsichtig, wie die Forderung, daß die Gewährung des Energieexportes- oder austausches gleichzeitig eine Verbilligung der Inlandstrompreise zur Folge haben müßte. Bei solcher Einstellung würde niemals ein Energiegroßexport möglich sein, für den gerade die Billigkeit der Energiemengen Voraussetzung ist. Die Wirkung wird zu Gunsten Österreichs eine ähnliche sein, wie bei der Schweiz.

Außer speziell für Deutschland, könnte Österreich allgemein für eine paneuropäische Verbundwirtschaft als Energielieferant eine wichtige Rolle spielen, wenn die Aussichten für die Schaffung eines solch' großzügigen Energieaustausches günstiger wären.

Frankreich.

Seit jüngster Zeit ist man in Frankreich eifrig bestrebt, die Elektrizitätswirtschaft des Landes von ihren bisherigen Schwächen zu befreien. Obwohl Frankreich eine große Anzahl wichtiger Energiezentren besitzt, ist doch die Entwicklung seiner Elektrizitätswirtschaft gegenüber der anderer europäischer Staaten zurückgeblieben. In den Industriezentren, die meist in den Grenzgebieten liegen, hat sich die Energieerzeugung rasch entwickelt. Vor allem in den Ost-Departements, die über sehr gute Verteilungsnetze verfügen. Der innere und insbesondere westliche Teil des Landes blieb jedoch mit seinen wenigen E.-Werken isoliert. Frankreich fehlte bisher eine engere Verkopplung der einzelnen elektrizitätswirtschaftlich gut entwickelten Gebiete und damit zugleich die Grundlage für einen großzügigen, zweckmäßigen Ausgleich zwischen thermischen und hydraulischen Kraftwerken.

Darin liegt auch die tiefere Ursache, weshalb man mit der Errichtung neuer Wasserkraftwerke nach dem Kriege zurückhielt und den thermischen Werken, die heute in Frankreich überwiegen, den Vorzug gab. Bei solchen Verteilungsverhältnissen wären die Wasserkraftwerke zu kostspielig gekommen, war es doch nicht möglich, die so notwendige Spitzen- und Grundlastverteilung auf thermische und hydraulische Werke durchzuführen.

Die Bemühungen zur Beseitigung all dieser Nachteile sind in den letzten Jahren sehr rasch gediehen und macht der Ausbau des Verteilungsnetzes mit 100 u. m. kV-Leitungen große Fortschritte.

Die geographisch-geologischen Verhältnisse[1]) des Landes haben verursacht, daß heute im südöstlichen und südlichen Teil die großen Wasserkraftzentren und im nördlichen und nordwestlichen Teil die großen Wärmekraftzentren dominieren. Frankreichs Wärmekraftwerke verfügen heute über eine Leistung von ca. 5,1 Mio kW. Der größte Teil dieser Leistung befindet sich in den nördlichen Departements: Pas de Calais (Paris), Seine, Meurthe et Moselle, im Kohlenbecken von Lille-Cambrai und zum Teil auch in dem südlich gelegenen Kohlenbecken von St. Etienne-Lyon.

Von 7,9 Mio kW ausbaufähigen Wasserkräften sind rd. 1,9 Mio kW d. h. 24 % ausgebaut[2]). Diese hydraulische Leistung verteilt sich im Süd-Osten auf die Departements: Savoie, Isère und im Süd-Westen auf die Departements: Hautes- und Basses-Pyrénées[3]).

An der Gesamtstromerzeugung haben die thermischen Kraftwerke den größten Anteil. Von 14 327 Mio kWh, die 1929 erzeugt wurden, entfielen auf Wärmekraftwerke 8202 Mio kWh und 6125 Mio kWh auf Wasserkraftwerke.

Rund $^1/_6$ aller erzeugten Energiemengen wird in der elektrochemischen (Aluminium) Industrie verbraucht. Der an sich schon hohe allg. Verbrauch nimmt ständig zu. Den Stromkonsum der Landwirtschaft sucht der Staat durch Subventionen zu fördern. Auch die Elektrifizierung der Bahnen[4]) schreitet schneller vorwärts als bisher.

Neben der Durchführung des innerstaatlichen Ausbaues der Elektrizitätswirtschaft spielt

der zwischenstaatliche elektrische Energieverkehr Frankreichs

für seine an der Grenze gelegenen Kraftzentren eine bedeutsame Rolle, wozu neben den wirtschaftlichen, vor allem auch die topo-

---

[1]) Frankreich wird durch die Linie: Bayonne—Nancy, in den hochgelegenen Süd-Osten und den tiefer liegenden Nordwesten geteilt.

[2]) Viking Källström a. a. O. Seite 6.

[3]) La France économique en 1929, Annuaire de la Vie Economique française, Paris 1930.

[4]) Länge des gesamten Vollbahnnetzes 1928: 41 583 km, davon heute elektrifiziert 1686 km d. h. 4,05 %. (VDI-N, 11. Jahrg., 29. Juli 1931, Elektrische Vollbahnen der Erde.

graphischen Verhältnisse den Anlaß gegeben haben. So ist trotz seiner zahlreichen Energiequellen das Land auf den Bezug großer ausländischer Strommengen angewiesen. Die Bedeutung des Stromimportes geht schon daraus hervor, daß dieser ziemlich gleichen Schritt mit der Gesamtstromerzeugung im Inland hält und von dieser rd. 4 % ausmacht. Von allen europäischen Ländern hat Frankreich damit den stärksten Stromimport.

Die Entwicklung des zwischenstaatlichen elektrischen Energieverkehrs [5]), sowie die der Gesamtstromerzeugung und Verteilung von 1925—1930: (in Mio kWh)

	1925	1926	1927	1928	1929	1930
Prod. elektr. Energie aus:						
Wärmekraftwerk:	6 222	6 525	6 331	7 100	8 202	—
Wasserkraftwerk:	4 000	4 743	5 057	6 000	6 125	—
Gesamtstromerzeugung [6]):	10 222	11 268	11 388	13 100	14 327	15 000 [6])
+ Import elektr. Energie:	**353**	**455**	**526,4**	**573,5**	**632,2**	**656,6**
Insgesamt:	10 575	11 723	11 914,4	13 673,5	14 959,2	15 656,6
— Export elektr. Energie:	**85**	**84,2**	**110,6**	**131,3**	**164,4**	**168,0**
Im Inland verbliebene Energiemenge:	10 490	11 738,8	11 803 8	13 542 2	14 814,8	15 588,6

Ähnlich wie Deutschland ist auch Frankreich von einem Kranz zwischenstaatlicher Strombindungen umgeben. Die beigefügte Karte zeigt uns die stromwirtschaftliche Bindung im Osten mit der Schweiz:

Kupplungsstelle

Frankreich		Schweiz	Spannnung Volt
1. Mülhausen	— — — — — — —	Beznau—Allschwill	150 000
2. Réchesy	— — — — — — — —	Gösgen—Bottmingen	60 000
3. Delle	— — — — — — — — —	Bottmingen—Gösgen	60 000
4. Mülhausen	— — — — — — —	Bassecourt—Mühleberg	150 000
5. Besancon	— — — — — — — —	Bassecourt	60 000
6. Lelocle	— — — — — — — —	La Goule	30/80 000
7. Etupes	— — — — — — — — —	Refrain	60 000
8. Pontarlier	— — — — — — — —	Montcherand	60 000
9. Bellegarde	— — — — — — —	Chèvres	60 000
10. Villefranch	— — — — — — —	Pougny/Chancy	60 000

und mit Deutschland:

1. Straßburg	— — — — — — — — —	Offenburg	
2. Mülhausen	— — — — — — — —	Neuenburg	70 000

[5]) Im Gegensatz zu bisherigen statistischen Angaben sind bei „Import" und „Export" in dieser Tabelle fast sämtliche Austauschwerte berücksichtigt worden.

[6]) Statistisches Jahrbuch von Frankreich 1929/30 und VDI-N Jahrgg. 11, vom 29. Juli 1931, Frankreichs Elektrizitätswirtschaft.

Im Nord-Osten mit dem Saargebiet:		Spannung Volt
La Houve	Saarlouis/Bous	35 000
mit Luxemburg:		
1. Ottange	Differdange	65 000
2. Douane	Differdange	65 000
3. La Chiers	Rodange	65 000
und mit Belgien:		
1. Longuyon	Bleid/Ruette	15/30 000
2. Jeumont	Montignies	15 000
3. Frankreich	Roisin	
4. Frankreich	Neuve—Eglise	400

Im Süden:
mit Spanien und Monaco.

Auch mit Italien sind Verbindungsmöglichkeiten gegeben — Stromaustausch findet jedoch nicht statt.

Frankreichs Energieverkehr mit dem Ausland setzte wenige Jahre nach Beendigung des Weltkrieges ein. Die ersten größeren Energiemengen wurden im Jahre 1923 aus der **Schweiz** eingeführt. Seit dieser Zeit entwickelte sich an der südlichen Ostgrenze des Landes ein Stromimportverkehr, der in dieser Stärke bei anderen europäischen Staaten nicht mehr zu finden ist. Das gut entwickelte Verteilungsnetz der franz. Ost-Departements verbindet die Kohlenfelder von Lyon—St. Etienne mit denen bei Ronchamp. Die in diesen Kohlenbecken vorhandenen Dampfkraftwerke haben die Möglichkeit, im Sommer die Energieerzeugung etwas einzuschränken und dafür billigere Schweizer Energie zu beziehen. Die gesamte Region ist ohnedies sehr für den Stromausgleich geeignet. Da die wasserreichen Zeiten des Zentralmassivs zusammenfallen mit den Wasserklemmen der hydraulischen Kraftwerke sowohl in Süd-Ost Frankreich als auch der Schweiz, besteht nicht nur die Ausgleichsmöglichkeit zwischen den Alpenkraftwerken und den Dampfkraftwerken in den Kohlenbecken, sondern auch zwischen den erstgenannten und den hydraulischen Zentralen des franz. Zentralmassivs ist ein rationeller Leistungsaustausch somit möglich.

Mit dem weiteren Ausbau der Netze und der Steigerung des Strombedarfs hat man auch die aushilfsweise Belieferung schweizerischer Kraftwerke im Winter ins Auge gefaßt, wodurch sich nun ein stärkerer Austauschverkehr mit der Schweiz entwickelt hat. Freilich wird nach wie vor der Import überwiegen, aber die Ausfuhr nach der Schweiz doch eine den Verhältnissen entsprechende Stärke gewinnen [7]).

[7]) Austauschverkehr s. S. 89 u. 94 (Schweiz).

Ein reiner Austauschverkehr besteht mit **Deutschland.** Straßburg und Mülhausen beziehen elektrische Energie aus Baden. Die Höhe des Austausches bewegt sich durchschnittlich zwischen 40 bis 50 Mio kWh jährlich. Dem Austausch Elsaß-Lothringens mit Deutschland steht der Bezug elektrischer Energie aus der Schweiz und die Stromabgabe des Landes nach dem **Saargebiet**[8]) und **Luxemburg** gegenüber. Mit Luxemburg besteht der Austausch seit 1928. Der Bezug elektrischer Energie von dort beläuft sich jährlich auf ca. 2 Mio kWh.

Ein Jahr früher — 1927 — begann der Stromverkehr mit **Belgien.** Von dort bezieht Frankreich ca. 5—6 Mio kWh und versorgt andererseits eine Anzahl kleinerer belgischer Abnehmergebiete direkt und indirekt mit elektrischer Energie. Der Export nach Belgien hat aber nur geringe Bedeutung. Das gleiche gilt für den Stromimport aus **Spanien**[9]). Das Wasserkraftzentrum der Departements Hautes- und Basses-Pyrénées ist durch einige über die Grenze gehende Leitungen mit Spanien verbunden und kann so aus spanischen Werken noch einen geringen Teil elektrischer Energie (40—180 000 kWh) bei Bedarf heranziehen. Nach **Monaco** wurden 1929 rund 6 250 000 kWh geliefert.[10])

Über den Charakter der französischen Elektrizitätsgesetzgebung, die für den Ex- und Import elektrischer Energie wichtige Bestimmungen enthält, sagt G. Siegel in seinem Werk: „Die Elekrizitätsgesetzgebung der Kulturländer der Erde", (Bd. 2, S. 81): „Die französiche Elektrizitätsgesetzgebung zeigt das Bild einer bis ins einzelne um die Entwicklung der Elektrizitätswirtschaft besorgten Staatsverwaltung, die zwar die gerade auf diesem Gebiete notwendige Initiative und die Einzelberücksichtigung besonderer Verhältnisse stark einschränkt, ja fast ausschließt, die aber davon absieht, selbst Trägerin der Elekriziätswirtschaft zu sein.

Im Jahre 1919 erfolgte die Verstaatlichung aller potentieller Wasserkräfte. Für Neuanlagen besteht Konzessionszwang; nach Ablauf der Konzession fallen die Anlagen an den Staat. Den Werken wurde die Unabhängigkeit auf 75 Jahre eingeräumt.

Die Beschränkungen und Konzessionen des Staates sind sehr drückend in einzelnen Wirtschaftskreisen empfunden worden, nicht

---

[8]) Siehe S. 64 (Saargebiet).

[9]) Spanien hat für den zwischenstaatlichen elektrischen Energieverkehr z. Zt. noch keine Bedeutung; ein eigentlicher Außenhandel mit elektrischem Strom findet nicht statt. Wohl aber kann sich bei der zunehmenden Elektrifizierung der Pyrenäen ein solcher mit Frankreich herausbilden. Spanien hat noch keine geordneten elektrizitätswirtschaftlichen Verhältnisse. Die derzeitige Einstellung ist gegen den zwischenstaatlichen elektrischen Stromverkehr. Anläßlich der Regelung der Stromversorgung einiger an der Grenze gegen Portugal (am Duero) liegenden Gebiete, kam diese Haltung gegen den Stromaustausch in der Konvention vom 22. August 1927 (Art. 12) zum Ausdruck. (Vgl. E. Génissieu, Le Journal des Electriciens, 8. Jahrg., Nr. 84, v. 15. 9. 1931.)

[10]) E. Génissieu, Le Journal des Electriciens, 8. Jahrg., 15. 8. 31.

zuletzt bei den am Ex- und Import elektrischer Energie interessierten Unternehmungen. Art. 27 des Gesetzes vom 16. Oktober 1919 untersagt den Export hydraulischer Energie; allerdings kann nach erfolgter Prüfung durch die Behörde, die Erlaubnis zur Ausfuhr gegeben werden. Für die Ausfuhr thermischer Energie haben diese Bestimmungen keine Bedeutung.

Für die Einfuhr elektrischer Energie aus dem Auslande sind maßgebend die Art. 59 und 72 des Gesetzes vom 25. Juni 1920.[11]) Danach ist der Import freigegeben, es muß jedoch eine bestimmte Abgabe (ca. 2 % des Gesamtwertes) an den Staat entrichtet werden.

Auch für Frankreich hat der zwischenstaatliche elektrische Energieverkehr solange Bedeutung, als sich durch diesen wirtschaftliche Vorteile erzielen lassen. Diese sind ohne Zweifel am besten im Austauschverkehr mit der Schweiz gegeben. Natürliche und wirtschaftliche Verhältnisse haben dort den für Frankreich vorteilhaftesten Leistungsaustausch entstehen lassen und die Rentabilität der französischen Kraftwerke ist wesentlich erhöht worden durch diesen Energieverkehr. Eine Strombindung, die auch weiterhin ein wichtiger Exponent der französischen Elektrizitätswirtschaft bleiben wird. Mit dem Fortschreiten des innerstaatlichen Ausbaues können dann auch größere überstaatlich gekoppelte Leitungen zustandekommen und Verbindungen mit Luxemburg nach der vielgenannten Ourtalsperre. Solchen Einzelbindungen mag die Entwicklung noch Raum bieten, für die überstaatliche, paneuropäische Elektrizitiätswirtschaftsidee liegen aber auch in Frankreich die Verhältnisse nicht viel anders und besser als in den bisher besprochenen Ländern. Das Konzentrationsstreben und die übrigen noch zu lösenden Aufgaben der eigenen Elektrizitätswirtschaft drängen diese Idee im wesentlichen doch stark zurück.

Italien.

Neben Frankreich ist Italien bisher das größte überstaatliche Importland gewesen. Die Kohlenarmut des Landes und der geringe hydrotechnische Ausbau seiner Elektrizitätswirtschaft, hatte es bereits vor dem Kriege gezwungen, aus der Schweiz elektrische Energie zu beziehen. Dieser Stromimport verstärkte sich in den Nachkriegsjahren infolge des erhöhten Verbrauchs und der größeren Verteilungsmöglichkeiten. Neben diesem verstärkten Strombezug aus der Schweiz begann zugleich der systematische Ausbau der italienischen Elektrizitätswirtschaft, mit dem Ziele völliger Unabhängigkeit der inländischen Stromver-

[11]) E. Génissieu, Le Journal des Electriciens, 8. Jahrg. vom 15. Juli 1931, Seite 104.

sorgung vom Ausland. Diese Abkehr Italiens vom Bezug ausländischen Stromes macht sich seit 1929 sehr stark bemerkbar und auf Grund des Stromverkehrs der letzten beiden Jahre, kann man heute nicht mehr von einem Einfuhrland Italien sprechen, da der bisherige Import durch einen zwischenstaatlichen Stromaustausch mit der Schweiz abgelöst wurde. Man darf auf die weitere Entwicklung dieses nunmehrigen Austauschverhältnisses mit der Schweiz gespannt sein, da in Italien bei seiner heutigen Einstellung, nicht die Absicht besteht einen zwischenstaatlichen Stromaustausch in seiner eigentlichen Bedeutung zu unterstützen oder durch Errichtung neuer Austauschlinien zu vergrößern. Man hält den innerstaatlichen Ausgleich und den Ausbau der eigenen Energiequellen für viel nützlicher und zweckmäßiger für die gesamte italienische Volkswirtschaft. Der technischen Vervollkommnung und dem Ausbau des eigenen Hochvoltnetzes, sowie einer rationellen Verteilung des elektrischen Stromes, kommt vor allem das G e s e t z sehr zu Hilfe. Außer dem Konzessionszwang, der durch das Wasserkraftgesetz vom 9. 10. 1928 vorgeschrieben ist, gestattet der Staat der Elektrizitätswirtschaft völlig freie Entwicklung. Allerdings wird dafür die erzeugte Elektrizität ziemlich hoch besteuert, eine Maßnahme, die sich aber auf die inländischen Erzeuger nicht so drückend auswirkt, da ihnen Erleichterungen und finanzielle Unterstützungen verschiedener Art durch den Staat zuteil werden. Anders aber ist die Wirkung gegenüber der eingeführten elektrischen Energie. So müssen vom Wert jeder eingeführten kWh 0,025 Lire an den Staat abgeführt werden. Ein- und Ausfuhr von elektrischer Energie sind von der königlichen Bewilligung abhängig gemacht, die höchstens auf 10 Jahre erteilt werden kann. Auch ist ein jederzeitiger Widerruf, ähnlich wie bei der Schweiz gestattet, allerdings gegen Entschädigung. Das Gesetz vom 21. Oktober 1926, welches am 12. März 1927 in Kraft getreten ist, sowie das Gesetz vom 21. Juni 1928, bilden die Grundlage für das allgemeine Verbot von Import- und Exportierung elektrischer Energie.

Die gesamte E l e k t r i z i t ä t s w i r t s c h a f t I t a l i e n s baut sich zu 80 % auf Wasserkraftwerken auf, die allein 1930 über 95 % der Gesamterzeugung stellten. Die vorhandenen ausbaufähigen Wasserkräfte Italiens, werden nach neueren Angaben [1]) auf 5,9 Mio kW geschätzt, wovon 3,2 Mio kW bereits ausgebaut sind, also über 54 % der gesamten hydraulischen Energiequellen. Damit steht Italien unter den wichtigsten und wasserreichsten Ländern Europas, in Bezug auf diese Energiekräfte an vierter Stelle, in Bezug auf die Auswertung derselben, steht es nur hinter Deutschland zurück. Außerordentlich günstig sind die Wasserkräfte im Lande verteilt, wodurch der Mangel an Kohlen bei dem jetzigen Stand des Ausbaues sehr stark ausgeglichen werden kann. Durch den intensiven Ausbau der Wasserkräfte und die Schaffung

[1]) Viking Källström, a. a. O. S. 6.

günstiger Verteilungsanlagen konnten auf diese Weise 10 Mio t Kohle eingespart werden. Eine Tatsache, die die Bedeutung des innerstaatlichen Ausbaues der Energiekräfte dieses Landes ganz besonders stark in den Vordergrund rückt. Einer installierten Leistung von 3,346 Mio kW in Wasserkraftwerken stand 1929 eine solche von 737 161 kW in thermischen Werken gegenüber. Der größte Teil der Kraftwerke befindet sich in privaten Händen. Die Gesamterzeugung Italiens betrug 1930 rund 13 Mia kWh. Davon wurden 8,1 Mia kWh wie folgt verbraucht:

Privatbeleuchtung [2])	780 Mio kWh	—	9,6 %
Öffentliche Beleuchtung	150 „ „	—	1,9 %
Zugförderung	720 „ „	—	8,9 %
Kleinindustrie	2950 „ „	—	36,4 %
Schwerindustrie	3500 „ „	—	43,2 %
Insgesamt	8100 Mio kWh.		

Aus dieser Aufstellung geht hervor, daß die Schwerindustrie Italiens den größten Anteil am Verbrauch hat. Die elektrizitätswirtschaftliche Entwicklung ist für Italiens Industrie schon deshalb von größter Bedeutung, weil das Land selbst über keine Kohlen — und nur wenig Eisenschätze verfügt und darin auf den Bezug vom Ausland angewiesen ist. Die gesamte italienische Industrie ist deshalb vielfach bezugsorientiert, d. h. sie hat dort ihre größte Ausbreitung, wo die Transportkosten am wenigsten ins Gewicht fallen. So befinden sich in Norditalien fast 76 % der industriellen Unternehmungen, der Rest verteilt sich auf Mittel- und Süditalien.

Die Erzeugung von Luftstickstoff und Elektroeisen, sowie die elektrometallurgischen und chemischen Betriebe machen den Ausbau der noch vorhandenen Energiekräfte, zusammen mit der fortschreitenden Elektrifizierung der Bahnen nötig. Bis jetzt sind von 16 700 km etwa 3050 km elektrifiziert (Staats- und Privatbahnen).

Dem innerstaatlichen Ausgleich kommt in Italien der wechselnde Wassermangel von Alpen und Apennin außerordentlich günstig zustatten. Während die Alpenkraftwerke im Winter unter Wassermangel zu leiden haben, wird dieser durch den Apennin und das gut durchorganisierte Hochvoltnetz wieder ausgeglichen. Im Sommer liegen dafür die Verhältnisse umgekehrt. So hat Italien eine natürliche Ausgleichsmöglichkeit, die außerdem noch durch das Vorhandensein von Wärmekraftwerken unterstützt werden, zur Ergänzung des Spitzenbedarfes.

Bei solchen Ausgleichsmöglichkeiten ist die Tendenz zum innerstaatlichen Ausbau und Ausgleich und die nicht allzu große Bedeutung, die man dem internationalen elektrischen Energieverkehr zumißt, nicht verwunderlich. Der Import elektrischer Energie umfaßt nicht ganz 2,4 % des Gesamtverbrauches, von

[2]) L'Energia el. Bd. VII, S. 661 (1930).

dem 93,08 % von Wasserkraftwerken und 4,47 % von Dampfkraftwerken gedeckt werden.

Am Stromverkehr mit der **Schweiz** sind direkt folgende italienische Gesellschaften beteiligt:

„Società Idro-elettrica Comacina"
„Società Varesina per Imprese Elettriche",
„Società Lombarda per distribuzione d'energia elettrica".

Die Stromstraßen, die den heutigen Austausch mit der Schweiz gestatten, sind:

Kupplungsstelle[3])

Italien	Schweiz	Spannung Volt
1. Veveri	Biaschina	80.000
2. Varano	Biaschina	50.000
3. Piattamala	Campocologno	55.000
4. Sondrio	Campocologno	70.000
5. Cislago	Campocologno	140.000

Import und Export elektrischer Energie von, bezw. nach der Schweiz, bewegten sich im letztvergangenen Jahr zwischen 175 und 250 Mio kWh[4]).

Außer der Verbindung mit der Schweiz, die durch das natürliche Ausgleichsbedürfnis entstanden ist, haben die durch den Ausgang des Weltkrieges eingetretenen Grenzverschiebungen einen zwischenstaatlichen Grenzexport mit **Österreich** geschaffen. Durch die Abtrennung Südtirols fiel gleichzeitig ein Kraftwerk an Italien, das bisher eine weiter nördlich liegende Gemeinde Tirols mit Strom versorgt hatte. Die Weiterversorgung dieses bei Österreich verbliebenen Gebietsteiles wurde auf Grund eines Vertrages von den italienischen Behörden übernommen.

Da auch die neueren Bestrebungen und der Bau moderner Wasserkraftanlagen im Jahre 1931 immer mehr erkennen lassen, daß Italien die Stromabhängigkeit vom Ausland in den nächsten Jahren vollständig beseitigen will, erscheint es sehr fraglich, ob eine für die Elektrizitätswirtschaft beider Länder lebenswichtige zwischenstaatliche Strombindung zustande kommt.

Das Eisackkraftwerk bei Kardaun (Cardano) in Südtirol (oberhalb Bozen), das nicht nur das größte Wasserkraftwerk Italiens, sondern ganz Europas ist, und bei einem Ausbau von 285 000 PS jährlich 500 Mio kWh erzeugt, wurde bereits als Kupplungsposten einer überstaatlichen Hochvoltleitung zwischen Italien einerseits und Österreich, sowie Deutschland (Norwegen) andererseits, wiederholt ins Auge gefaßt. Solange aber Italien über so große Ausgleichsmöglichkeiten im Innern verfügt, wird es die Beteiligung an der Errichtung solcher paneuropäischen Stromstraßen ablehnen.

---

[3]) Die geographische Lage der einzelnen Linien ist aus den Karten von Frankreich, Schweiz und Österreich zu ersehen.

[4]) Siehe Tabelle Schweiz, S. 94.

Noch geringere Aussichten hat der überstaatliche Verbundgedanke an der Westgrenze Italiens gegen **Frankreich.** Bestenfalls würde ein zwischenstaatlicher Ausgleichsverkehr mit Viclaire und Fontan möglich sein.

Ganz gleich, welche Möglichkeiten hierbei untersucht werden, alle deuten sie darauf hin, daß der Gedanke der Schaffung eines europäischen Großkraftnetzes hier nicht auf fruchtbaren Boden fällt. Da die norditalienischen Wärmekraftwerke, die die eigentliche Ursache des Stromimports bisher gewesen sind, immer enger in verbundwirtschaftliche Beziehungen mit den landeseigenen Wasserwerken treten, darf es nicht allzusehr verwundern, wenn eines Tages auch der Austausch mit der Schweiz an Bedeutung verliert. Génissieu schreibt in seinem Artikel, „Import und Export von elektrischer Energie“ [5]: „Italiens Prinzip ist, lieber mehr amerikanisches Kapital und englische Kohle einführen, als Kilowattstunden aus der Schweiz“!? Tatsächlich ist auch das amerikanische Kapital mit der Hälfte der investierten Summen (etwa 6 Mia Lire) am Ausbau der italienischen Elektrizitätswirtschaft beteiligt. In keinem der übrigen europäischen Staaten finden wir die Einstellung gegen eine europäische Verbundwirtschaft so schroff, wie bei Italien.

B. Norwegen – Schweden (Finnland) – Dänemark.

Für die zukünftige Bedeutung und weitere Entwicklung des internationalen elektrischen Stromverkehrs spielen die nordischen Länder Norwegen und Schweden, in Bezug auf ihren Energiereichtum, eine hochbedeutsame Rolle. Da man sich in den beiden leztvergangenen Jahren wiederholt sehr ernsthaft mit der Nutzbarmachung dieser Energieschätze für Mitteleuropa befaßt hat, erscheint es angebracht, die augenblicklichen Strom-Im- und Exportverhältnisse, sowie die Gegebenheiten für eine weitere bedeutsamere elektrizitätswirtschaftliche Entwicklung dieser Länder in einem besonderen Kapitel zusammen zu fassen. Die ungemein reichen Wasserkräfte Schwedens und Norwegens vermögen ohne Zweifel riesige Energiemengen nach Mitteleuropa, insbesondere nach Deutschland, abzugeben. Nicht mit Unrecht bezeichnet man Skandinavien als ein zukünftiges Stromreservoir Mitteleuropas. [1] Norwegen allein verfügt schätzungsweise über 12,1 Mio kW ausbaufähige Wasserkräfte und damit dreimal mehr als die Schweiz, die heute bereits über eine Milliarde Überschußenergie ins Ausland abgibt, während Norwegen, so gut wie gar keinen größeren Stromexport aufzuweisen hat. Dieser rein zahlenmäßige Vergleich dürfte allein schon die

---

[5] Le Journal des Electriciens, 8. Jahrg. Nr. 4, v. 15. August 1931.

[1] Eingehendere Darstellungen über die Elektrizitätswirtschaft Norwegens, Schwedens und Dänemark, siehe J. Legge a. a. O. S. 163, A. Ludin. S. 163, Norges Industri, Sonderheft, Oktober 1930.

große Bedeutung für evtl. mögliche zwischenstaatliche Austauschbindungen mit Mitteleuropa klar werden lassen.

Ebenso ist Schweden, ohne dadurch die Versorgung seiner Industrie und Landwirtschaft, sowie der Haushaltungen in Frage zu stellen, bei fortschreitendem Ausbau seiner Wasserkräfte in der Lage, große Strommengen nach Deutschland abzugeben.

Wenn all diese Probleme gelöst werden können und die überstaatlichen Verbundprojekte, wie sie auf der Weltkraftkonferenz 1930 zum Vorschlag gebracht worden sind, zur Durchführung kommen sollten, dann wird auch Dänemark als Transitland für diesen überstaatlichen Stromexport der nordischen Länder an Bedeutung zunehmen.

Norwegen.

Norwegens Elektrizitätswirtschaft baut sich fast ausschließlich auf Wasserkraft auf. Rund 1,75 Mio kW, d. h. 14 % der insgesamt vorhandenen Wasserkräfte, sind heute in Norwegen dem wirtschaftlichen Leben nutzbar gemacht worden. Nur eine kleine Erzeugungsmenge der Wärmekraftwerke steht dieser hydraulischen Leistung entgegen. In den letzten Jahren hat der Staat gemeinsam mit den Kommunen den weiteren Ausbau der Wasserkräfte in die Hand genommen. Die Stromerzeugung Norwegens ist ständig im Wachsen begriffen und zeigt seit 1925 folgende Entwicklung:

1925:	7 300 Mio kWh	1928:	8 400 Mio kWh
1926:	7 640 „ „	1929:	9 200 „ „
1927:	8 000 „ „		

Ein Bericht in der Zeitschrift „Wasserkraft und Wasserwirtschaft", (Heft 1, v. 2. 1. 1931) über „Norwegens Wasserkräfte" sagt über die Entwicklung der installierten Leistungen folgendes: „Noch im Jahre 1900 hatte Norwegen eine Gesamtinstallation von 100 000 kW und im Jahre 1906 war man noch nicht auf 200 000 kW gekommen. Mit der damals eintretenden elektro-chemischen Großindustrie stellte sich die Entwicklung auf ein schnelleres Tempo ein; im Jahre 1911 hatte man schon 350 000 kW erreicht, eine Zahl die 1914 auf 600 000 kW gewachsen war. Schon 1918 wurde die Million überschritten." 1929 ist die Leistungsfähigkeit auf 1,690 Mio kW angewachsen. Der Stromverbrauch pro Kopf der Bevölkerung beträgt ca. 3500 kWh, (einschl. Industrie). Der größte Teil der erzeugten Strommengen verteilt sich wie folgt [1]):

	1929	
	1000 kW	Mio kWh
Für die allgemeine Elektrizitätsversorgung	550	2300
„ elektro-chemische u. elektro-thermische Anlagen .	720	4500
„ größere Industrien und andere Zwecke	420	2100
Summe:	1690	8900

[1]) Norberg Schulz, Oslo, „Die Elektrizitätswirtschaft Norwegens" E.T.Z., 12. Juni 1930, Heft 24, S. 885.

Der größte Teil der erzeugten Energiemengen findet also für industrielle Zwecke Verwendung, und verteilt sich hier wiederum auf Salpeter, Zink, Eisen und Stahl. Auch die einzelnen Haushaltungen haben in letzter Zeit stärkeren Stromverbrauch aufgewiesen, doch sind weder sie, noch die Landwirtschaft und die Eisenbahnen in der Lage, größere Mengen in absehbarer Zeit zu verbrauchen, da die Bevölkerung des Landes, die sich auf insgesamt 2,7 Mio Einwohner beziffert, auf große Gebiete verteilt, und müßten die Bahnen große Entfernungen zurücklegen, für die die wirtschaftlich notwendige Frequenz fehlt. Wenn in den Haushaltungen heute eine Steigerung eingetreten ist, dann nur deshalb, weil Norwegen über günstige Haushaltungstarife verfügt, die zu höherem Stromverbrauch Anlaß gegeben haben.

Von den Kraftquellen befinden sich heute etwa 64 % in privaten Händen — 10 % in Staatshänden — und 26 % gehören den einzelnen Kommunen.

Die Zentrale der Elektrizitätsversorgung liegt im Süden des Landes, in der Gegend um Oslo, wo jetzt auch das große NORE-Kraftwerk, das sich in Händen des Staates befindet, erbaut worden ist und für den später zu erwartenden Stromaustausch mit Schweden und darüber hinaus evtl. mit Norddeutschland, die bedeutendste norwegische Kupplungsstelle darstellen wird. Es besitzt eine Leistung von 106 000 kW und ist damit neben den Wasserkraftzentralen Ryukan und Notodden das größte Wasserkraftwerk des Landes. Für den industriellen Ausbau sind die Kraftwerke Westnorwegens am geeignetsten, während sich der östliche Teil des Landes mehr für private Verwendungszwecke eignen dürfte.

Selbst wenn man bedenkt, daß Norwegens Wasserkräfte nicht überall ohne weiteres ausbaufähig sind und sich die Kosten ihrer Nutzbarmachung oft sehr unterschiedlich gestalten können, so ist die Tatsache nicht abzuleugnen, daß Norwegen, wie kein anderes Land, imstande ist, nicht nur den Eigenbedarf an Strom genügend zu decken, sondern darüber hinaus elektrische Kraft ins Ausland zu führen. Über diese Möglichkeit wurde schon in früheren Jahren sehr oft diskutiert und hat dies in der jüngsten Zeit wieder besonders stark eingesetzt. Für all diese modernen Projekte ist Norwegen zweifellos ein äußerst wichtiges Stromexportland. Zunächst aber ist es interessant, festzustellen, daß Norwegen, von ganz kleinen Ausnahmen abgesehen, z. Zt. noch ein Stromimportland ist. Die Verfolgung seiner bisherigen zwischenstaatlichen Stromverhältnisse läßt dies klar erkennen.

Norwegens zwischenstaatlicher Grenzverkehr.

Für einen Stromaustausch kommt als Nachbarland zunächst direkt nur **Schweden** in Frage — direkte Leitungen nach Dänemark sind wohl geplant, aber bisher noch nicht zur Durchführung gekommen.

Die Karte, die den jüngsten Stand der zwischenstaatlichen Leitungen der skandinavischen Länder zeigt, läßt lediglich 3 bestehende Austauschlinien mit Schweden erkennen:

Kupplungsstelle

Norwegen		Schweden	Spannung Volt
1. Narvik	————————————	Porjus (Kraftwerk)	30./80.000
2. Aremark	————————————	Nössemark	5.000
3. Lutnes (Kraftwerk)	——————	Langfloen	3.000

Der Stromgrenzimport Norwegens aus Schweden begann im Jahre 1921 und erhielt eine neue Steigerung 1923, als die bekannte Ofot-Bahn, die von Narvik nach Schweden läuft, elektrifiziert wurde. Mit der Elektrifizierung des nordischen Teiles dieser eben genannten Eisenbahnstrecke (Narvik—Riksgrensen) 42 km)[2]) begann auch zugleich der eigentliche Strombezug aus Schweden. Dieser Fall hebt zugleich einen bedeutsamen Anlaß der zu zwischenstaatlichem Stromaustausch führen kann, hervor. Nicht in allen Gebietsteilen Norwegens waren 1923 schon zweckmäßige Kraftzentralen vorhanden und der Ausbau der Wasserkräfte war ebenfalls, der finanziellen Schwierigkeiten wegen, stark gehemmt. So kam es, daß man die wirtschaftliche Bedeutung des Strombezuges aus Schweden bei der Nähe des schwedischen Kraftwerkes rasch erkannt hatte und bei dem billigen Strompreis von 3—4 öre, für den man die kWh aus Schweden beziehen konnte, die Versorgung einiger Gebietsteile und Unternehmungen mit schwedischem Strom durchführte.

Der Stromimport hat augenblicklich in Norwegen immer noch dieselbe Bedeutung, wie etwa der zweckmäßige weitere Ausbau seiner Wasserkräfte. Denn außer den schon erwähnten Vorteilen der billigen Stromversorgung vieler Grenzgemeinden, ergab sich bei der Elektrifizierung der Ofot-Bahn die Möglichkeit zur Errichtung einer großen Erzzerkleinerungs-Anlage, die der Luossavaara-Kirunavaara-Erzgesellschaft in Narvik gehört.

Vor einiger Zeit hat man nun auch auf norwegischer Seite, da die Ausbaukosten sich erniedrigt hatten, einen schon früher gefaßten Beschluß in die Tat umgesetzt, und den Bau einer neuen großen städtischen Wasserkraftanlage eingeleitet. Ab 1933 soll dieses bei Narvik gelegene Kraftwerk (Nygaardsanlegget) die Kraftversorgung der Erzgesellschaft und der Bahnstrecke übernehmen.

Durch diesen Kraftwerksneubau wird jedoch, entgegen anderer Meinungen, der Import elektrischer Energie aus Schweden keinesfalls abgebrochen werden, denn die schwedische Kraftanlage Porjus wird die Spitzenbelastung der norwegischen Bahnstrecke

[2]) Die Eisenbahnen Norwegens werden in der Hauptsache noch mit Dampflokomotiven betrieben. Bis jetzt sind von 3850 km Gesamtgleislänge 235 km elektrifiziert, was gleichbedeutend ist mit 10%. (Norberg Schulz, a. a. O. S. 122.)

übernehmen. Es wird sich hier sogar ein kleinerer zwischenstaatlicher Stromausgleich entwickeln, insofern, als das norwegische Kraftwerk eine entsprechende Anzahl kWh als Grundkraft der schwedischen Bahnstrecke zur Verfügung stellen soll.

Die Strommengen, die Schweden seit 1925 nach Norwegen (Narvik) geliefert hat, waren folgende:

1925: . . .	10 Mio kWh	1928: . . .	13,2 Mio kWh
1926: . . .	11,5 „ „	1929: . . .	17 „ „
1927: . . .	12 „ „	1930: . . .	15,8 „ „

Von den beiden übrigen über die Grenze gehenden Hochspannungsleitungen dient die von der norwegischen Kraftanlage Lutnes ausgehende Leitung der direkten Versorgung schwedischer Stromverbraucher in der Gegend um Langfloen in Holjes (Schweden). Auf einer 3½ km langen Leitung befördert die Kraftanlage Lutnes etwa 5 PS nach Schweden. Zugleich einer der idealsten Fälle der Stromlieferungen überhaupt, denn die PS kostete pro Jahr — unabhängig von der Benutzungsdauer — 125 Kronen. Ein kWh-Zähler wurde erst im Herbst 1931 installiert.

Noch weiter südlich als diese, befindet sich die dritte zwischenstaatliche Hochspannungsleitung, die von dem kommunalen norwegischen Elektrizitätswerk Aremark, nach der „Nössemark Elektriska Distributionsförening" in Schweden läuft. Hier werden ca. 12 PS norwegischer Energie bei einer Spannung von 5000 Volt auf dieser 150 m langen Verbindungsleitung nach Schweden transportiert. Die hier gelieferte PS wurde bisher mit 200 Kronen pro Jahr bezahlt, soll jedoch ab 1. 1. 1932 ebenfalls unabhängig von der Benutzungsdauer auf 150 Kronen ermäßigt werden.

Die beiden letztgenannten Fälle sind die einzigen Vertreter des norwegischen Grenzexportes.

Mit der Errichtung neuer Kraftübertragungsleitungen ist zunächst nicht zu rechnen. Trotz der so reich vorhandenen Wasserkräfte spielt auch das nationalistische Moment, ähnlich, wie in der Schweiz, eine sehr große Rolle. Man sucht auch hier das Eindringen ausländischer Unternehmungen möglichst zu verhindern und die Kräfte der eigenen Wirtschaft (elektrochemischen Industrie, Stickstoff- und Aluminiumerzeugung) zu sichern. Am allerwenigsten ist mit der Errichtung neuer Austauschlinien zu rechnen, da der augenblicklich intensive Ausbau der norwegischen Elektrizitätswirtschaft in der Hauptsache solchen Strombindungen nur wenig Beachtung schenkt. Selbst die großen überstaatlichen Exportprojekte haben es nicht leicht für sich zu werben. Diese nationalistische Tendenz erstreckt sich bis in die Gesetzgebung hinein und macht sich dort empfindlich bemerkbar.

Außer einer Anzahl allgemeiner Gesetze, die die Vergebung der Wasserkräfte, die Enteignung und die Errichtung von Kraftwerken, sowie Fortleitungs- und Verteilungsanlagen regeln, hat für den zwischenstaatlichen Energieverkehr Norwegens das Gesetz vom 24. Juni 1931 besondere Wichtigkeit erlangt. Dieses stellt eine Ergänzung des Wasserkrafterwerbsgesetzes vom 14. Dezember 1917, dem wiederholt Nachträge und Änderungen zugefügt wurden, so am 21. 5. 1920, am 25. 6. 1926 und 22. 6. 1928. Durch dieses Gesetz wird die staatliche Konzession für den Erwerb und Betrieb von Wasserkräften vorgeschrieben. Das Gesetz vom 24. Juni 1931 bringt inhaltlich ungefähr folgende Bestimmungen, betreffend die Ein- und Ausfuhr elektrischer Energie:

§ 23 a [3]): Die Ein- und Ausfuhr elektrischer Energie darf nur mit Genehmigung des Königs stattfinden.

Diese Erlaubnis kann sowohl inländischen, als auch ausländischen Rechtspersonen erteilt werden. Handelt es sich um die Ein- und Ausfuhr von mehr als 3000 kW oder stehen bedeutsame Interessen gegeneinander, dann muß die Angelegenheit erst dem Reichstag (Storthing) vorgelegt werden, bevor die Genehmigung erteilt werden kann. Die Erlaubnis kann von der Erfüllung bestimmter Bedingungen abhängig gemacht werden. Von der gesamten, der Erlaubnis unterstellten Energiemenge muß eine jährliche Steuer erlegt werden. Der König kann die Bedingungen so aufstellen, daß deren Erfüllung zum Besten des Staates und der Allgemeinheit dient. Die auf der Energie lastende Steuer ist bei der Erhebung den öffentlichen Steuern gleichgestellt. Wenn elektrische Energie ein- oder ausgeführt wird, entgegen den Bestimmungen des Gesetzes, oder die Bedingungen, von deren Erfüllung die Erteilung der Erlaubnis abhängig gemacht wurden, übertreten werden, dann kann die Energieüberführung bei Initiativergreifung der Behörde untersagt werden.

Norwegen und seine Bedeutung für den überstaatlichen Stromexport.

Auf der zweiten Weltkraftkonferenz Berlin 1930 rückte die Bedeutung Norwegens als überstaatliches Stromexportland durch die Vorschläge der norwegischen Ingenieure J. Kink, B. Hansen

---

[3]) Originaltext: 3) Overskriften over kapitel IV skal vaere: Om kraftleie og om innforsel og utforsel av elektrisk energi.

4) Efter § 23 innskytes folgende bestemmelse:

§ 23 a. Innforsel eller utforsel av elektrisk energi ma bare finne sted efter tillatelse meddelt av Kongen.

Sadan tillatelse kan gis til innenlandske eller utenlandske rettssubjekter. Gjelder det innforsel eller utforsel av mer enn 3000 kW. eller star betydelige interesser mot hinannen, bor tillatelse ikke gis for saken har vaert forelagt for Stortinget.

Tillatelsen kan gjores betinget av at det til staten og til de fylkes-, herreds- og bykommuner som Kongen bestemmer, erlegges en arlig avgift av all den energi som tillatelsen omfatter. For ovrig kan Kongen for tillatelsen opstille sadanne vilkar som han anser stemmende med statens og almenhetens tarv. Avgiften er likestillet med offentlige skatter i inndrivelsesmate; den hefter pa det innenlandske overforingsanlegg med samme panterett som fastsatt for skatter av fast eiendom.

Nar Kongen har gitt tillatelse til a utfore elektrisk energi, kommer bestemmelsene i § 22 ikke til anvendelse pa den energi som i henhold til tillatelsen blir utfort fra riket.

Nar elektrisk energi innfores eller utfores i strid med loven eller under overtredelse av de betingelser som er fastsatt i tillatelse, kan energioverforingen avbrytes ved foranstaltning av det offentlige.

und A. Norstrand, wieder in den Vordergrund des allgemeinen Interesses.

Schon lange vorher wurde der Gedanke, norwegische elektrische Energie nach Dänemark und Deutschland zu exportieren, laut. So hatte, um diesen Vorschlag zu studieren, die norwegische Regierung 1920 ein Komitee gebildet, um gemeinsam darüber mit dänischen Vertretern zu verhandeln. Nur allzubald stieß man dabei auf die Schranken der Gesetzgebung. Ohne besondere Erlaubnis des Königs durfte, auf Grund des schon vorher erwähnten Konzessionsgesetzes, elektrische Energie nicht in größeren Mengen ins Ausland geführt werden, was für diesen Fall ganz besonders zu gelten hatte, da es sich hier nicht allein um den Schutz der allgemeinen sozialen Interessen handelte, sondern darüber hinaus öffentliche Belange berührt wurden.

Im Jahre 1922 stellte auch die schwedische Regierung ein Komitee, da die Projekte u. a. die Führung der Leitung durch Schweden immer stärker betonten und so schwedische Interessen aufs engste damit verbunden wurden.

Auf der Weltkraftkonferenz in London brachte diese interskandinavische Kommission ihre Arbeiten zum Abschluß Die weiteren Beratungen wurden verschoben, bis ein aktueller Kraftübertragungsvorschlag vorliege. Doch kam es bis heute noch nicht dazu. Vereinzelt wurden zwar Vorschläge gemacht, die sich mit einer Übertragung von 63 000 kW durch eine Freileitung mit einer Spannung von 132 kV und einer jährlichen geschätzten Benutzungsdauer von 6500 Stunden, beschäftigten [4]).

Erst wieder auf der zweiten Weltkraftkonferenz 1930 wurden neue Vorschläge für die Kraftübertragung von norwegischen Wasserkraftanlagen nach Deutschland, mittels Hochspannungsleitungen durch Schweden und Dänemark, durch den norwegischen Wasserbauingenieur J. Kink der Konferenz vorgelegt. [5])

Dieser Vorschlag, den Kink zusammen mit B. Stuevold Hansen und Alb. Norstrand ausgearbeitet hatte, geht von der Voraussetzung aus, daß Deutschlands Kraftbedarf in den nächsten Jahren derart steigen würde, daß Deutschland zum Bau neuer Kraftwerke, die zur Deckung des Mehrbedarfs nötig sein sollten, die nötigen Kapitalmengen nicht sofort zur Verfügung hat, und es deshalb begrüßen wird, große Mengen elektrischer Energie zu billigen Preisen aus Norwegen importieren zu können. Die günstigen Wasserverhältnisse würden es Norwegen gestatten, die Energie billiger zu liefern als die Schweiz oder Deutschland selbst hierzu in der Lage wären. Eine Gefährdung der norwegischen Nationalinteressen besteht nicht, denn bei vollem Ausbau der norwegischen Wasserkräfte könnten diese eine jährliche Energiemenge von rund 85 Mia

[4]) Vgl.: The Transactions of the first World Power Conference London 1924, B. 3, S. 472 und 588.

[5]) Vgl.: Bericht Nr. 162, Weltkraftkonferenzberichte, Berlin 1930, „Export elektrischer Energie von Norwegen nach Deutschland“.

kWh erzeugen, wovon bis jetzt nur etwa 16 % ausgenützt sind. Selbst wenn die norwegische Wirtschaft im Laufe der nächsten Jahre noch mehr elektrische Energie für sich beansprucht, wird doch der größte Teil der Leistung für den Export zur Verfügung gestellt werden können.

Technisch ist dieser Vorschlag wohl möglich geworden, da die Hindernisse, die die Errichtung einer Hochvoltleistung mit einer Spannung von 380 kV. bisher unmöglich gemacht haben, beseitigt sein dürften. Für die Wirtschaftlichkeit der Leitung sollen, wie schon erwähnt, Deutschlands Kapitalmangel und wachsender Energiebedarf die Garantie übernehmen.

Für die Leitung wollte man zunächst den kürzesten Weg einschlagen und mit Hilfe eines Seekabels durch den Skagerrak nach Dänemark und von da mittels Freileitung direkt nach Deutschland den Strom liefern, kam jedoch bald von dieser Linie ab, da die Sicherheit eines solchen Seekabels bei 600 m Tiefe noch zu sehr in Frage gestellt erschien. Der natürlichere Weg war der von Oslo über den Oslofjord nach Halden und entlang der schwedischen Küste, weiter nach Dänemark und Lübeck. Anfangs wollte man auch hier an der Errichtung einer direkten Leitung über Malmö nach Rügen festhalten. [6])

Auf dieser 380 kV - Leitung sollen nun nach Deutschland 5 Mia kWh gebracht werden, was bei einer jährlichen Betriebsstundenzahl von 6500 Stunden einer Leistung von 750 000 kW gleichkommen würde.

Nach den Rentabilitätsberechnungen ergab sich ein Strompreis von 97.— Mk. kW/Jahr oder 1,5 Pfg. pro kWh. Bei einer Benutzungsdauer von etwa 2500 Stunden würde sich der Strom in Lübeck auf etwa 4 Pfg./kWh und bei einer solchen von 8000 Stunden auf 1,2 Pfg./kWh belaufen. Hierzu würden dann allerdings noch in Deutschland die Umformungskosten, sowie Kosten der Fortleitung usw. hinzutreten, wodurch sich der Rohpreis um etwa 0,5 Pfg./kWh erhöhen würde. [7])

---

[6]) Die projektierten Leitungen sind in die Karte (II) mit besonderer Kennzeichnung (I—II—III—IV) eingetragen.

Über folgende ev. mögliche Hochspannungsleitungen sind von norwegischer Seite Berechnungen aufgestellt worden:

a) **mit Dänemark bzw. Deutschland:** Gleichstrom, 380 kV - Kabel (Tidens Tegn v. 25. XI. 1930) und Drehstrom 380 kV-Freileitung über Dänemark und den Sund nach Lübeck (Aftenposten v. 13. VI. 1930),

b) **mit Deutschland, Holland, Belgien, Nordfrankreich** durch direkte Gleichstromkabel (Aftenposten v. 13. VI. 1930).

[7]) C. Reindl: Aktuelle Fragen der Elektrizitätswirtschaft, ETZ 1931, vom 25. VI. 31, S. 841: „J. Hess hatte bereits Ende 1928 die Frage der Übertragung aus Norwegen untersucht und war auf 1,89 Pfg/kWh frei Mitteldeutschland mit voller Amortisation bis herab zu 0,89 Pfg./kWh nach Amortisation bei 400 000 kW Übertragungsleistung gekommen. (Vortrag auf der Hauptversammlung des Vereins zur Wahrung der Interessen der chemischen Industrie, Berlin, 8. XII. 28; vgl. Wasserkraft und Wasserwirtschaft Bd. 24, S. 208 (1929). S. a. W. Gosebruch, ETZ. 1931, S. 689.) — In Norwegen hat sich kürzlich eine Studiengesellschaft für die Stromausfuhr nach Deutschland gebildet."

Eine Aktiengesellschaft, mit in- und ausländischem Kapital, sollte den Plan zur Durchführung bringen. Ihre Aufgabe ist es auch, die Genehmigung des norwegischen Staates zur Exportierung des Stromes einzuholen. Man hält es für nicht allzu schwer dies zu erreichen, da es sich bei der Ausfuhr um nur 10 Prozent der Gesamtkräfte Norwegens handelt.

Aber auch dieses Projekt, das im Gegensatz zu einem früheren, diesmal von privater Seite ausging, ist bis jetzt nicht durchgedrungen und von einer endgültigen Stellungnahme der staatlichen Behörden nur wenig zu hören. Diese Tatsache dürfte besonders auch in Deutschland den weitaus größten Teil der maßgebenden Kreise unberührt lassen und lediglich diejenigen, die heute schon eine Verwirklichung des elektrischen Paneuropagedankens für möglich halten, werden sie als einen Aufenthalt der Entwicklung zur europäischen Verbundwirtschaft empfinden.

Der Behauptung, daß Deutschlands Energiebedarf in den nächsten Jahren wächst, wird man wohl zustimmen, doch ist damit noch nicht gesagt, daß Deutschland nun in hohem Maße auf den Bezug norwegischer Energie angewiesen ist. Der Einwand, daß der Mangel an Baukapitalien den Bezug elektrischer Energie aus Norwegen zweckmäßiger erscheinen läßt, ist ebenfalls nicht ohne weiteres berechtigt, da die Deckung des zukünftigen Mehrbedarfes Deutschlands, bei Außerachtlassung der norwegischen Energiemengen, nicht in erster Linie vom Bau neuer Kraftwerke — sondern von der rationellen Ausgestaltung der deutschen Elektrizitätswirtschaft abhängt. Deutschland hat — dies soll hier nochmals in Erinnerung gebracht werden.[8]) — Kraftwerke zur Zeit genug. Die innerstaatliche Verbundwirtschaft kann die Kräfte derselben so verwerten, daß diese Zentralen mit Unterstützung nur weniger neuer Kraftwerke und der Energien der Schweiz und Österreichs den Mehrbedarf decken können und dadurch das Bedürfnis nach Durchführung des obigen Projektes wiederum um Jahre zurückstellen werden. Auch die betonte Billigkeit der norwegischen Energie ist durchaus nicht ein so einschneidendes Moment, da sich mit der zunehmenden Verbesserung der deutschen Elektrizitätswirtschaft auch die derzeit zwar nicht immer idealenStromtarifverhältnisse verbessern werden.

Mit der Durchführung des Planes werden die interessierten Kreise nicht nur bei Deutschland auf Schwierigkeiten stoßen, sondern auch Schweden wird der Transitierung des Stromes Bedingungen entgegenstellen können, die unter Umständen die Wirtschaftlichkeit einer solchen Aktion in Gefahr bringen werden. Der

---

Fortsetzung zur Fußnote [7]) s. S. 128.

Die Zahlenwerte wurden, außer dem Bericht der 2. Weltkraftkonferenz, einem Artikel von Prof. Dr. R. Haas, Rheinfelden, „Energie als Handelsgut", im Sonderheft des Deutschen Volkswirts, entnommen. (Sonderbeilage Nr. 37, Juni 1930.)

[8]) Vgl. Ausführungen S. 79 ff.

Transitverkehr mit elektrischer Energie läßt sich nicht in der gleichen Weise überwachen wie etwa der Durchgang norwegischer Handels- und Industrieerzeugnisse. Am normalen Warendurchgangsverkehr hat zunächst die schwedische Eisenbahnverwaltung Nutznießung und ist ein Konkurrenzausgleich geschaffen; nicht aber bei der direkten Durchführung norwegischer Energie. Einen derartigen Stromtransit muß Schweden, das ebenfalls dem Export große Mengen elektrischer Energie zur Verfügung stellen kann, als unerwünschte Konkurrenz empfinden. Das enge gemeinsame Vorgehen der skandinavischen Länder kann allerdings diese Hindernisse beseitigen und das mit der Errichtung dieser Leitung verbundene Risiko verkleinern, was aber nur dann praktische Bedeutung hat, wenn auch Deutschland an der Durchführung dieses Projektes lebhaft interessiert ist.

Zusammenfassend ergibt sich das Bild: Starke Zurückhaltung des Staates gegenüber den überstaatlichen Stromversorgungsprojekten, Betonung nationalistischer Interessen mit dem Bestreben, die eigenen Wasserkräfte dem Lande und seiner Wirtschaft nutzbar zu machen und durch entsprechende Gesetze die Niederlassung ausländischer Unternehmungen zu erschweren. Daß das letztere nicht immer gelungen ist, zeigt die Betätigung deutscher, amerikanischer, schwedischer und englischer Interessenten in Norwegen, die allerdings ihre Konzessionen mitunter teuer erkaufen mußten

Es wäre sicher besser, wenn die Gesetze etwas toleranter in Zukunft erlassen würden, denn dadurch wird — wie dies die Schweizer Verhältnisse gezeigt haben — bei genügendem Einfluß des Staates, eine viel gesündere Entwicklung der elektrizitätswirtschaftlichen Verhältnisse möglich sein Die wirtschaftliche Vernunft wird auch bei weniger hohen Gesetzesschranken dafür sorgen, daß die Durchführung solcher Projekte nicht zu einer Zeit vorgenommen wird, die dringlichere Aufgaben bereit hält. Die verbundwirtschaftliche Tendenz läßt sich in diesem Ausmaß noch nicht befürworten, da die Zeitverhältnisse hierzu wie auch bei anderen ähnlichen Bestrebungen noch nicht reif und entwickelt genug sind. Die langsamere aber gesündere Entwicklung, das natürliche Fortschreiten der wirtschaftlichen Verhältnisse, wird eher die Entstehung einer Ausgleichslinie zwischen Norwegen und Schweden mit sich bringen. Hierbei sei erwähnt, daß entgegen anderer Ansicht, eine 100 kV-Leitung zwischen Oslo (Norwegen) und Trollhättan (Schweden) zur Zeit noch nicht besteht!

Schweden.

Die hauptsächlichsten Naturschätze Schwedens sind Erz, Holz und außerdem seine reichen Wasserkräfte, die es bereits stärker ausgebaut hat als Norwegen. Die Leistung der Wasserkräfte wird nach deren vollständigem Ausbau auf 6,5 Mio kW geschätzt, wovon heute 1,2 Mio kW, d. h. 18 % nutzbar gemacht worden sind.[1]) Die Energiemenge, die bei völligem Ausbau erzeugt werden könnte, beläuft sich auf 32,5 Mia kWh (Norwegen rund 85 Mia kWh) im Jahr. Der Erzeugungsschwerpunkt der elektrischen Energie liegt im südlichen Teile Schwedens, der durch ein gut ausgebautes Hochvoltnetz gekennzeichnet ist. Die ebenfalls reichen Wasserkräfte des Nordens, werden von der dort aufgeblühten elektrochemischen und elektrothermischen Industrie, sowie den Eisenerzgruben verwertet.

Von der Gesamtstromerzeugung entfallen nicht weniger als 80 % auf die Großindustrie. Hier wiederum zeigen den größten Verbrauch die sich mit der Veredelung der Waldprodukte befassenden Betriebe, dann Papier- und Bergbauindustrie, elektrochemische und elektrothermische Werke. Der allgemeine Verbrauch (Beleuchtung, Beheizung und Landwirtschaft) ist, der Bevölkerungsdichte des Landes entsprechend, am stärksten im Süden.

Gesamterzeugung- und Verteilung der elektrischen Energie 1913 bis 1930:

Jahr	Ges. Stromerzeugung Mio kWh	Ektrochem. u. therm.-Industrie	Großind. Papier Bergbau	Beleuchtung Haushalt Landwirts	Eisenbahn Verkehr [2])	Strom Export	Gesamtverwendung Mio kWh
1913	1 449	403	875	56	19	—	1 353
1926	4 006	805	2 122	413	152	28,5	3 521
1927	4 392	828	2 347	430	191	70,1	3 861
1928	4 409	891	2 270	493	177	56,3	3 888
1929	4 967	944	2 688	537	219	45,1	4 444
1930	5 117	929	2 715	581	221	102,0	4 546

Der zwischenstaatliche elektrische Energieverkehr Schwedens

dem wir uns nun nach diesem allgemeinen Überblick über die elektrizitätswirtschaftliche Entwicklung zuwenden wollen, ist zur Gesamterzeugung und der Bedeutung der schwedischen Wasserkräfte ebenfalls — wie die Tabelle zeigt — von nicht allzugroßer Bedeutung. Schweden ist überwiegend Stromexportland. Die im Grenzaustausch eingeführten Energiemengen sind verschwindend klein.

Ein Blick auf die Karte zeigt uns, daß Schweden
im Nordwesten mit: Norwegen
im Südwesten mit: Dänemark,
im Osten mit: Finnland
durch zwischenstaatliche Hochspannungsleitungen verbunden ist.

Weitaus die größte Bedeutung hat der **Grenzaustausch mit Dänemark.** Dänemark ist auch zugleich das erste Land, das mit Schweden in Stromverkehr getreten ist. Die eigentliche Ur-

[1]) Viking Källström, a. a. O. S. 6.

[2]) Die Gesamtschienenlänge der schwedischen Bahnen betrug 1928 16 490 Kilometer, wovon heute 1 168 km elektrifiziert sind. (VDI-Nachrichten 11. Jahrg., Nr. 30 v. 29. Juli 1931.)

sache, die zur Errichtung einer Verbindungsleitung unter dem Oeresund nach Dänemark (Seeland), Anlaß gegeben hatte, war der Ausbruch des Weltkrieges gewesen. Dänemark sah sich dadurch plötzlich gezwungen, den damit einhergehenden Ausfall der Steinkohlenlieferungen aus England und anderen Ländern durch stärkere Verwendung elektrischer Energie wieder auszugleichen. Nur Schweden konnte mit seiner elektrischen Energie diesen Ausgleich herbeiführen. 1915 erfolgte denn auch die erste Stromlieferung nach Dänemark.

Die Bereitstellung der für diesen Export notwendigen Energiemengen hat die schwedische Gesellschaft „Sydsvenska-Kraftaktiebolaget" übernommen. Ihre Wasserkraftanlagen am Laganfluß sind zunächst durch eine 25 000 Volt-Leitung mit **Helsingborg** verbunden. Von hier wird der Strom mit Hilfe eines Unterseekabels unter dem Oeresund (6 km) nach **Helsingör** (Dänemark) weitergeleitet.

Im Laufe der Jahre wurde die Inbetriebnahme zweier weiterer Kabel von je 50 kV notwendig, da Dänemarks Energiebedarf gewachsen war und als kohlenarmes Land nach erfolgter Umstellung, auf schwedische Energie angewiesen ist. Heute sind über 15 schwedische und ebensoviele dänische Kraftwerke an diese zwischenstaatliche Verbindung angeschlossen. Seit 1925 hat sich dieser Grenzexport wie folgt entwickelt:

Export nach Dänemark:

1925:	16 Mio kWh	1929:	28 Mio kWh
1926:	17 „ „	1930:	86 „ „
1927:	58 „ „	1931:	93 „ „
1928:	43 „ „		

Der plötzliche Rückgang des Stromexportes 1929 ist auf die Wasserarmut dieses Jahres zurückzuführen.

Die Rechtsgrundlage dieses Exportes bildet ein, mit Zustimmung der dänischen Regierung auf 40 Jahre abgeschlossener Vertrag.

Besondere Vorschriften über die Ein- und Ausfuhr elektrischer Energie enthält die schwedische Elektrizitätsgesetzgebung nicht.

Mit **Norwegen** verbinden Schweden die Leitungen

Porjus	Narvik	30/80 kV
Nössemark . . .	Aremark	5 „
Langfloen	Lutnes	3 „

Dem Grenzimport dienen die beiden letztgenannten Leitungen, dem Grenzaustausch die Leitung: Porjus—Narvik. Lediglich die letztere hat für den zwischenstaatlichen Stromverkehr Schwedens mit Norwegen (s. d.) größere Bedeutung.

Das staatliche Wasserkraftwerk Porjus, das zugleich das nördlichste Kraftwerk dieser Art ist, versorgt nicht nur Norwegen (Norvik) mit elektrischer Energie, sondern liefert auch geringe Strommengen nach **Finnland.**

Dieser Stromgrenzexport wurde im Jahre 1924, zum Zwecke der Versorgung des finnländischen Teiles des Tornetales mit Beleuchtungsenergie, errichtet. Eine 20/6 kV-Freileitung überträgt den Strom von Oevertornea in Schweden über den Grenzfluß Tornea nach Finnland. Die Lieferung der elektrischen Energie erfolgt durch die schwedische **„Ekfors Kraft A.B." in Oevertornea** zu dem auf finnischer Seite gelegenen Elektrizitätswerk „Alatornion Sähkölaitos".

Es handelt sich hier um einen Zwergexport wie die nachstehenden Zahlen zeigen:

Ausfuhr nach Finnland.

1924:	20 000 kWh	1928:	100 000 kWh
1925:	20 000 „	1929:	120 000 „
1926:	25 000 „	1930:	199 000 „
1927:	40 000 „	1931:	105 000 „

H. J.

Beim Export nach Finnland, wird man ebenso wie beim Export nach Dänemark mit einer weiteren Steigerung rechnen können, da es sich in beiden Fällen um die Ausfuhr elektrischer Energie in Gebiete handelt, die ihren Strombedarf besser aus schwedischen Kraftwerken decken, als durch Erbauung eigener Kraftwerke. Lediglich die Lieferung nach Narvik wird nun eine zeitweilige Einschränkung erfahren, doch keine Aufhebung, da sich nach Vollendung des norwegischen Kraftwerkes in Narvik eher ein regelmäßiger Austausch in diesem Gebiete entwickeln wird. Neue über die Grenzen gehende Linien sind nicht geplant.

Ebenso wie bei Norwegen besteht auch bei Schweden als Durchfuhr- und Ausgleichsland, die Möglichkeit, daß sein zwischenstaatlicher Energieverkehr über den bisherigen, mehr oder weniger großen Grenzverkehr hinauswächst und auch einen überstaatlichen Stromverkehr mit Deutschland eines Tages entwickelt. Ein, wenn auch nur zahlenmäßiger Vergleich mit den schweizerischen Verhältnissen zeigt jedenfalls, daß die skandinavischen Länder für Deutschland im Norden das werden können, was die Schweiz heute schon im Süden ist — ein wichtiges Stromreservoir. Daß dieser Mögilchkeit noch sehr viele Hindernisse im Wege stehen und die wirtschaftlichen Voraussetzungen heute noch nicht hierfür gegeben sind, wurde schon bei der Betrachtung der norwegischen und deutschen zwischenstaatlichen Stromaustauschverhältnisse ausführlichst erörtert.

	Schweiz	Norwegen	Schweden
in 1000 kW			
Vorhandene[3] Wasserkräfte	3 500	12 100	6 500
Ausgebaute Wasserkräfte	1700	1 700	1 200
Ausgebaut in Prozenten	49	14	18
Gesamt-Stromerzeugung 1930: in Mio kWh:	5 200	9 500	5 117
Davon exportiert:	1 021	—	100
Prozent der Gesamterzeugung:	20	—	2

Der kleine Grenzexport Schwedens nach dem finnischen Teil des Tornetales gibt Veranlassung, kurz hier auch die elektrizitätswirtschaftlichen Verhältnisse in

Finnland

zu berühren. — Der zwischenstaatliche elektrische Energieverkehr hat für Finnland keine große Bedeutung, da das Land selbst über genügend Energiekräfte verfügt, an deren rationeller Ausnützung ihm sehr gelegen ist. Diesem Umstand hat es Finnland auch zu danken, daß es mit zu denjenigen Staaten gehört, die bereits über eine, wenigstens im Süden des Landes, ausgedehnte Elektrizitätsgroßkraftversorgung, verfügen. Der Mangel an Bodenschätzen wird durch die reichen Wasserkräfte ziemlich gut ausgeglichen. Nach Schätzungen amerikanischer Institute sind ca. 1,8 Mio PS Wasserkräfte vorhanden, wovon erst 220 000 PS ausgebaut worden sind. Das größte Kraftwerk Finnlands ist das Imatrawerk mit einer Leistung von 185 000 kW. Die bisherige Entwicklung hat dazu geführt, daß etwa 76 % der ausgebauten Wasserkräfte sich in privaten Händen befanden. Neuerdings sind aber ganz deutlich Bestrebungen zu erkennen, die darauf hindeuten, daß der Staat die systematische Durchführung der Elektrifizierung in die Hand nehmen will.

Die Gesamtstromerzeugung betrug 1929 1333 Mio kWh, gegenüber 750 Mio kWh im Vorjahre. Der größte Teil der erzeugten Strommengen wird in der Textilindustrie, den Papier-, Zellulose- und Holzstoffwerken verbraucht. 29 % entfallen auf den Hausbedarf, 8 % auf die Straßenbahnen und ca. 4—5 % auf die Landwirtschaft.

Finnland ist in der Lage, seinen Strombedarf selbst zu erzeugen. Wenn wir trotzdem **Import elektrischer Energie aus Schweden** feststellen können, dann rührt es davon her, daß die Entwicklung des Verbrauchs elektrischer Energie in den letzten Jahren einen rascheren Aufstieg genommen hatte, als der Ausbau der Wasserkräfte [1].

---

[3] Viking Källström a. a. O. Seite 6.

[1] Vergleiche Ausführungen S. 133.

Außer der Kupplung über den Tornea - Fluß besitzt Finnland eine weitere **Kupplung mit Norwegen.** Diese wird dargestellt durch die nördlichste zwischenstaatliche Hochspannungsleitung der Welt, die von Kolttaköngäs (Finnland) am Pasvig-Elf zum Varanger-Fjord (Norwegen) läuft.

In Bezug auf den zwischenstaatlichen elektrischen Energieverkehr, gestattet die finnische Elektrizitätsgesetzgebung lediglich den Grenzverkehr bis zu einem Aktionsradius von 10 km. Die Genehmigung zur Exportierung elektrischer Energie muß von der Regierung, gemäß § 1 des Gesetzes vom 2. August 1919 (ausgegeben am 21. August 1919 in Helsingfors), eingeholt werden. Der Inhalt des gesamten Paragraphen ist lt. Reichstagsbeschluß folgender:

§ 1: Von einer Kraftquelle im Lande darf keine elektrische Energie über die Grenzen des Reiches geleitet werden.

Die Regierung kann jedoch zur Überführung der elektrischen Energie über die Grenzen des Reiches Erlaubnis geben, für solche Kraftquellen, die höchstens 10 km von der Reichsgrenze entfernt liegen [2]).

Die Ausführungen lassen auch hier erkennen, daß der Energieverkehr mit dem Ausland für Finnland keine, oder doch nur eine ganz geringe Bedeutung hat. Ein weiterer Bau überstaatlicher Leitungen ist für absehbare Zeit nicht vorgesehen und auch die Möglichkeiten einer Stromexportierung nach Rußland, vermögen wirtschaftliche Voraussetzungen nicht zu erfüllen. **Rußland** [3]) ist noch in viel größerem Maße als Finnland bestrebt, seine Strom-

[2]) Originaltext des Gesetzes in schwedischer Sprache: Finlands Författningssamling, 1919, Nr. 109. „Lag om överföring av elektrisk energi utom landets gränser. § 1: Fran kraftkälla i landet ma elektrisk energi icke överföras utom landets gränser. Dock kan Regeringen tillata överföring, utom landets gränser av elektrisk energi fran sadan kraftkälla, som ligger pa ett avstand av högst tio kilometer fran landets gräns".

[3]) Zeitschrift „Elektrifikazie und Elektromotor", Jahrg. 1931, Heft 10: „Über die Erfüllung des Eleketrifizierungsplanes des Jahres 1931."

Grundexponenten der Entwicklung der Elektrifizierung der Sowjetunion:

Exponenten:	Rechn. Einheit: 1000 kW Absolute Größen: 1928	1929	1930	1931	in % zum vorhergehenden Jahr 1929	1930	1931
I. Allgem. Leistung der Zentralen am Jahresende	1789	2097	2885	4500	117,2	137,6	156
In dieser Zahl:							
a) Überlandzentralen	572	710	1300	2300	124,1	183,1	176,9
b) Fabrik u. Werkstationen einschl. der f. Spezialunternehmen	900	1006	1100	1600	111,8	109,3	145,5
c) örtl. Stat. u. allgem. Bedarf einschl. Dorfstationen	317	381	485	600	120,2	127,3	123,7

mengen aus eigenen Energiequellen zu decken und eifrig damit beschäftigt, seine Elektrizitätswirtschaft so rasch als möglich auszubauen. So hat nach neuesten Angaben (s. Tabelle S. 135) Rußland die allgemeine Leistung seiner Zentralen 1931 nahezu verdoppelt, im Vergleich mit dem Vorjahre.

Schweden, als Bezugsland für finnischen Strom kommt ebenfalls nicht in Frage, da Schweden selbst über genügend Erzeugungs möglichkeiten verfügt, und diese naturgemäß möglichst wirtschaftlich auszunützen bestrebt ist.

Für Finnland wird der Strombezug solange eine Rolle spielen, als die Erzeugung des Spitzenstromes im Innland teurer kommt, wie der Bezug vom Ausland. Dabei ist auch die praktische Durchführung infolge der bestehenden Leitung zu berücksichtigen.

Dänemark

Bei 3,5 Mill. Einwohnern treffen heute auf den Kopf der Bevölkerung in Dänemark ca. 140 kWh. Energiekräfte stehen dem Lande nur wenige zur Verfügung. Der größte Teil der Kraftstationen besteht aus Wärmekraftwerken, die zusammen mit einigen Wasserwerken eine installierte Leistung von ca. 300 000 kW aufweisen. Der Hauptteil der im Lande erzeugten Energiemengen wird im Kopenhagener Gebiet verbraucht, der Rest verteilt sich auf landwirtschaftliche Betriebe und Haushaltungen in den übrigen Teilen des Landes. Für industrielle Zwecke findet die Energie soviel wie gar keine Verwendung. Das Verteilungsnetz ist besonders auf Seeland und Falster, sowie in Süddänemark und in der Gegend um Aarhus und Randers gut entwickelt.

Von schwedischer, wie auch von deutscher Seite, wird Dänemark, besonders seit 1930, reichlich mit Strom versorgt Während die Verbindung mit Schweden unter dem Öresund eine natürliche zwischenstaatliche Stromverkehrslinie darstellt, ist die Bindung im Süden, mit Deutschland, bis 1929, eine künstliche gewesen, d. h. im Frühjahr 1920 durch die Abtrennung Nordschleswigs von Deutschland entstanden. Seit 22. März 1930 verbindet jedoch Dänemark eine neue Austauschlinie mit Deutschland, deren Entstehungsgeschichte bereits bei Deutschland eingehend erörtert wurde, jedoch übersichtshalber nochmals Erwährung finden soll.

Dänemark steht also:

Im Osten mit Schweden
„ Süden „ Deutschland

in stromwirtschaftlichen Beziehungen. Die Hochspannungsleitungen, welche diesen Austausch ermöglichen, sind folgende:

	Kupplungsstelle		Spannung
	Dänemark	**Schweden**	Volt
1.	Helsingör—unter dem Öresund —— (Nordseeländische Elektrizitäts-A.G.) (6 km)	nach Helsingborg (Südschwedische Kraft A. G.)	25/50 000 (3 Phasenkabel)
2.	Apenrade (Aabenras) —————— (30 km)	Kraftwerk Flensburg	60 000

(Die Grenzimportlinie: Sonderburg—Apenrade (Gemeinde)—Kraftwerk Flensburg, mit einer Spannung von 15 000 Volt wurde Ende 1928 von Deutschland abgetrennt.)

Am größten ist der Austausch mit **Schweden.** Er besteht seit 1915 und gehört mit zu den ältesten nennenswerten zwischenstaatlichen Verbindungen. Der Stromimport aus Schweden dient hauptsächlich der Versorgung des Kopenhagener Verbrauchsgebietes, dessen Bedarf die dänischen Kraftwerke nicht vollständig decken können. Das Öresundkabel stellt auch zugleich eine Austauschlinie dar, denn die in den dänischen Dampfkraftwerken bereitgestellte Reserveenergie kann jederzeit zu Ausgleichszwecken den schwedischen Werken zur Verfügung gestellt werden.

Die dänische Privatgesellschaft „Nordsjaellands Elektricitets & Sporvejs A. G." bezieht seit 1914 die Energie aus den südschwedischen hydraulischen Werken am Laganfluß. Die genannte Gesellschaft verteilt die eingeführte elektrische Energie von ihrer Haupttransformatorenstation aus an eine Reihe dänischer Elektrizitätswerke, u. a. auch an die Kraftzentrale in Kopenhagen, die die Hauptabnehmerin dieses Fremdstromes ist. Der Parallelbetrieb umfaßt ungefähr 12 Werke, die teils in Schweden, teils in Dänemark verteilt sind.

Die von der Regierung genehmigte Vereinbarung, lt. welcher die Energieausfuhr aus Schweden stattfinden konnte, wurde später dahingehend erweitert, daß für den Fall großen Wassermangels die schwedischen Kraftwerke von den dänischen Dampfzentralen Ausgleichsenergie beziehen können. In hohem Grade ist die Lieferung auf schwedischer Seite vom Wasserbestand abhängig, wie auch von den Belastungsverhältnissen auf beiden Seiten des Sunds.

Von einem Grenzaustausch mit **Deutschland** kann erst seit 22. März 1930 gesprochen werden. In den vorausgehenden Jahren wurde das von Deutschland abgetrennte Gebiet von 1920 bis 1929 durch das Kraftwerk in Flensburg mit elektrischer Energie versorgt, da die Voraussetzungen für eine Eigenversorgung gefehlt hatten. Erst Ende 1928 konnte die Sonderburg—Apenrader Ämterversorgung die Beschickung mit elektrischer Energie übernehmen.

Zur gleichen Zeit kamen die Verhandlungen über den Stromaustausch zwischen Dänemark und Deutschland zu einem günstigen Abschluß. Der neu gegründete Grenzaustauschverkehr hätte sofort durchgeführt werden können, wenn nicht das frostreiche Jahre 1929 den Bau einer neuen Freileitung verhindert hätte. So konnte erst am 22. März 1930 die neue Verbindungslinie in Betrieb gesetzt werden. Für Dänemark ist damit eine zweite sehr wichtige Austauschverbindung Wirklichkeit geworden.

Übersicht über die Entwicklung des zwischenstaalichen elektr. Grenzimports Dänemarks:

	in Mio kWh:						
	1925	1926	1927	1928	1929	1930	1931
Ges. Stromerzgg. i. Inl.:	372	421	450	480	520	535	565
Import aus:							
Schweden:	16,000	17,000	58.000	43,000	28.000	86,000	93.000
Deutschland:	0,188	0,186	0,179	0,204	—	3,200	6.500

Der Stromexport Dänemarks nach Schweden ist nicht sehr groß, der nach Deutschland umfaßt ca. 5 Mio kWh (1931).

Die dänische Gesetzgebung läßt der Entwicklung der Elektrizitätswirtschaft völlige Freiheit. Konzessionszwang u. dgl. läßt sich nicht fesstellen. Bemerkenswert ist lediglich, daß der Staat, ähnlich wie Italien, eine 7,5 %ige Abgabe vom Gesamteinfuhrwert der elektrischen Energie fordert.

Die Errichtung des Öresundkabels und damit eines zwischenstaatlichen Energieverkehrs mit Schweden, fand nicht allseitige Zustimmung der dänischen Wirtschaftskreise. Wenn nicht der Weltkrieg und damit die Kohlenknappheit gekommen wäre, würde sich der Widerstand dieser Kreise sicher noch mehr bemerkbar gemacht haben. Die Abhängigkeit von Schweden brachte eine gewisse Unsicherheit ins Land, die erst wieder durch den Eintritt normalerer Verkehrsverhältnisse beseitigt werden konnte.

Der augenblicklichen Entwicklung des Stromverkehrs mit Schweden und Deutschland steht man keineswegs skeptisch gegenüber. Die Wirtschaftlichkeit des Energiebezugs ist für Dänemark zweifellos gegeben, was auch schon die Zunahme der eingeführten Strommenge kund tut.

Neuerdings hat das Projekt der Übertragung norwegischer Energie nach Deutschland allgemeines Interesse hervorgerufen und wird dieser Vorschlag nach den verschiedensten Richtungen hin diskutiert. Die Lage Dänemarks und seine Bedeutung als Durchgangsland für diese Übertragung lassen dies natürlich erscheinen.

Heute geht es auch in Dänemark darum, ob wirtschaftliche Freiheit der Unternehmungen oder staatliche Einmischung in die Entwicklung der Elektrizitätswirtschaft das Richtige ist. Ausbau des Netzes mit Hilfe des Staates, Auferlegung von Abgaben und Erhöhung der Verantwortlichkeit der einzelnen Unternehmungen, Verpflichtung zur Abnahme ausländischen Stromes — überhaupt Kohlen- oder Wasserstrom, Eigenerzeugung oder Fremdstrombezug, das alles sind aktuelle Themen im heutigen Dänemark.

Unabhängig von der Lösung dieser Aufgaben wird sich die Stromverbundenheit Dänemarks mit Schweden und Deutschland bis zu ihrem Optimum fortentwickeln. Nach ihrem Wert für Dänemark befragt, erwiderte einer der führenden Ingenieure des Landes: „Der zwischenstaatliche Stromaustausch besitzt für Dänemark denselben Wert, wie jede andere auf rationeller Grundlage ausgebaute Zentralisation der Stromerzeugung."

C. Polen — Tschechoslowakei — Holland — Belgien — Luxemburg.

In dieser Gruppe wenden wir uns denjenigen Staaten zu, die im Gegensatz zu den bisherigen keine Ansätze zu überstaatlichem Stromverkehr oder zwischenstaatlichem Stromaustausch zeigen, bezw. größere Bedeutung hierfür haben. Sie sind ausschließlich Vertreter des zwischenstaatlichen Grenzverkehrs. Davon haben wir bereits früher Polen und Luxemburg als Grenzaustauschländer bezeichnet, Belgien als Exportland und Holland, sowie die Tschechoslowakei als Grenzimportland, bezogen auf die stärkere der beiden Komponenten des Stromverkehrs — Einfuhr und Ausfuhr. Aus dieser Gruppe treten in letzter Zeit lediglich Belgien und Luxemburg stärker in den Vordergrund. Als zukünftiges Transitland eines überstaatlichen Stromverkehrs zwischen Deutschland, Belgien und Frankreich — Luxemburg, als Überschußland für elektrische Energie — Belgien.

Polen.

Es bedarf noch großer Anstregungen, um in die polnische Elektrizitätswirtschaft geordnete Verhältnisse zu bringen. Die ersten Versuche zur Erreichung dieses Zieles sind in den Gesetzen vom 21. 3. 1922 und 19. 9. 1922 zu erblicken. Hiernach ist die Errichtung von elektrischen Kraftzentralen von der Konzessionserteilung des Staates abhängig gemacht, um dadurch zu erreichen, daß sich die Durchführung eines allgemeinen Elektrifizierungsplanes ermöglichen läßt.

Ausbaufähige Kräfte sind in Polen genug vorhanden, nur dürfte es vielfach an finanziellen Mitteln und geeigneter Organisation fehlen, um diese Energiekräfte dem Lande zweckmäßig nutzbar zu machen. Polen verfügt sowohl über reiche Stein- und Braunkohlenschätze, als auch über 1,32 Mio PS (bei Mittelwasser) ausbaufähige Wasserkräfte, wovon heute erst 0,09 Mio PS nutzbar gemacht worden sind.

Des öfteren wurde von ausländischer Seite der Versuch gemacht, diese Energiekräfte zum erforderlichen Ausbau der Elektrizitätswirtschaft heranzuziehen, doch scheiterten diese Bemühungen an der ablehnenden Haltung des polnischen Staates. Dieser wollte von ausländischen Interventionen unabhängig sein und versuchte selbst mit privaten Unternehmungen gemeinsame Sache zu machen. Diese gemischtwirtschaftlichen Tendenzen haben auch tatsächlich zu guten Enderfolgen geführt und Polens Elektrizitätswirtschaft hat sich seit der Unabhängigkeit des Landes um mehr als 60 % verbessert.

„Seit 1925 ist die Energieabgabe um 67,9 %, die Leistung dagegen um 54,5 % gestiegen. Ende 1929 besaß Polen 864 Elektrizitätswerke, mit einer Energieabgabe von 3023 Mio kWh und einer Leistung von 1 273 525 kW. Außerdem gab es 818 private Elektrizitätswerke mit einer Leistung unter 100 kW“ [1]). Dem gegenüber betrug 1925 die Jahreserzeugung 1800 Mio kWh bei einer installierten Leistung von 824 213 kW. „Die wichtigste Energiequelle ist der Dampf (95 % der Leistung); 3,7 % werden durch Verbrennungskraftmaschinen und nur 1,3 % durch Wasserkraft erzeugt, während 87 % der Abgabe von Dampfturbinen erzeugt werden (362 Turbinen mit einer Leistung von 1 Mio kW). Die wahrscheinliche Zunahme der Energieabnahme beträgt für das Jahr 1935 5,65 Milliarden kWh, für das Jahr 1950 hingegen 18,5 Milliarden kWh. Heute deckt die Totalabgabe elektrischer Energie nur 35 % des möglichen Bedarfes. Diese Zahl ist seit 5 Jahren unverändert geblieben — ein Beweis, daß der Fortschritt in der Stromversorgung des Landes kaum dem Größerwerden des Energiebedarfes entspricht“ [2]).

Von einer elektrizitätswirtschaftlichen Entwicklung kann man im östlichen Teil Polens auch heute noch nicht sprechen — der Schwerpunkt der polnischen Elektrizitätswirtschaft liegt nach wie vor im Westteil des Landes. Die bestversorgten Bezirke sind die von Warschau, Lodz, Pommerellen und vor allem Schlesien. Dementsprechend ist auch der Verbrauch der elektrischen Energie pro Kopf der Bevölkerung. In Schlesien ist dieser mit 1385 kWh pro Kopf am größten. Dann folgen die übrigen westlichen Wojewodschaften, mit 40—150 kWh, dann die östlich der Weichsel gelegenen mit 5—40 kWh und schließlich die östlichen Wojewodschaften mit einem Energieverbrauch von 1,7—5 kWh pro Einwohner.

Für die

Betrachtung des zwischenstaatlichen Stromgrenzverkehrs Polens

kommen lediglich Schlesien und Pommern, einschl. des früher westpreußischen Gebietes Pommerellen in Frage. Diese Gebietsteile sind elektrizitätswirtschaftlich am weitesten fortgeschritten; sie beherbergen auch die größten Wasser- und Dampfzentralen des Landes. So finden wir in Westpolen (Schlesien) das größte Dampf-

---

[1]) „Power Sources in Poland“. And Their Utilization. published by the polish national committee of the world power conference, Warsaw 1931, Zusammenfassung S. 157, f. S. 165.

[2]) Power Sources in Poland, s. o.

kraftwerk — das unter deutscher Leitung stehende Kraftwerk Chorzow, mit einer Leistung von 81 000 kW; in Pommerellen das größte Wasserkraftwerk — Zur, mit einer Leistung von 12 000 kW.

Polens zwischenstaatlicher Energieverkehr beschränkt sich auf den

Austausch mit Deutschland.

Dieser Grenzverkehr entstand durch die politische Neugestaltung des Landes. Dadurch kam eine Reihe deutscher Gebietsteile (Polnisch - Schlesien, Pommerellen u. a.) die bereits elekrizitätswirtschaftlich vorbereitet waren und heute über die besten Verteilungsnetze verfügen, an Polen.

In Nordpolen hat Pommerellen das beste Überlandnetz und ist dieses Gebiet durch die Errichtung der beiden Wasserkraftwerke Grodek mit 3800 kW und Zur mit 12 000 kW in dieser Hinsicht in der jüngsten Zeit noch bedeutsam erschlossen worden. Ein großer Teil der erzeugten Strommengen wird von den landwirtschaftlichen Betrieben aufgenommen. Die Respektierung der Stromlieferungsverträge, sowie die ständige Zunahme des Strombedarfs haben die hier entstandenen stromwirtschaftlichen Bindungen mit Deutschland aufrechterhalten. Es sei nochmals an die für Nordpolen wichtigsten zwischenstaatlichen Leitungen erinnert:

Polen	Deutschland [3])	Spannung Volt
Chodziez (Kolmar) — — — — —	Deutsch-Kolmar	15.000
Chodziez (Kolmar) — — — — —	Schneidemühl	15.000

Den eigentlichen Grenzaustausch finden wir im südwestlichen Teil des Landes, zwischen Polnisch- und Deutsch-Oberschlesien. Es ist der Austausch zwischen den Kraftwerken Chorzow (Polen) [4]) (60 kV-Freileitung) — und Zaborze (Deutschland), dessen Zustandekommen fraglich gewesen wäre, wenn schon früher die Grenze einen derartigen Verlauf genommen hätte. Schon bei Deutschland [3]) wurde auf die Besonderheit dieses Grenzaustauschfalles hingewiesen.

Die Entwicklung des zwischenstaatlichen Grenzaustausches von 1926 bis 1929:

	in Mio kWh							
	%	1926	%	1927	%	1928	%	1929
Import		10,820		63,155		53,395		51,778
+ Gesamterzeugung		2061,—		2399,—		2681,—		3085,—
insgesamt		2071,820		2462,155		2734,395		3136,778
— Export		0,830		11,130		3,375		2,687
Im Inland verbliebene Energiemenge		2070,990		2451,025		2731,020		3134,091

[3]) Siehe Deutschland, S. 54, fortl.

[4]) Die für den Grenzverkehr Polens wichtigsten Hochspannungsleitungen sind aus der Karte zu ersehen.

Die Ausbaubestrebungen haben sich in der polnischen Elektrizitätswirtschaft neuerdings ebenfalls geltend gemacht, sodaß die Stromeinfuhr aus Deutschland, im Vergleich zur Inlandserzeugung, in den letzten Jahren zurückgegangen ist, wobei allerdings auch die allgemeine weltwirtschaftliche Lage mitspielte.

Die rechtliche Regelung des Stromaustausches erfolgt in Polen durch das Ministerium. So erteilt der Ministerrat die Genehmigung zur Stromausfuhr.

Wie schon eingangs erwähnt, stehen der Entwicklung der polnischen Elektrizitätswirtschaft, gerade in rechtlicher Hinsicht, große Hindernisse entgegen, die auch die Elektrifizierung Südpolens durch den Hariman-Konzern vereitelten. Diese innerstaatlichen Hemmungen wirkten sich aber auch auf den zwischenstaatlichen elektrischen Energieverkehr aus, nur daß dessen Entwicklung das Fehlen eines zusammenhängenden Hochspannungsnetzes im Innern des Landes außerdem noch entgegentrat. Bei der derzeitigen Einstellung der polnischen Regierung ist mit einem Ausbau des zwischenstaatlichen Stromgrenzverkehrs nicht zu rechnen.

Für die Idee eines überstaatlichen europäischen Stromverkehrs ist Polen allerdings ein wichtiger Faktor. Die Wasserkräfte, die Polen in den Karpathen besitzt, sowie die dort vorhandenen Naphtaquellen, lassen den Einschluß des Gebietes in ein elektrisches Paneuropanetz begreiflich erscheinen. Bei Inbetrachtziehung einer solchen Möglichkeit, stoßen wir jedoch auf die gleichen Unzweckmäßigkeiten, die allgemein der Durchführung eines solchen Planes entgegenstehen.

Tschechoslowakei.

An einem systematischen, zwischenstaatlichen elektrischen Energieverkehr denkt man zur Zeit in der Tschechoslowakei nicht. Den Ausbau der Elektrizitätswirtschaft hält man für wichtiger, was um so begreiflicher erscheint, wenn man an die, lange Jahre hindurch sehr verworrenen elektrizitätswirtschaftlichen Verhältnisse in diesem Lande denkt, die sich nun allerdings zum Vorteil der gesamten Wirtschaft zu klären beginnen. [1])

---

[1]) VDI-Nachrichten v. 2. 9. 1931, 11. Jahrg. Nr 35, S. 2: „Elektrizitätswirtschaft und Industrie in der Tschechoslowakei":

Die kürzlich veröffentlichte amtliche tschechische Energiestatistik ist die erste erschöpfende Erhebung über die Erzeugung von elektrischer Energie in der Tschechoslowakei; sie hat sich zum Ziel gesetzt, einerseits alle Erzeugungsanlagen von elektrischer Energie in der Tschechoslowakei ohne Rücksicht auf den Umfang der Erzeugung und ihre breitere volkswirtschaftliche Bedeutung festzustellen, andererseits eine größtmögliche Zahl von Merkmalen der Organisation der Stromerzeugung zu erfassen und endlich Entwicklungstatsachen zu ermitteln.

Die Eleketrizitätserzeugung hat in der Tschechoslowakei, auf den Einwohner bezogen, im Laufe der Jahre 1913 bzw. 1919 bis 1928 wesentlich zugenom-

An dem zweckmäßigen Aufbau der Elektrizitätswirtschaft wurde seit 1924 mit größtem Eifer gearbeitet; Staat und Länder scheuten nicht große Summen für eine entsprechende Ausgestaltung aufzugeben. Infolge der reichen Wasserkräfte des Landes, die auf rund 1 Mio PS geschätzt werden, wurde dabei besonders darauf geachtet, daß man zur Erzeugung der elektrischen Energie mehr und mehr die Wasserkräfte, anstatt den bisher verwendeten Dampfantrieb, heranzieht. So entstanden eine Reihe größerer Werke, dar-

Fortsetzung der Anmerkung von Seite 142.

men. Während 1913 im Durchschnitt des gesamten Staatsgebietes je Einwohner 69 kWh erzeugt wurden, bezifferte sich diese Zahl im Verlaufe der Jahre 1919 bis 1928 auf 86, 101, 102, 98, 106, 125, 138, 147, 165 und 190 kWh. Mit Ausnahme des Jahres 1922 hat sich demnach eine ständige Steigerung der Elektrizitätserzeugung ergeben. Diese Steigerung verteilt sich indessen nicht gleichmäßig auf die einzelnen Länder der Tschechoslowakei. Im Gegenteil lagen die Ziffern in Mähren und Schlesien und in Böhmen im allgemeinen über dem Durchschnitt, während die Ziffern der Slowakei und Karpatho-Rußlands wesentlich darunter lagen. In Mähren und Schlesien stieg die Elektrizitätserzeugung auf einen Einwohner von 99 kWh in 1913 auf 267 kWh im Jahre 1928, in Böhmen von 78 auf 227 kWh, in der Slowakei von 29 auf 64 und in Karpatho-Rußland von 4 auf 10 kWh.

An Elektrizitätswerken wurden im Bereich der Tschechoslowakei im Jahre 1913 4162 Betriebe gezählt, im Jahre 1928 7940. Im gleichen Zeitraum stieg die installierte Leistung von 654 543 kVA auf 1 699 212 kVA, die Belastungsspitze von 328 638 auf 864 287 kW und die Erzeugung von 963 671 000 kWh auf 3 035 700 000 (1929) kWh. Die installierte Leistung, die Belastungsspitze und die Stromerzeugung haben also wesentlich stärker zugenommen als die Zahl der Betriebe.

An der Elektrizitätserzeugung, bzw. dem Elektrizitätsverbrauch waren die verschiedensten Wirtschaftsgruppen beteiligt. Über die Verteilung der Zahl der Betriebe, die Zahl der Stromerzeuger, die installierte Leistung, sowie die Stromerzeugung dieser Gruppen unterrichtet die folgende Zahlentafel:

	Zahl der Betriebe	Zahl der Stromerzeuger	Installierte Leistung kVA	Stromerzeug. 1000 kWh	Belastungsspitze kW
Selbständige Elektrizitätswerke . . .	318	754	510 255	789 166	279 310
Steinkohlengruben .	31	81	241 633	420 704	89 304
Braunkohlengruben .	51	127	78 716	105 029	30 442
Stein- und Erdenindustrie	224	337	59 040	138 819	28 126
Erzeugung von Eisen, sonst. Metallen und Waren aus ihnen	239	399	171 252	419 530	102 984
Erzeugung von Maschinen, Apparaten und ähnl. Waren	217	331	89 777	[2])	36 572
Chem. Industrie . .	120	213	42 957	188 989	28 767
Textilindustrie . .	1058	1626	213 717	253 876	114 526
Papierindustrie . .	145	263	51 056	144 857	31 630
Mühlen	3339	3511	26 393	[2])	14 629
Zuckerfabriken . .	159	422	93 947	[2])	46 936

[2]) unter 100 Mill. kWh.

unter das Kraftwerk Kaaden mit einer Leistung von 10 000 kWh und das Kraftwerk Klinsberk mit rund 17 000 kW. Ein Kraftwerk an der Moldau mit rund 75 000 kW ist in Angriff genommen. Die Inbetriebnahme dieser Werke ist für die Tschechoslowakei von außerordentlicher volkswirtschaftlicher Bedeutung, denn der Strombedarf des Landes ist ständig im Wachsen begriffen und müßte ein erhöhter Strombezug aus dem Ausland stattfinden, was man aber vermeiden will.

Obwohl der Entwicklung der tschechoslowakischen Elektrizitätswirtschaft noch viele Hindernisse im Lande entgegenstehen, darf man wohl mit einer rasch wachsenden und nicht zu unterschätzenden Bedeutung derselben in den nächsten Jahren rechnen. Die reichen Wasserkräfte, sowie die ansehnlichen Stein- und Braunkohlenvorräte des Landes bieten viele Energiegewinnungsmöglichkeiten. Da auf Grund dieser Energievorräte und wegen ihrer Mittellage, die Tschechoslowakei beim vorgeschlagenen energiewirtschaftlichen Zusammenschluß der europäischen Staaten als Kraftreservoir eine bedeutungsvolle Rolle spielen soll, wird es nicht uninteressant sein, die Entwicklung des bisherigen

Stromaustauschverkehrs der Tschechoslowakei mit dem Auslande

zu verfolgen. Für diese Untersuchung kommt z. Zt. nur der nördliche Teil des Landes in Betracht, der im Austauschverkehr mit Bayern, Sachsen und Schlesien steht.

Die Tschechoslowakei ist überwiegend Strom - I m p o r t l a n d. Die ersten Ansätze eines Stromverkehrs mit dem Ausland lassen sich im Jahre 1907 und 1912 feststellen. Mit der zunehmenden Verwertung der elektrischen Energie in den verschiedensten Wirtschaftszweigen konnte in Folge der raschen Entwicklung die Nachfrage nicht in allen Fällen von den öffentlichen Werken gedeckt werden. In der Tschechoslowakei trat dieser Übelstand besonders stark zu Tage, da gesetzliche und andere Schwierigkeiten die Zusammenarbeit der einzelnen Gemeinden nicht zustandekommen ließen. Außerdem wäre die Verbindung der weitauseinanderliegenden Werke des damalig österreichischen Gebietes unrentabel gewesen. So fielen denn die Wirtschaftsberechnungen zu Gunsten des Strombezugs auf den benachbarten deutschen Kraftwerken aus. Eine Anzahl kleinerer Grenzaustauschlinien sind seit dieser Zeit entstanden; größere Leitungen überqueren heute die tschechoslowakische Grenze in Nordböhmen, bei Schlückenau, Friedland und Warnsdorf. 90 Prozent der von Deutschland bezogenen Strommengen entfallen auf diese Übergangsstellen, der Rest auf den kleineren Grenzimport einzelner Grenzgemeinden. Die ausschließlich nach Deutschland führenden Leitungen sind folgende:

	Tschechoslowakei		Deutschland	Spannung Volt
1.	Warnsdorf	— — — — — — — — — —	Hirschfelde (ASW)	40 000
2.	Eger	— — — — — — — — — — — —	Arzberg	20 000
3.	Weipert	— — — — — — — — — — —	Annaberg	10 u. 30 000
4.	Grottau	— — — — — — — — — — —	ASW	20 000
5.	Peterswald	— — — — — — — — —	ASW	20 000
6.	Nixdorf	— — — — — — — — — — —	ASW	10 000
7.	Preßnitz	— — — — — — — — — — —	ASW	10 000
8.	Sebastiansberg	— — — — — — — —	ASW	10 000
9.	Markhausen	— — — — — — — — — —	Klingenthal	2 × 220/440
10.	Schwaderbach / Silberbach	— — — —	Klingenthal	5 000
11.	Isergebirge	— — — — — — — — —	Hirschberg	
12.	Verbindung zum Überlandwerk Oberschlesien.			

Überblick über den Grenzaustausch und die Gesamtstromerzeugung im Inland von: 1922 bis 1929:

(in Mio kWh)

Jahr:	Erzeugung im Inland	Strom-Import	% der Ges.-Erzg.	Strom-export	Im Inland verbliebene Energiemenge
1922:	1355,5	16	1,18	—	1371,5
1923:	1461,5	17	1,16	—	1478,5
1924:	1759,4	18	1,02	—	1777,4
1925:	1954,5	19	0,97	—	1973,5
1926:	2099,9	20	0,95	0,005	2119,9
1927:	2381,2	20	0,80	0,604	2400,6
1928:	2749,0	20	0,73	0,042	2769,0
1929:	3035,7	20	0,66	0,022	3055,7

In der Tabelle kommt der fortschreitende Ausbau der Elektrizitätswirtschaft am besten im Rückgang des Stromimports gegenüber der Gesamtstromerzeugung im Inland zum Ausdruck.

Den Hauptteil der eingeführten Energie bezieht die Tschechoslowakei aus den Zentralen der „Aktiengesellschaft Sächsische Werke“ [3]). Der Bezug von dort besteht seit dem Jahre 1923 und bewegt sich im Durchschnitt zwischen 16—18 Mio kWh (1931: 16,660 Mio kWh). Diese Energiemenge liefern u. a. das Kraftwerk Annaberg (Himmelsmühle) — früher: Kraftwerk Westsachsen A.G. — und das Kraftwerk Hirschfelde — früher: Elektrizitätslieferungsgesellschaft, Berlin.

Mit einer durchschnittlichen Jahresmenge von 300 000 kWh werden die Grenzgemeinden: Schwaderbach — Silberbach und Markhausen vom Kraftwerk Klingenthal in Sachsen versorgt.

Eine Austauschlinie verbindet ferner die Kraftwerke in Eger und Asch mit der, der „Bayerischen Elektrizitäts-Lieferungs-Ge-

[3]) Vgl. Deutschland, Seite 52 fg.

sellschaft“, Bayreuth, gehörenden Kraftzentrale Arzberg. Der Austausch hat nur geringe Bedeutung:

[4])	1926	1927	1928	1929
Bezug aus Bayern:	16 000	80 000	48 000	177 000 kWh
Ausfuhr:	—	—	38 000	16 000 „

Wenn auch zahlenmäßig stärker, so doch gleichfalls wenig bedeutend, ist der Bezug elektrischer Energie aus Schlesien (Niederschlesien). [5])

Der gesamte Betrag, der im Durchschnitt jährlich für den Stromimport ausgegeben wird, beläuft sich auf rund 12 Mio Kronen.

Während der nördliche Teil des Landes zahlreiche Elektrizitätswerke besitzt, deren Zusammenschluß gut vorwärtsschreitet, ist der südliche Teil elektrizitätswirtschaftlich nur wenig erschlossen. Für diesen hat man neuerdings die Versorgung mit österreichischer Energie vorgeschlagen, ein Plan der aber wenig Widerhall und Anklang in tschechischen Wirtschaftskreisen gefunden hat.

Da die Tschechoslowakei bestrebt ist, selbst die im Lande benötigten Energiemengen zu erzeugen, wird, auch bei der großen Aufnahmefähigkeit des Landes, nicht mit der Errichtung neuer zwischenstaatlicher Hochspannungsleitungen gerechnet werden können.

Eine zukünftige tschechische Elektrizitätswirtschaft kann vielleicht Deutschland, Polen und Österreich eine wichtige Ausgleichstütze sein, zu einem ausgesprochenen Exportland dürfte aber die Tschechoslowakei dadurch nicht werden.

Niederlande.

Die Träger der holländischen Elektrizitätswirtschaft sind in der Hauptsache landwirtschaftliche Betriebe. Industrie ist nur wenig vorhanden und auch nicht damit zu rechnen, daß sich in absehbarer Zeit eine größere industrielle Entwicklung geltend machen wird. Umso beachtenswerter aber ist, gerade dieses Momentes wegen, die Entwicklung der Stromerzeugung und des Verbrauchs. Nahezu 96 Prozent der gesamten Bevölkerung sind heute mit Strom versorgt. Der größte Teil der elektrischen Energie wird in Dampfkraftwerken erzeugt, die zusammen eine installierte Leistung von 761 000 kW besitzen. Auf den Kopf der Bevölkerung treffen nahezu 180—200 kWh. Der verhältnismäßig hohe Stromverbrauch rührt nicht zuletzt auch davon her, daß man vielfach, wobei der günstige Tarif werbend vorangeht, nicht nur Licht-, sondern auch Gerätestrom in größeren Mengen verbraucht. Für indu-

---

[4]) Aus Industrielle Produktionsstatistik, Sonderheft zu Wirtschaft und Statistik. 1930.

[5]) Vgl. Deutschland, Seite 53.

strielle Zwecke wird elektrische Energie lediglich im südöstlichen Teil Hollands benötigt.

Die Nähe des Rheinisch-Westfälischen Elektrizitätswerkes, sowie die der belgischen Dampfkraftwerke, gab Gelegenheit, des stark wachsenden Strombedarfs, soweit er nicht durch die Inlandserzeugung selbst gedeckt werden konnte, durch Import deutscher und belgischer Energie Herr zu werden. Infolge des Fehlens eines einheitlichen Überlandnetzes beschränkten sich diese Stromlieferungen auf den zwischenstaatlichen Grenzverkehr.

Die Stärke des holländischen Grenzimportes ist bei weitem größer, als vielfach angenommen wird, wenn sie auch 1930 nur 1,3 % der gesamten Inlandserzeugung ausmachte.

Die Entwicklung des holländischen Grenzaustausches, sowie der Gesamtstromerzeugung im Inland von 1925—1930:

	in Mio kWh.											
	%	**1925**	%	**1926**	%	**1927**	%	**1928**	%	**1929**	%	**1930**
Gesamterzeugung:	—	945,0	—	1066,0	—	1238,0	—	1418,0	—	1502,0	—	1818,0
Import:	**0,3**	*) 2,580	**0,3**	*) 2,840	**0,3**	3 300	**0,4**	5,915	**1,5**	21.765	**1,3**	22,990
Insgesamt	—	947,580	—	1068,840	—	1241,300	—	1423.915	—	1523.765	—	1840,990
— Export	—	0,026	—	0,043	—	0,036	—	0,034	—	0,037	—	0,037
Im Inland verbliebene Energiemenge:	—	947,554	—	1068,797	—	1241,264	—	1423 881	—	1523,728	—	1840,953

Den Importstrom liefert:

Im Osten . . . Deutschland

auf folgenden Hochspannungsleitungen:

Kupplungsstelle.

		Spannung
1. Nijmegen/Arnhem — — —— — —	Wesel (RWE)	
2. Kerkrade (Kirchrath) — — — — —	Aachen (Rheinische Elektrizitäts- u. Kleinbahnen A. G.)	3750,

im Süden . . . Belgien

auf der Freileitung:

Maastricht — — — — — — — — — —	Lanaye	70 000.

Der Grenzverkehr mit **Deutschland** begann im Jahre 1908 bzw. 1923. 1923 setzte der Grenzimport auf der Linie Nijmegen—Wesel ein. Die „Proviciale Geldersche Elec-

*) geschätzt!

trisiteits-Maatschappy" in Arnhem bezog in dieser Zeit zum ersten Mal Strom vom RWE in Essen. Der Ausbau und die zunehmende Elektrifizierung der Provinz Gelderland, welche von oben genannter Gesellschaft (P. G. E. M.) mit Strom versorgt wird, erforderte in der ersten Zeit die Einfuhr von nicht weniger als 1—2 Mio kWh jährlich. Dieser verhältnismäßig hohe Strombezug dauerte bis zum Jahre 1927, um hiernach infolge der elektrizitätswirtschaftlichen Entwicklung im Inneren des Landes wieder stark abzunehmen [1]). Die Gegenüberstellung der vom RWE bezogenen Strommengen und der Jahreserzeugung der P. G. E. M. bildet hierzu eine interessante Ergänzung und vermag diese Entwicklung am besten zu veranschaulichen:

Jahr:	Vom RWE **bezogene** Strommengen i. kWh:	**Jahreserzeugg.** d. Elektr.-Zentrale d. P. G. E. M. kWh:
1927:	2 019 861	66 313 000
1928:	426 650	81 135 600
1929:	622 989	98 929 030
1930:	541 260	130 575 250

Der Stromexport Hollands auf dieser Linie bewegt sich zwischen 30—40 000 kWh. Im Jahre 1931 fand ein Austausch mit dem RWE nicht statt.

Der seit 1908 bestehende Grenzimport (direkte Versorgung) der holländischen Gemeinde Kerkrade, gehört ebenfalls mit zu den ersten Erscheinungsformen zwischenstaatlichen Grenzverkehrs. Den Strom liefert hier — wie schon bei Deutschland [2]) erwähnt — die „Rheinische Elektrizitäts- und Kleinbahnen Aktien-Gesellschaft" in Aachen. Im Gegensatz zu obigem Grenzimport hat hier der Strombezug aus Deutschland seit 1927 ständig zugenommen, da ebenfalls der allgemeine Stromverbrauch größer geworden ist, jedoch der Ausbau der Eigenstromversorgung nicht so intensiv bewerkstelligt werden konnte, wie in der Provinz Gelderland.

Weit größer als der Strombezug aus Deutschland ist der aus **Belgien**. Im südöstlichen Teil Hollands befindet sich die „N. V. Eerste Nederl. Cement-Industrie" in Maastricht, die durch Vermittlung der holl. „Stroomverkoop Matschappy" mit belgischer Energie versorgt wird. Im August 1928 schloß diese Stromverkaufsgesellschaft mit der belgischen interkommunalen Elektrizitätsgesellschaft in Brüssel einen Stromlieferungsvertrag ab, da der Mehrbedarf der Cementindustrie von deren Eigenanlagen nicht mehr gedeckt werden konnte. Der Strombezug aus Belgien erwies sich in mancher Beziehung als sehr vorteilhaft, was auch die rasche Steigerung der Importziffer bekundet:

[1]) s. S. 62 (Deutschland).
[2]) s. S. 62 (Deutschland).

Einfuhr aus Belgien:

1928: . . . 4 149 450 kWh 1929: . . . 19 733 600 kWh
1930: . . . 20 763 312 kWh.

Bei Holland eröffnen sich für die Zukunft dem zwischenstaatlichen Stromverkehr weit günstigere Perspektiven als dies bei anderen Ländern dieser Gruppe der Fall ist. Hollands Landwirtschaft und auch die Haushaltungen sind noch sehr aufnahmefähig. Außerdem ergeben sich bei der Elektrifizierung der Bahnen [3]) noch große Möglichkeiten der Energieverwertung. Zur Erzeugung der hierfür nötigen Energiemengen wäre aber der Bau neuer Kraftwerke unbedingt erforderlich. Für die Neuinstallierung von 2 bis 300 000 kW würde allein eine Summe von ca. 35 Mio holl. Gulden nötig sein, wobei die Kosten der Fernleitungen noch völlig außer Acht gelassen sind, so daß für diese nochmals etwa 5 Mio Gulden hinzugerechnet werden müßten. Ein derartiger Kostenaufwand läßt deshalb den Bau von zwischenstaatlichen Austauschleitungen und den Bezug deutscher und belgischer Energie sehr nützlich erscheinen, zumal in Holland nicht allzu große Entfernungen zu überwinden sind und somit der Mehrbedarf an elektrischer Energie durch Bezug aus dem Ausland wirtschaftlicher gedeckt werden kann. — Von diesen Gesichtspunkten aus, wird sowohl die deutsche als auch die belgische Elektrizitätswirtschaft für Hollands wirtschaftliche Entwicklung ihre besondere Bedeutung beibehalten.

Belgien.

Die Bedeutung Belgiens für den internationalen elektrischen Energieverkehr wächst ständig — eine Tatsache, die Belgien aus dieser Ländergruppe ganz besonders heraushebt. Die Neuordnung der elektrizitätswirtschaftlichen Verhältnisse im Innern hat nicht nur zu zwischenstaatlichen, sondern auch zu überstaatlichen Strombindungen geführt und wichtige Kreise der belgischen Elektrizitätswirtschaft treten heute außerordentlich lebhaft für die Bildung eines elektrischen Paneuropanetzes ein. Die elektrizitätswirtschaftliche Entwicklung der letzten Jahre ist für diese Einstellung ausschlaggebend gewesen.

Die belgische Elektrizitätswirtschaft baut sich hauptsächlich auf den Steinkohlenfeldern des Landes auf und dementsprechend werden die Energiemengen fast ausschließlich, wie in Holland von Dampfkraftwerken [1]) erzeugt. Die gesamte installierte

[3]) Die Länge des ges. holl. Bahnnetzes betrug 1928: 3687 km, hiervon waren 1927 43 km d. h. 1,2 % und 1928: 135 km d. h. 3,7 % elektrifiziert. (VDIN, 11. Jahrgg. Nr. 30, Juli 31 u. stat. Bericht d. Zentralverb. d. Deutschen elektrotechn. Industrie e. V. S. 263).

[1]) Der Bau von Wasserkraftwerken ist in Belgien ohnedies mit ziemlich hohen Kosten verbunden, da gleichzeitig mit der Errichtung solcher Zentralen oft eine umfangreiche Kanalisation durchgeführt werden muß.

Leistung dieser Werke beträgt etwa 1 730 000 kW — die Gesamtstromerzeugung ca. 4,5 Mia kWh. Auf den Kopf der Bevölkerung entfallen bei dieser Energiemenge rund 520 kWh.

Anfangs stieß die Entwicklung der Elektrifizierung Belgiens auf sehr große Schwierigkeiten. Veraltete gesetzliche Bestimmungen, sowie andererseits der scharfe Konkurrenzkampf der Elektrizitätsunternehmungen, verhinderten in dieser Hinsicht jede systematische Erschließung des Landes. Eine entscheidende Änderung vollzog sich erst in den Jahren 1922/23. Der Gedanke der Konzentration hatte Boden gefaßt und ein großer Teil kleinerer, meist unwirtschaftlicher Kraftstationen verschwand.

Nach neueren Angaben [2]) über die belgische Elektrizitätswirtschaft und ihre Entwicklung in den letztvergangenen Jahren waren 1929 95,7 % der Bevölkerung mit Strom versorgt, wobei 71,1 % der Energiemengen von den privaten und 24,6 % von den öffentlichen Werken und Eigenerzeugern geliefert wurden. Eine statistische Aufstellung über die elektrizitätswirtschaftliche Entwicklung Belgiens läßt deutlich die Konzentration und den Ausbau der Energiekräfte erkennen:

Produktion und installierte Leistung der belgischen Stromwirtschaft [3]):

Jahr:	Verteiler-Zentralen Private E.-Werke Installierte Leistg. i. 1000 kW	Jahreserzeug. i. Mio kWh	Regie-Zentralen Installierte Leistg. i. 1000 kW	Jahreserzeug. i. Mio hWh	Industrie-Kraftwerke Installierte Leistg. i. 1000 kW	Jahreserzeug. i. Mio kWh	Insgesamt Installierte Leistg. i. 1000 kW	Jahreserzeug. i. Mio kWh
1914	114	140	14	28	434	1302	562	1570
1923	250	456	45	82	462	1112	757	1560
1525	420	790	47	101	560	1382	1027	2274
1927	600	1140	74	128	645	1975	1319	3243
1928	660	1325	81	140	770	2260	1511	3725
1929	680	1615	121	185	675	2500	1476	4300
1930	920	1800	130	195	*) 680	*) 2400	*) 1730	*) 4395

*) geschätzt.

Ein größeres hydraulisches Kraftwerk befindet sich an der Warche. Die Leistungsfähigkeit desselben dürfte aber erst in Verbindung mit einem thermischen Werk zur Geltung kommen.

Man scheut in Belgien keinerlei Mittel, um die Stromversorgung und -verteilung möglichst zweckmäßig durchführen zu können. Eine Reihe von Vorschlägen und Plänen, die besonders die

---

[2]) Vgl. E. Bendheim, „La production et la distribution de l'Electricité en Belgique", Extrait du Bulletin de l'Institut des Sciences Economiques, II. Jahrg Nr. 3, Mai 1931.

[3]) E. Bendheim, s. o. (Seite 3).

Steinkohlenfelder von Mons-Chaleroi, wo sich die größten Kraftzentren befinden, mit den Verbrauchszentren im Norden zu verbinden suchen, wurden vorgelegt. Besonders fortgeschritten ist die Zusammenfassung der Elektrizitätswerke im Erzeugungs- und Versorgungsgebiet Lüttich. Dort befindet sich auch der Sitz einer der wichtigsten belgischen Elektrizitätsunternehmungen, der sog. „LINALUX" (Union des Centrales Electriques de Liège, Namur-Luxemburg). Durch diese Kupplungen und Schaffung sog. Interkonnexionen, welchen seit einigen Jahren auch die gesetzlichen Maßnahmen (Gesetz vom 1. 3. 1922 über die Vereinigung von Gemeinden, sowie vom 10. 3. 1925 über die Verteilung und Fortleitung elektrischer Energie) sehr zustatten kam, wurde allein in der Provinz Lüttich 1929 eine Ersparnis von 125 000 t Kohle erzielt und dadurch die Neuinstallation von insgesamt 65 000 kW hinfällig.

Mit der technischen Konzentration schreitet auch die finanzielle in Belgien vorwärts. Die Verhandlungen der Sofina (Société Financière de Transport et d'Entreprises Industrielles) mit den einzelnen Elektrizitätsunternehmungen zum Zwecke der Zusammenfassung all dieser Gesellschaften, sind in vielen Teilen erfolgreich verlaufen und ist damit zu rechnen, daß diese Zusammenschlußbewegung bald vor einem, für die belgische Elektrizitätswirtschaft bedeutsamen Abschluß steht.

Die Erfolge dieser energischen Zusammenarbeit der an der Stromwirtschaft interessierten Kreise sind nicht zu unterschätzen. Nicht nur, daß bei solch' rationeller Arbeit und Ausnützung der vorhandenen Mittel und Anlagen große Teile des Volksvermögens wieder für andere Zwecke frei werden, sondern es tritt hier auch die Möglichkeit einer baldigen Abgabe von Überschußenergie an das Ausland in den Vordergrund und wird damit eine neue Einnahmequelle für die gesamte belgische Volkswirtschaft geschaffen. In Bezug auf den Austauschverkehr soll mit diesen Ausführungen kurz gesagt werden, daß diese ganze innerstaatliche Rationalisierungsbewegung in der belgischen Elektrizitätswirtschaft das Land mit raschen Schritten zugleich auch dem systematischen Stromexport näher bringt. Vor ein paar Jahren konnte von einem solchen noch nicht die Rede sein. Man führte damals lediglich geringe Mengen elektrischer Energie ein.

Heute ist Belgien als Folge des starken Ausbaues und der Reorganisation seiner Elektrizitätswirtschaft zum überwiegenden Teil Stromexportland geworden und als solches bestrebt, den überstaatlichen elektrischen Verbundgedanken in jeder Weise zu fördern.

Stromwirtschaftlich ist heute Belgien:

mit Frankreich seit 1927
„ Holland „ 1928 (August)
„ Luxemburg „ 1928

verbunden. An der Südgrenze des Landes werden eine Anzahl belgischer Gemeinden von Frankreich mit elektrischer Energie versorgt. So verbindet die Gemeinde Neuve-Eglise mit Frankreich eine 400 Volt-Leitung, welche der französischen Gesellschaft „Artésienne de Force et Lumière“ in Amiens gehört. Diese Leitung dient der Stromversorgung einiger Grundstücke der Gemeinde Neuve-Eglise.

Den gleichen Zwecken dient eine 220 Volt-Leitung, die die Gemeinde Roisin mit einem französischen Werk verbindet. Besitzerin dieser Leitung ist die Société Anonyme „Electricité et Gaz du Nord“ in Paris.

Außer durch diese beiden Zwergleitungen wird Belgien mit Frankreich durch nachfolgende Stromverkehrslinien verbunden:

Montignies (St. Cristophe (Hainaut)	— — — —	Jeumont (Frankreich)	15.000 Volt (Drehstrom)
Longuyon (Frankreich) — — — — —	Ruette/Bleid (Belgien)	Houdlement (Frankreich)	15 u. 30.000 Volt (Drehstrom).

Die erstere dieser beiden Leitungen gehört der „Association Intercommunale du Sud du Hainaut“ in Rance. Sie geht aus von der französischen Zentrale Jeumont und dient der Versorgung einer Anzahl belgischer Grenzgemeinden mit elektrischer Energie. Die von Longuyon ausgehende Hochspannungsleitung ist eine, belgisches Gebiet durchquerende Transitleitung; in der Hauptsache dient sie der Versorgung der französischen Stadt Houdlement. Die Leitung ist Eigentum der Société Anonyme „Grande Chaudronnerie Lorraine“ in Nancy.

Der Stromimport aus Fraukreich ist sehr klein. Beispielsweise hat die belgische Provinz Luxembourg 1930 ca. 20 000 kWh von zwei französichen Werken, welche kleinere Konzessionen in diesen Gebieten haben, bezogen. Der Export nach Frankreich) durch Luxemburg) betrug 1929 rund 5 Mio kWh.

Dem seit 1928 bestehenden **Stromexport**[3]**) nach Holland** dient die der Société intercommunale Belge d'Electricité (Groupe de l'Electrobel) in Brüssel gehörende 70 kV-Leitung (Kapazität 20/25 000 kW), die die Zentrale Lanaye mit Maastricht verbindet.

Ähnlich wie in anderen Fällen konnte sich auch der Stromgrenzverkehr mit Holland nicht ohne Überwindung zahlreicher Schwierigkeiten entwickeln. Eine kleine Vorgeschichte [4]), die sich in dieser Nordostecke Belgiens abgespielt hat, rechtfertigt diese Behauptung. Ein belgisches Kraftwerk hatte die Lieferung von 20 000 kW nach einem auf holländischem Gebiet gelegenen belgischen synthetischen Ammoniakwerke ins Auge gefaßt, jedoch hat sich das holländische Gouvernement dieser Absicht entgegengestellt und die Einfuhr elektrischer Energie untersagt, sodaß eine eigene Zentrale auf holländischem Boden errichtet werden mußte. Im Gegensatz

[3]) Vgl. Holland S. 148.

[4]) Entnommen den Ausführungen von E. Genissieu, a. a. O. S. 116.

hierzu wurde der Strombezug aus Belgien für die bei Maastricht stehenden holländischen Zementwerke gestattet. Nationale und kapitalistische Interessen hatten die Entwicklung dieses Stromexportes wesentlich gehemmt.

Dem seit 1928 mit **Luxemburg** stattfindenden Stromverkehr dienen die Hochspannungsleitungen:

1. Aubange — — — — — — — — — — — Steinfort 15 kV (Drehstrom)
2. Abange (Athus) — — — — — — — Rodange 70 kV (Drehsrtom)

Beide Verbindungen gehören, wie auch der Ausgangspunkt, — die Kraftzentrale Aubange — der „Linalux" und versorgen das luxemburgische Industriezentrum mit belgischer Energie. Im Austauschverkehr überwiegt der Export nach Luxemburg.

In ein völlig neues Stadium der zwischenstaatlichen Stromaustauschentwicklung ist Belgien, im Oktober 1931, eingetreten. Zu diesem Zeitpunkt wurde die, der „Union des Centrales Electriques de Liége — Namur — Luxembourg" (Linalux) gehörende 150 kV-Leitung (Kapazität: 80 000 kW): Lüttich—Aubange—Luxemburg, unter Strom gesetzt. Diese Leitung hat nicht nur zwischenstaatlichen, sondern auch überstaatlichen Charakter, denn sie verbindet das Industriezentrum von Lüttich mit dem südöstlichsten Teil Belgiens und den Hüttenwerken Luxemburgs und gestattet darüber hinaus indirekten Leitungsaustausch mit Ostfrankreich und der Schweiz.

Wenn auch die Bezeichnung „überstaatliche Stromstraße" bei dieser Linie gegenüber der Leitung des RWE von Vorarlberg nach dem Rheinland mit einer Spannung von 220/380 kV eine gewisse Einschränkung[5]) erfahren muß, zu der die 150 kV-Spannung dieser belgischen Hochspannungsleitung Veranlassung gibt, so hat sie doch für den indirekten Transitverkehr überstaatliche Bedeutung.

Dem zwischenstaatlichen Strom-(Grenz-)verkehr stehen in Belgien keine besondere gesetzliche Maßnahmen im Wege. Es gelten auch hier die allgemeinen Elektrizitätsgesetze des Landes. Für die Errichtung einer Hochspannungsleitung muß die Genehmigung des Gouvernements eingeholt werden, gemäß Art. 2 des Gesetzes vom 10. März 1925 über die Verteilung der elektrischen Energie. Soll eine dieser Leitungen über die Grenze verlängert werden, dann muß die Genehmigung der Verwaltungsbehörden, nach Anhörung der in Frage kommenden Provinzial- und Kommunalbehörden, vom König eigens bestätigt sein.

Neben den heutigen Aufgaben der belgischen Elektrizitätswirtschaft: dem Ausbau und der Erweiterung des Hochspannungsnetzes, — das bis jetzt eine Länge von ca. 4500 km Luftleitung hat, — der Elektrifizierung der Bahnen und der landwirtschaftlichen

[5]) Leitungen, die über derartige Strecken Strom ohne allzugroße Spannungsverluste transportieren sollen, müssen wie schon an früherer Stelle angeführt wurde, höhere Spannungen besitzen.

Betriebe, gewinnt die Exportierung elektrischer Energie immer mehr Bedeutung. Wenn auch zur Zeit keine neuen zwischenstaatlichen Leitungen geplant sind, so darf man doch eines Tages bei den geringen Entfernungen im Lande mit dem Anschluß des inländischen Hochspannungsnetzes an das Hochvoltnetz von Frankreich, einer Verstärkung des Exportes nach Holland und Luxemburg und einer Stromverbindung mit Deutschland, rechnen. Die belgischen Kraftzentren sind sicher geeignet, ein wichtiges Ausgleichsreservoir für Westeuropa darzustellen.

Der Wunsch Belgiens, sich einem europäischen elektrischen Verbundnetz anschließen zu können, kommt in fast allen Besprechungen über diese Probleme zum Ausdruck. Auch im Völkerbund hat es den Versuch gemacht, eine entscheidende Lösung in dieser Frage herbeizuführen, jedoch bisher ohne größere Erfolge.

Luxemburg.

Die geographische Lage hat das Großherzogtum Luxemburg zu einem wichtigen Transitland für den Stromaustausch zwischen Belgien und Frankreich gemacht. Mit den genannten Staaten ist Luxemburg seit 1928 stromwirtschaftlich verbunden. Für die im Südwesten liegenden Eisen- und Stahlhüttenwerke hat sich der Energieverkehr sowohl mit Belgien, als auch mit Frankreich als sehr vorteilhaft erwiesen. Von Belgien wird in der Hauptsache Strom importiert, während nach Frankreich größere Mengen (1929: 1,8 bis 2 Mio kWh) elektrischer Energie exportiert werden.

Die von **Belgien** (Aubange) kommende 70 kV - Leitung ist eine reine Austauschlinie, an die die Zentralen der Société Anonyme Ougrée—Marihaye in Rodange angeschlossen sind. Die zweite — 15 kV-Verbindung beliefert die elektrischen Zentralen der Hochofen und Stahlwerke-Gesellschaft in Steinfurt.

Die Stromversorgung Luxemburgs ist staatlich. Ein großer Teil der elektrischen Energie wird in den Zentralen der Hüttenwerke erzeugt. Am 11. April 1927 wurde, um die Versorgung im großen durchführen zu können, ein Vertrag mit luxemburgischen, belgischen und französischen — insgesamt 8 — Elektrizitätsunternehmungen abgeschlossen. Von der Gesamtleitung der daran beteiligten Werke befinden sich 96 000 kW in Luxemburg und 106 000 kW in Frankreich.[1]) Die führende Rolle in diesem Stromkonzern hat die: „Aciéries Rémnes de Burbach-Eich-Dudelange“ (Arbed). Neben diesem Unternehmen sind noch als einflußreiche Elektrizitätsgesellschaften Luxemburgs zu nennen die „Compagnie Grand-Ducale D'Elektricité Du Luxembourg“ in Luxemburg und die „Société de Transport d'Energie Electrique du Grand-Duché de Luxemburg“ (Sotel). Die letztere hat besondere Bedeutung für den Stromaustausch mit Frankreich.

[1]) Vgl. E. Génissieu, a. a. O. Seite 116.

Diesem Austausch dienen drei Hochspannungsleitungen:

Kupplungsstelle

Luxemburg:	Frankreich:	Spannung Volt
1. Rodange (Hüttenwerk) — — — —	„La Chiers" (Hüttenwerk)	65 000
2. Differdange (Verteilungsposten „Sotel") — —	Poste de la Douane	65 000
3. Differdange/Esch (Verteilungsposten „Sotel") — —	Ottange	65 000

Um die direkte Stromversorgung einiger östlicher Grenzgemeinden Luxemburgs durchführen zu können, fand schon lange vor Entstehung des Stromaustausches mit Belgien und Frankreich Stromgrenzimport (Jahresdurchschnitt ca. 80 bis 90 000 kWh aus **Deutschland**[2]) statt.

Die Entwicklung des Stromaustausches mit Frankreich gab gleichzeitig auch der Stromversorgung im Inlande eine grundlegende Neugestaltung. So erwarb, unter Beteiligung des Staates, durch das Gesetz vom 4. 1. 1928 eine französische Gesellschaft die Konzession für die luxemburgische Stromversorgung. Die Stromlieferung an diese neugegründete Energieversorgungsgesellschaft liegt in Händen der „Arbed".

Für den zwischenstaatlichen Stromaustausch ist vor allem maßgebend das Gesetz vom 2. II. 1924 betreffend die Verteilungsanlagen elektrischer Energie im Großherzogtum Luxemburg. Art. 2 (Abs. d) dieses Gesetzes unterwirft den Stromverkauf nach dem Auslande der Genehmigung der Regierung. Ferner findet das ausschließliche Benutzungsrecht des Staats- und Gemeindeeigentums zur Übertragung und Verteilung elektrischer Energie keine Anwendung auf (Abs. c) Durchgangsleitungen, welche die elektrische Energie nur transitweise durch das Gebiet des Großherzogtums weiterleiten; — auf (Abs. d) Leitungen zur Übertragung elektrischer Energie nach dem Auslande.[3])

Für das Großherzogtum Luxemburg ist die fortschreitende Entwicklung und Rationalisierung der belgischen und französischen Elektrizitätswirtschaft gleichbedeutend mit dem Fortschreiten der Elektrifizierung im eigenen Lande. Der Austauschverkehr mit Bellien und Frankreich hat jedenfalls befruchtend auf die gesamte elektrizitätswirtschaftliche Entwicklung Luxemburgs eingewirkt und wird auch in Zukunft wirtschaftlichen Nutzen bringen können.

Dem deutschen Einfluß, der im Hinblick auf die Stromwirtschaft kaum nennenswert erscheint, hat die projektierte Our-Talsperre neue Entwicklungswege geöffnet. Da die Durchführung bzw. Verwirklichung dieses Projektes durchaus nicht utopisch ist, kann sich

---

[2]) Vgl. Deutschland, Seite 62.

[3]) Vgl. Memorial des Großherzogtums Luxemburg, Nr. 5, vom 7. Febr. 1924.

auch im Osten Luxemburgs eine wichtige überstaatliche Kupplung vollziehen, die Deutschland — das rheinisch-westfälsiche Industriezentrum — mit Belgien und Frankreich verbindet. Auch hier eine jener Kupplungsmöglichkeiten, die Aussicht haben, allgemeinen wirtschaftlichen Erfolg zu bringen. Bei der elektrizitätswirtschaftlichen Untersuchung verschwinden Luxemburgs Grenzen allmählich immer mehr infolge der starken Verflechtung, vor allem mit dem belgischen und französischen Hochspannungsnetz.

Schlußgedanken.

Die Untersuchung der Entwicklung des zwischenstaatlichen elektrischen Energieverkehrs in Europa hat uns gezeigt, daß die Bedeutung desselben für die Volkswirtschaften der beteiligten Länder doch weit größer ist, als vielfach angenommen wurde. Für die Schweiz, Österreich und einzelne Wirtschaftsteile anderer Staaten ist er zum lebensnotwendigen Element geworden. In vielen Fällen bietet er willkommene wirtschaftliche Erleichterungen und vermag für die Elektrizitätswirtschaft dieser Staaten eine Hilfskraft darzustellen, die man schon aus praktischen Gründen nicht zurückweisen wird. Aus den kleinen Anfängen des Grenzaustausches wurden die großen zwischenstaatlichen Bindungen der modernen Entwicklung, ja darüber hinaus beschäftigt heute das Problem der überstaatlichen Verbundwirtschaft die Großzahl der Wirtschaftler und Techniker. Gespannt dürfen wir der nächsten Zukunft entgegensehen, was sich aus dem Wettstreit um die wirtschaftliche Lösung solcher Pläne herauskristallisieren wird. Die Meinungen über den Erfolg eines solchen elektrischen Paneuropaprojektes gehen sehr weit auseinander, was am besten die Beurteilung des Vorschlages zur Schaffung eines europäischen Großkraftnetzes von

Gesamt-Ein- und -Ausfuhr

von elektrischem Strom aller am zwischenstaatlichen elektrischen Energieverkehr beteiligten europäischen Staaten, sowie von U.S.A. und Canada, als größtes außereuropäisches Austauschland:

Europa:	Export 1925	Import 1925	Export 1926	Import 1926	Export 1927	Import 1927
Belgien	—	0,020	—	0,020	—	0,020
Dänemark	—	16,188	—	17,200	—	58,200
Deutschland	90,000	307,000	124,000	206,000	179,000	268,000
Finnland	—	0,020	—	0,025	—	0,040
Frankreich	85,000	353,000	84,000	455,000	111,000	527,000
Holland	0,025	2,580	0,043	2,840	0,036	3,300
Italien	—	170,000	—	226,000	—	210,000
Liechtenstein	—	0,125	—	0,200	—	0,300
Luxemburg	—	0,052	—	0,055	—	0,062
Norwegen	—	10,000	—	11,500	—	12,000
Österreich	20,928	0,565	24,550	0,272	47,300	0,420
Polen	1,440	11,490	0,830	10,820	11,130	63,155
Schweden	26,000	—	28,500	—	70,000	—
Schweiz	654,000	33,000	913,000	87,000	1028,000	76,000
Tschechoslowakei	0,005	18,307	0,005	16,956	0,604	17,518
Amerika:						
U.S.A.	—	1239,000	—	1359,000	—	1609,000
Canada [1])	1239,000	—	1359,000	—	1609,000	—

[1]) s. S. 158.

Europa:	Export 1928	Import 1928	Export 1929	Import 1929	Export 1930	Import 1930
Belgien	8,900	0,050	26,500	0,500	28,000	1,200
Dänemark	—	44,000	—	28,000	6,000	52,000
Deutchland	183,000	293,000	180,000	404,000	205,000	416,000
Finnland	—	0,100	—	0,120	—	0,199
Frankreich	131,000	574,000	165,000	632,000	168,000	657,000
Holland	0,034	5,915	0,037	21,765	0,037	22,900
Italien	—	242,000	150,000	260,000	250,000	175,000
Liechtenstein	—	0,090	—	0,100	—	0,100
Luxemburg	1,700	1,300 *)	1,900	1,500 *)	2,100	1,900 *)
Norwegen	—	13,000	—	17,000	—	16,000
Österreich	99,825	0,909	134,030	3,226	145,417	1,150 *)
Polen	3,375	53,395	2,687	51,778	2,700 *)	52,000 *)
Schweden	56,500	—	45,200	—	102,000	—
Schweiz	1107,000	107,000	1059,000	284,000	1021,000	423,000
Tschechoslowakei	0,042	18,062	0,022	20,000	0,020	20,000
Amerika:						
U.S.A.	—	1675,000	—	1604,000	—	1497,000
Canada [1])	1675,000	—	1604,000	—	1497,000	—

Anmerkung: Alle Zahlen in Millionen kWh.
*) geschätzt! [1]) Canada Yearbook 1931, Ottawa.

Dr. Ing. Oskar Oliven, bewiesen hat. Bei den Anhängern der europäischen Elektrizitätsverbundwirtschaft fand dieser Vorschlag großen Anklang, auf der anderen Seite wurde er als ein rein technisches Großprojekt bezeichnet, für dessen Durchführung die dazu unbedingt notwendigen wirtschaftlichen Voraussetzungen heute fehlen. Volkswirtschaftliche Überlegungen werden auch wohl den Gegnern dieses Planes recht geben müssen, da seine ursprüngliche Form der organischen Entwicklung der europäischen Elektrizitätswirtschaften zuwider laufen dürfte. Mit der Aufstellung großer Nord-, Süd- und Ost-Westleitungen, die unter Berücksichtigung des unterschiedlichen Sonnenaufganges den europäischen Leistungsausgleich herbeiführen sollen, wird es große Schwierigkeiten haben, zumal hierbei die Konsumschwerpunkte nicht so glücklich verbunden wurden, wie dies z. B. Oskar v. Miller in seinem Reichselektrifizierungsplan für Deutschland gelungen sein dürfte. Abgesehen von anderen Hindernissen, wie z. B. der Kapitalbeschaffung, werden die bei solchen Entfernungen auftretenden großen Spannungsverluste die Billigkeit der Versorgung in Frage stellen. Andererseits muß bei solch' großen Verbundprojekten doch daran erinnert werden, daß der elektrische Strom, wenn schon als Handelsgut bezeichnet, ein solches besonderer Art darstellt, dessen Austausch einschneidendere Handlungen verursacht, als dies beim gewöhnlichen internationalen Güteraustausch der Fall ist. Damit soll durchaus nicht gegen den internationalen Stromaustausch gesprochen werden, wohl aber gegen die Errichtung großer paneuropäischer Hochvoltleitungen, die ihren Daseinszweck nicht erfüllen können. Bei der Betrachtung der einzelnen Staaten können wir feststellen, daß man augenblicklich den innerstaatlichen Ausbau der Elektrizitätswirtschaft zu fördern sucht. Das ist zweifellos bei dem heutigen Stand der Elektrizitätswirtschaften zu begrüßen und die Konzentration auf die zweckmäßige Verwertung der inneren Kräfte, sowie die Beseitigung anderer Mängel durch eine straffe Organisation, dürfte den europäischen Volkswirtschaften weit nützlicher sein, als die Befassung mit Plänen, die mehr oder weniger eine Utopie bleiben. Wer weiß, ob nicht eines Tages ganz andere Mittel zur Gewinnung der elektrischen Energie und Fortleitung derselben verwendet werden können?

Heute spielt ja die Gewinnung der Elektrizität aus der Luft noch so viel wie gar keine Rolle, doch hat man erst vor kurzem feststellen können, daß auch hierin Fortschritte erzielt werden, wie dies, um ein Beispiel zu nennen, das neue Luftelektrizitätsgewinnungsprojekt von Ingenieur H o n n e f bewiesen hat. Sollte nicht doch noch die Zeit kommen, da man elektrische Energie, ohne teure Hochspannungsleitungen errichten zu müssen, nach ihrem Bestimmungsort leiten kann?

Andererseits haben auch die Abschlußtendenzen, die bei einzelnen Staaten in elektrizitätswirtschaftlicher Hinsicht festgestellt werden können, keinen Sinn, denn wie schon oftmals betont, darf nicht allein der innerstaatliche Ausbau der Elektrizitätswirtschaften verfolgt, sondern es müssen auch Austausch- und Ausgleichsmöglichkeiten mit anderen Staaten zu Gunsten der heimischen Wirtschaft ausgenützt werden. Ein gemeinsames Vorgehen in dieser Richtung wird dann auch zu überstaatlichen Verbindungen führen, wie wir diese schon bei einzelnen Staaten gesehen haben. Diese werden dann ein europäisches Verbundnetz darstellen, das aber im Gegensatz zu den vorgeschlagenen paneuropäischen Netzen sich aus natürlichen, wirtschaftlichen Forderungen herausentwickelt hat.

Wünschen wir es, daß alle guten Kräfte hier aufs engste zusammenarbeiten, stets daran denkend, daß allein nur uneingeschränkte Freiheit die gesunde wirtschaftliche Entwicklung fördern kann. Weder staatliche Zwangsmaßnahmen, noch persönlicher Egoismus einzelner Unternehmer können hier Gutes schaffen. Mehr denn je erfordert es die Zeit, daß gerade auf diesem Gebiet das Gemeinwohl vor dem Eigennutz geht. Die hehrste Aufgabe wird es wohl sein, die besten Kräfte eines Volkes zum Dienste am Ganzen, an der Gemeinwirtschaft, auch in elektrizitätswirtschaftlicher Richtung zusammenzufassen. Gerade jetzt, wo wir am Eingang einer neuen Entwicklungsperiode stehen, ist es erforderlich, wenn sich auf diesem Gebiete, bewußt oder unbewußt, bereits kleinere oder größere Gruppen zusammenfinden, um ersprießliche Aufbauarbeit zum Wohle des Einzelnen und der gesamten Menschheit zu leisten.

Verzeichnis der gebrauchten Abkürzungen:

Mio = Million, -en
Mia = Milliarde, -en
kW = Kilowatt = 1000 Watt
kWh = Kilowattstunde
kV = Kilovolt = 1000 Volt
WE = Wärmeeinheit, -en

Literatur-Verzeichnis.

Darstellungen:

„Aus der deutschen Elektrizitätswirtschaft“ E. T. Z. 52. Jahrg. Nr. 26, 25. 6. 1931, S. 850, unter „Energiewirtschaft“.
„Ausfuhr elektrischer Energie“ aus „Bulletin“ XXI. Jahrg. Nr. 12, 20. 6. 1930, S. 407.
„Aussichten der deutschen Elektrizitätswirtschaft“ aus „Wirtschaftsdienst“ 1929, Heft 39.
Bauer B. und E. Dünner: Die jüngste Entwicklung der Energieerzeugung und Energieverteilung in der Schweiz, Weltkraftkonferenz - Berichte, Berlin 1930.
Baumerich R.: Badische Elektrizitätswirtschaft, Osram-Nachrichten 1931.
Bayernwerk; zur einheitlichen Versorgung des rechtsrheinischen Bayerns mit Elektrizität, 1918.
Beck: Österreichs zukünftige Energiewirtschaft, E. T. Z. 52. Jahrg., 1. Heft.
Belastungs- und Stromtarife: Zeitschrift des Vereines deutscher Ingenieure, Band 74, Nr. 29, 19. 7. 30, S. 1022.
Bendheim Erich: La production et la distribution de Electricité en Belgique, Brüssel 1931,
Bulletin des schweizerischen Elektrotechnischen Vereins, Jahrg. 22, Heft 3, 1931.
„ do. Extrait du Bulletin d l'Institut des Sciences Economiques, 2. Jahrg., Nr. 3, Mai 1931.
Biehl Max: Frankreichs Elektrizitätswirtschaft, Berlin 1929, Wirtschaftsdienst Heft 32/37, 1929.
Böhm Otto: Oliven's Elektro-Paneuropa auf der Weltkraftkonferenz, Ingenieurzeitschrift, 10. Jahrg., Heft 14, 1930.
Boye R.: Deutsche und amerikanische Elektrizitätswirtschaft, Berlin 1930, Wirtschaftsdienst 15. Jahrg., Heft 50, Seite 2136, Hamburg 1930.
„ Zur Frage der deutschen Stromkosten, 1931.
Brennstoff-, Kraft- und Wärmewirtschaft in einzelnen Ländern, Gesamtbericht, Zweite Weltkraftkonferenz, Band VI.
Büggeln Heinrich: Die Entwicklung der öffentlichen Elektrizitätswirtschaft in Deutschland 1930.
Buschardt Ernst: Ein elektrisches Paneuropa? (Grandiose Pläne der europäischen Elektrizitätsindustrie) Nürnberger Zeitung vom 3. März 1931.
„Das Vermuntwerk“ V. D. I.-Nachrichten, 11. Jahrg., 8. 7. 1931, Nr. 2, S. 27.
Dehne Gerh.: Deutschlands Großkraftversorgung, 1928.
„ Europäische Elektrizitätswirtschaft, Osram-Nachrichten, Jahrg. 13, Nr. 1, Berlin, 1. 1. 1931.
Descovich Emo: Die Energieversorgung Östereichs. V. D. I.-Nachr., 15. 10. 1930.
„Die deutsche Ein- und Ausfuhr von elektrischem Strom“ 1929, aus Wirtschaft und Statistik, 2. Juni 1930.

„Die deutsche Elektrizitätsversorgung" herausgegeben vom Vorstand des deutschen Metallarbeiter-Verbandes.
„Die deutsche Elektrizitätswirtschaft" Verhandlungen und Berichte des Unterausschusses für Gewerbe, Industrie, Handel und Handwerk (III. Unterausschuß) Ausschuß zur Untersuchung der Erzeugung und Absatzbedingungen der deutschen Wirtschaft, 1930.
„Die deutsche Elektrizitätswirtschaft im Jahre 1929" Wirtschaft und Statistik, Heft 12, Jahrg. 10, 2. 6. 1930.
„Die Elektrizitätserzeugung der Erde" aus „Spannung", Jahrg. 4, Nr. 5, Febr. 1931.
„Die Elektrizitätversorgung Italiens im Jahre 1929" E. T. Z., 52. Jahrg., Heft 15, 9. April 1931, S. 482, unter „Energiewirtschaft".
„Die Energieerzeugung der Kraftwerke und der Fremdstrombezug der Schweizerischen Bundesbahnen, sowie Fortschrift der Elektrifizierungsarbeiten im Jahre 1929", Bulletin, Jahrg. XXI, Nr. 7, 14. 4. 1930, Seite 248.
„Die Entwicklung der spanischen Elektrizitätswirtschaft im Jahre 1930" aus „Elektrizitätsverwertung", Jahrg. 6, Nr. 3, Juni 1931, S. 78.
„Die Erzeugung elektrischer Energie und die in den elektrischen Anlagen investierten Gelder in den wichtigsten Ländern der Erde", Bulletin, Jahrgang XXI, Nr. 14, 20. 7. 1930, S. 480.
„Die Großkraftversorgung Europas", V. D. I.-Nachrichten Bd. 75, Nr. 17, Berlin, 25. 4. 31.
„Die Wasserkraftnutzung und Elektrizitätserzeugung der Schweiz", Elektrizitätswirtschaft, August 1929, S. 419.
Die Weltkraftkonferenz: Der deutsche Volkswirt, Sonderbeilage zu Nr. 37 vom 13. 6. 1930.
Dohrn Klaus: Internationaler elektrischer Stromaustausch, E. T. Z. 1930, Nr. 47, S. 1607.
Dorth O.: Entwicklungen in der deutschen Elektrizitätswirtschaft während der letzten Jahre, „Elektrizitätswirtschaft" Nr. 517, S. 513, September 1930.
Edwards: Zwischenstaatliche Energiewirtschaft, Berlin 1920, Deutsche Wirtschaftszeitung, XVI. Jahrg., Nr. 23.
„Elektrische Vollbahnen der Erde" V. D. I.-Nachr., 11. Jahrg., Berlin, 29. 7. 1931, Nr. 30, S. 1.
„Elektrizitätswirtschaft" aus Bulletin, XXI. Jahrg., Nr. 12, v. 20. 6. 30, S. 407.
„Elektrotagung" V.D.I.-Nachrichten, 11. Jahrg., 8. 7. 1931, Nr. 2, Seite 3.
„Energie-Bibliographie" V. D. I.-Nachr. vom 27. 5. 1931, Nr. 21, 11. Jahrg.
Fehr E.: Energiewirtschaft und Recht in der Schweiz, Zweite Weltkraftkonferenz 1930, Section 25, Bericht 228.
Fischer R.: Elektrizitätswirtschaft, 1928.
Flemmig W.: Moderne Probleme der internationalen Elektrizitätswirtschaft, „Technik und Kultur", Heft 6, 21. Jahrg., Berlin, Juni 1930.
„Frankreichs Elektrizitätswirtschaft" V. D. I.-Nachr., 11. Jahrgang, Berlin, 29. 7. 1931, Nr. 30, S. 14.
Friedrich A.: Der Haushalt als elektrizitätswirtschaftlicher Faktor, Entwicklungstendenzen in verschiedenen Ländern, „Elektrizitätswirtschaft", Jahrgang XXIX, Dezember 1930, Nr. 523, Seite 699.
„ Aussichten der deutschen Elektrizitätswirtschaft, Wirtschaftsdienst, Heft 39, 1929.
„ Fragen des internationalen Stromaustausches, Wirtschaftsdienst, Heft 4, XIV. Jahrgang, 1929.
Ganguilett O.: Statistik über die Energieproduktion schweizerischer Kraftwerke von mehr als 1000 kW (für die Zeit vom 1. Okt. 1929 bis 30. Sept. 1930), Bulletin, Jahrg. XXI, Nr. 23, 5. Dez. 1930, S. 753.
Génissieu E.: L'exportation et l'importation de l'énergie électrique, Le Journal des Electriciens, 8. Jahrg., Nr. 82, 83 und 84.
Gerbel M.: Österreichische Energiewirtschaft in Vergangenheit, Gegenwart und Zukunft.
Haas Robert: Der Kraftwirt, V. D. I.-Nachr., Nr. 52.
„ Deutsche Stromwirtschaft, E. T. Z., Heft 19, Seite 666, Mai 1930.

Haidegger: Die Energiebilanz und ihre Gestaltung in den Staaten Mitteleuropas, Weltkraftkonferenzbericht Bd. 6, Nr. 386.
Halbfaß Wilh.: Grundlagen der Wasserwirtschaft 1921.
Hallinger Johann: Die weitere Entwicklung der Elektrizitätsversorgung in Vorarlberg, 1918.
Hruschka A.: Die Weltkraftkonferenz - Sondertagung Barcelona 1929, Wasserkraft und Wasserwirtschaft, 25. Jahrg., 3. Heft, S. 32, München, 1. Febr. 1930; 5. Heft, S. 50, München, 1. März 1930; 6. Heft, S. 66, München, 15. März 1930.
Hiltner: Die deutschen Wasserkräfte, Wasserkraft und Wasserwirtschaft, 26. Jahrgang, 2. Heft, Seite 16, 15. Januar 1931; 3. Heft, Seite 25, 1. Febr. 1931.
Hofbauer Richard: Österreichs zukünftige Energiewirtschaft, Veröffentlichung vom Österreichischen Kuratorium für Wirtschaftlichkeit, Wien 1930.
„Industrielle Produktionsstatistik", Sonderhefte zu Wirtschaft und Statistik, Nr. 4, 1928.
Kievewetter B.: Die Gruppierung der italienischen Elektroindustrie, Wirtschaftsdienst 1931, II.
„Klärung der Elektrizitätsfrage in Österreich", Elektrojournal 1928, Heft 17.
Klein M.: Elektrizität in Elsaß-Lothringen, E. T. Z. 1930, Nr. 46.
Koepchen A.: Das RWE in der deutschen Elektrizitätswirtschaft, E. T. Z., Heft 49, Dezember 1930.
Krohne Erich: Die wirtschaftliche Erzeugung der elektrischen Spitzenkraft in Großstädten, unter besonderer Berücksichtigung der Fortleistungskosten, Berlin 1929.
Kromer: Betrachtungen über die Wirtschaftlichkeit neuzeitlicher Kraftwerke, Technik und Wirtschaft, 1931, Heft 2.
Kvetensky A.: Verwertungsmöglichkeiten der Waserkraftenergien Österreichs, Elektro-Journal, Nr. 12, Juni 1928.
Legge Joseph: Grundsätzliches u. Tatsächliches zu den Elektrizitätswirtschaften in Europa, Dortmund 1931.
Leiße: Die Energiewirtschaft der Welt in Zahlen, Vierteljahreshefte zur Konjunkturforschung, Berlin 1930.
Linke Felix: Probleme der Energieversorgung, aus Zeitschrift „Energie", Heft 11, 1930.
Ludin Adolf: Die nordischen Wasserkräfte, 1930.
Mayer H.: Spitzendeckung in Dampfkraftwerken, BBC-Nachr., Jahrg. 17, Heft 6, Nov./Dez. 1930, S. 289.
Menge A.: Neuzeitliche Aufgaben der elektrischen Großversorgung, Sonderabdruck des Vereines deutscher Ingenieure, Band 74, Nr. 24, S. 837, 1930.
Miller Osk. v.: Die einheitliche Elektrizitätsversorgung des Deutschen Reiches, Vortrag, gehalten im Bayerischen Industriellenverband am 29. 10. 1930; Veröffentlichungen des B. I. V. Nr. 10, Dezember 1930.
„ Gutachten über die Reichselektrizitätsversorgung 1930.
Mörtzsch Fr.: Elektrifizierung der deutschen Landwirtschaft nach dem Stand vom Jahre 1928, „Elektrizitätswirtschaft", Jahrg. XXIX, Nr. 517, Seite 523, September 1930.
Momber: Die Zweite Weltkraftkonferenz Berlin 1930, „Wasserkraft und Wasserwirtschaft", 25. Jahrg., 16. Heft, München, 15. Aug. 1930. S. 197; 22. Heft, München und Berlin, 15. Nov. 1930, S. 286; 18. Heft, München, 15. Sept., 1930, S. 246; 19. Heft, München, 1. Okt. 1930, S. 255.
Musil Ludwig: Das Zusammenarbeiten von Dampf- und Wassserkraftwerken in großen Versorgungsnetzen, E. T. Z., 13. Heft, 52. Jahrgang, Seite 406, 26. März 1931.
„ Die Wirtschaftlichkeit der Energiespeicherung für Elektrizitätswerke, 1930.
Netoliczka W.: Die Weltkraftkonferenz in Tokio 1929, „Wasserkraft und Wasserwirtschaft", 25. Jahrg., 14. Heft, München, 15. Juli 1930, Seite 178.
Niemann Paul: Die zukünftige Gestaltung der deutschen Elektrizitätswirtschaft, REA., 29. Jahrg., 5. Heft, 15. Mai 1931, Seite 53.

Oliven Oskar: (Deutschland) Europas Großkraftlinien, Vorschlag eines europäischen Großkraftnetzes, Gesamtbericht Zweite Weltkraftkonferenz, Berlin 1930, Vol. XIX, Allgemeine Hauptvorträge.

Ornig J.: Oskar v. Miller's Reichsversorgungsplan und Österreich, Prag E. T. Z., Heft 4, 1931.

„Perspektiven der Elektrifizierung" aus: Sowjetwirtschaft und Außenhandel, April 1931, Nr. 82.

Petzall Erwin: Elektrifizierungspläne in Polen, Elektro-Journal 1930, Heft 21.

Piedrod A.: Die Elektrizitätserzeugung der Erde, Zeitschrift „Spannung", Februar 1931, Jahrg. 4, Nr. 5.

Plaßmann: Die Tarifsenkung der Elektrizität im Lichte kultureller Entwicklung (1930).

„Probleme der Stromversorgung" aus: Elektrizitätsverwertung, Jahrg. 6, Nr. 3, Juni 1931, Seite 73.

Radt M.: Die Elektrizitätsgesetzgebung als Kulturproblem, „Spannung" (Die AEG-Umschau) Jahrg. 4, Nr. 12, Berlin September 1931, Seite 275.

Rehmer und Rühle: Zur Großfernversorgung, VDI-Nachr. vom 30. 7. 1930, 10. Jahrgang, Nr. 31.

Reindl C.: Aktuelle Fragen der Elektrizitätswirtschaft, E. T. Z., 52. Jahrg., Nr. 26, 25. 6. 1931, Seite 840.

Reismann Otto: Reichselektrizitätsversorgung, ein großer Plan Oskar v. Miller's, Bayerische Industrie- und Handelszeitung, 60. Jahrgang, Nr. 13, München, 1. 4. 1930, S. 207, „Wasserkraft und Wasserstraßen" (monatliche Beilage).

Reuter Fritz: Die deutsche Elektrizitätswirtschaft und ihre Konzentrationsbewegung „Technik und Kultur", 21. Jahrg., Heft 12, Dezember 1930.

Rosental W.: Polens Elektrizitätswirtschaft 1926/27, ETZ., Heft 41, 1930.

Roth P.: Elektrischer Betrieb auf Nebenbahnen und nebenbahnähnlichen Kleinbahnen, VDI., Bd. 75, Berlin 20. 6. 1931, Nr. 25.

Rüdenberg R. und Mitarbeiter: Elektrische Probleme der Energieübertragung aus großer Entfernung, Zweite Weltkraftkonferenz 1930 Berlin, Section 20, Bericht 39.

„Rußlands neuer Fünfjahresplan für Elektrizität" VDI.-Nachr., 11. Jahrg., Nr. 32, Berlin, 12. 8. 1931, Deutschland.

Schmitthenner: Kraftübertragung von Norwegen nach Deutschland, „Wasserkraft und Wasserwirtschaft", 25. Jahrg, 1930, S. 105.

Schneider R.: Probleme der wirtschaftlichen Kupplung von Kraftversorgungsgebieten, do., 9. Heft, Seite 102, München, 1. 5. 1930; 10. Heft, Seite 114, München, 15. 5. 1930; 11. Heft, Seite 126, München, 1. 6. 1930.

Schönberg A.: Die Kosten der Wärmestromverteilung, Sonderdruck aus dem Fachheft: Elektrowärme, Februar 1930.

„ Über den Einfluß der Wärmestromverteilung auf die Belastungsverhältnisse der Elektrizitätswerke, Elektrizitätswirtschaft (Sonderdruck aus den Mitteilungen der VDEW), Nr. 516, September 1930.

Schönberg/Glunk: Landeselektrizitätswerke, München und Berlin, 1926.

Schütz Edmund: Paneuropäische Elektrizitätswirtschaft? REA (Der elektrische Betrieb), 28. Jahrg., Heft 12, 15, Dezember 1930.

Schultze: Eigene Krafterzeugung oder Strombezug? ETZ., Heft 10, März 1930.

Schwarz, Goldschmidt & Co.: Aufbau und Entwicklungsmöglichkeiten der europäischen Elektrizitätswirtschaft, 1928.

Schwoner Alfred: Außenhandel mit elektrischem Strom, Der Deutsche Volkswirt, III. Jahrg., Nr. 25, 22. März 1922.

Siegel G.: (Deutschland) Wesen, Umfang und Wert der Betätigung öffentlicher Organe im Hinblick auf den Aufbau der Elektrizitätswirtschaft, Weltkraftkonferenzbericht Nr. 54, Section 25.

„ Die Elektrizitätsgesetzgebung der Kulturländer der Erde, Berlin 1930. VDI.-Verlag. Bd. I und II.

„ Rechtsgrundlagen der öffentlichen Elektrizitätswirtschaft in Deutschland, Elektrizitätswirtschaft Nr. 519, S. 589, Oktober 1930.

Silverberg Paul: Fragen der internationalen Kohlen- und Kraftwirtschaft, „Die Wirtschaft und das Recht", 5. Jahrg., Nr. 4, April 1930.

Statistik der Vereinigung der Elektrizitätswerke, Berlin.

Statistik des schweizerischen elektrotechnischen Vereins.

Statistik des Verbandes schweizerischer Elektrizitätswerke über die Energieproduktion, Bulletin, XXI. Jahrg., Nr. 5, S. 180, 5. 3. 1930; Nr. 7, S. 250, 14. 4. 1930; Nr. 9, S. 308, 5. 5. 1930; XXII. Jahrg., Nr. 5, S. 128, 4. 3. 1931; Nr. 7, S. 172, 1. 4. 1931; XXI. Jahrg., Nr. 21, S. 714, 5. 11. 1930; Nr. 23, S. 790, 5. 12. 1930; Nr. 15, S. 506, 5. 8. 1930; Nr. 13, S. 438, 5. 7. 1930, unter „Wirtschaftliche Mitteilungen".

Stern & Aron: Gesetz betreffend die Sozialisierung der Elektrizitätswirtschaft vom 31. Dezember 1919, Berlin 1920.

Streck: Das Energiewirtschaftsproblem in Bayern, Berlin, Julius Springer, 1923.

Trümpy Hans: Ausfuhr elektrischer Energie (Schweiz).

„Wasserkraftwirtschaft und elektrischer Vollbahnbetrieb in den Ostalpen" VDI.-Nachrichten, 11. Jahrg., 8. 7. 1931, Nr. 2, Seite 5.

Werner R.: Fragen aus der neuzeitlichen Elektrizitätswirtschaft, 1928.

Zeitschriften:

AEG-Mitteilungen.

B. B. C.-Nachrichten, Jahrgang 17, Heft 3, Mai/Juni 1930.

Bulletin des schweizerischen elektrotechnischen Vereins, 21./22. Jahrg.

Der deutsche Volkswirt, Zeitschrift für Politik und Wirtschaft, 4. u. 5. Jahrg., Berlin 1930/31.

Der Werbeleiter, Zeitschrift für Dampfkessel und Maschinenbetrieb, 26. Jahrg.

Elektrizitätsverwertung, Internationale Zeitschrift für Elektrizitätverwertung.

Elektrizitätswirtschaft, Oktober 1929, Nr. 493, 1931, Heft 3, S. 57, 2 und 6.

Elektro-Journal.

Energie.

Escher-Wyß-Mitteilungen (Weltkraftkonferenznummer), Jahrgang 3, Nr. 3, Juli-September 1930.

E. T. Z./Elektrotechnische Zeitschrift, Jahrg. 1930/31.

Exposition Internationale de la Grande Industrie, Sciences et Applications art Wallon Ancien. „Participation de L'Union des Exploitations Electriques en Belgique" Liège 1930.

Illustrierte Technik, 9. Jahrg., Heft 4, Stuttgart, 22. Januar 1931.

Ingenieuren-Zeitschrift.

Journal des electriciens, 8. Jahrg., Nr. 82, 83, 84.

Kommersiella Meddelanden, Utgivna av Kommerskollegium, Jahrg. XVIII, Nr. 10, 31. Mai 1931; Nr. 18, 30. Sept. 1931.

Meddelelser fra Norges Vassdrags- og Elektrisitetsvesen, „Teknisk-okonomisk oversikt over Norges Elektrisitetsforsyning for det borgerlige Behov", El. 11, Oslo, 1. Februar 1931.

Osram-Nachrichten.

R. E. A. — Organ des Reichsverbandes der Elektrizitätsabnehmer e. V. Berlin, Zeitschrift für die Wahrnehmung der wirtschaftlichen Belange der Elektrizitätsabnehmer.

Sowjetwirtschaft und Außenhandel, Nr. 82, April 1931, Perspektiven der Elektrifizierung.

Spannung, Die AEG-Umschau.

Technik und Kultur, Zeitschrift des Verbandes deutscher Diplom-Ingenieure.

Technik und Wirtschaft.

V. D. I.-Nachrichten, Mitteilungen des Vereins deutscher Ingenieure.

V. D. I.-Zeitschrift des Vereins deutscher Ingenieure.

Wasserkraft und Wasserwirtschaft.

Wirtschaftliche und sozialstatistische Mitteilungen, gemeinsame Mitteilungen der eidgen. Ämter für Wasserwirtschaft und für Elektrizitätswirtschaft.

Wirtschaftsdienst, Weltwirtschaftliche Nachrichten, XV. Jahrgang.
Wirtschaft und Statistik.

Zeitungen:

Bayerische Industrie- und Handelszeitung, 61. Jahrg., Nr. 1—2, München, 8. Januar 1931

Frankfurter Zeitung, 1. Morgenblatt v. 28. 12. 1929, Abendblatt v. 3. 4. 1930 Nr. 251 und vom 5. 4. 1931 Nr. 252/53.

Münchner Telegrammzeitung Nr. 137 v. 11./12. Juli 1931.

Münchner Zeitung (Wirtschaftszeitung) Nr. 33, v. 3. 2. 1931, „Nach dem Strom die Maschinen" (aus dem Geschäftsbericht der A. E. G.).
„ Nr. 122, S. 13, 4. 5. 1931, „Internationaler Strom in Berlin".
„ Nr. 130, S. 8, 12. 5. 191, „Der bayerische Stromkreis".

Nürnberger Zeitung vom 3. März 1931.

Süddeutsche Sonntagspost, Jahrg. 5, Nr. 18 vom 3. 5. 1931.

Ulmer Lokalanzeiger Nr. 56, 15. April 1931, „Die Elektrizitätsversorgung Württembergs.

Berichte:

„Aus Geschäftsberichten bedeutender schweizerischer Elektrizitätswerke" (Schweiz, Kraftübertragung AG. in Bern, pro 1929), Bulletin, XXI. Jahrg., Nr. 12, 20. 6. 1930, Seite 413.

Bayernwerk A.-G. München, Bericht über das zehnte Geschäftsjahr vom 1. Okt. 1929 bis 30. Sept. 1930.

Weltkraftkonferenzberichte, Berlin, 1930.

Die wichtigsten Hoch
und ihr Zusan

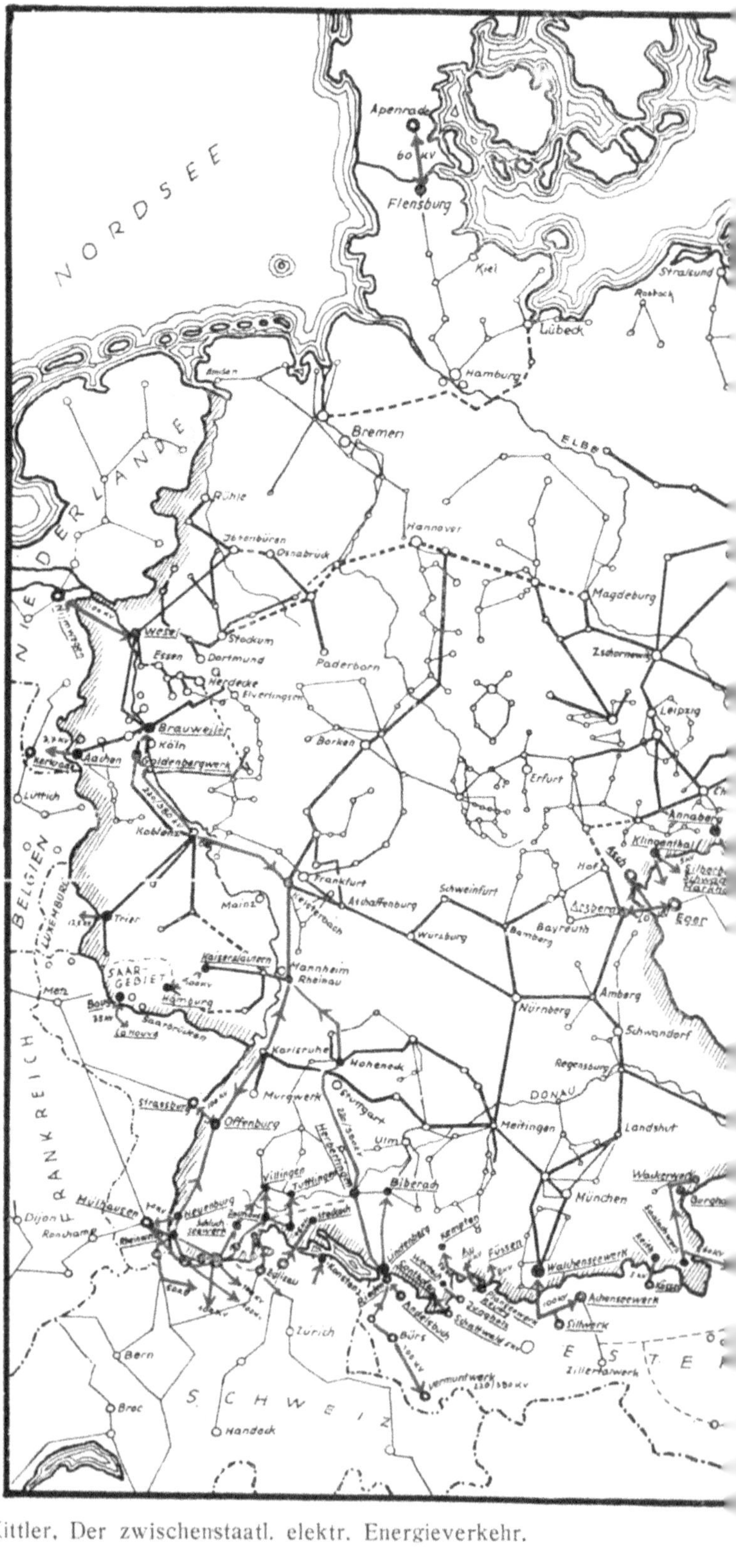

s Deutschen Reiches
em Auslande.

Nachdrucke nur mit Genehmigung des Verfassers.

Das deutsche Hochvoltnetz wurde mit Ausnahme der zwischenstaatlichen Verbindungen der, von der Vereinigung der Elektrizitätswerke e. V. Berlin W 62, Maaßenstraße 9, herausgegebenen Karte: „Hochspannungsleitungen in Deutschland im Jahre 1930" mit Genehmigung der Vereinigung entnommen. Der Verfasser ist für dieses Entgegenkommen zu besonderem Dank verpflichtet.

Die wichtigsten Hochvoltleitun
und ihr Zus

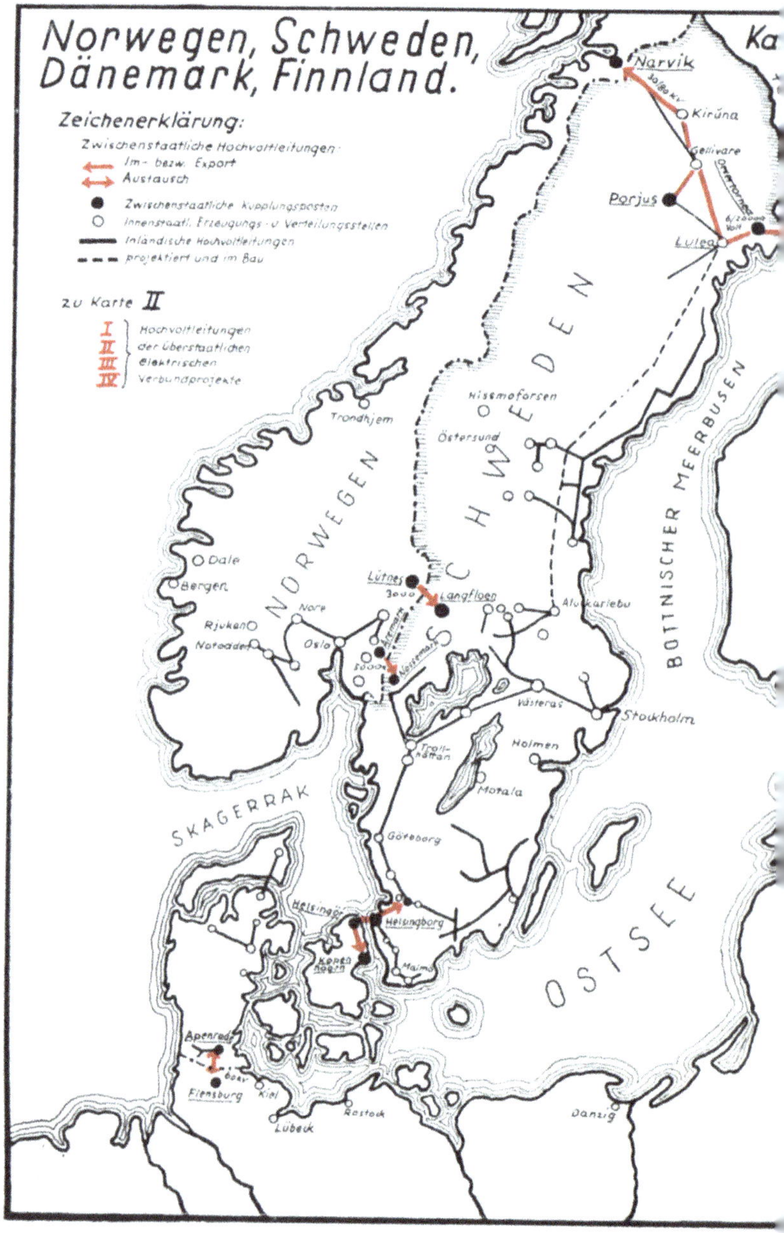

Kittler, Der zwischenstaatl. elektr. Energieverkehr.

Schwedens, Dänemarks, Finnlands
dem Auslande.

Nachdrucke nur mit Genehmigung des Verfassers.

**Die wichtigsten Hochvoltleitungen der Schweiz
und ihr Zusammenhang mit dem Auslande.**

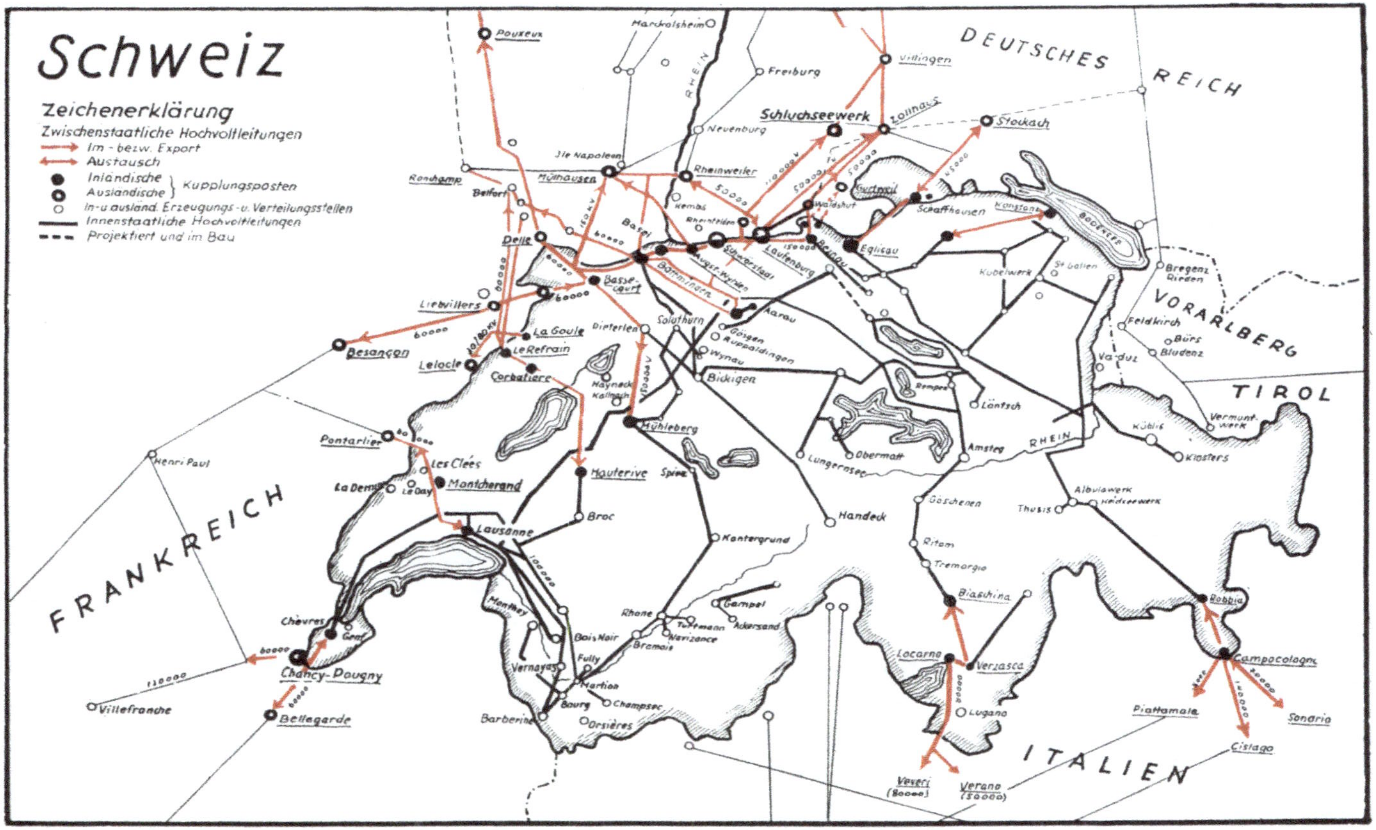

Kittler, Der zwischenstaatl. elektr. Energieverkehr.

Die wichtigsten Hochvoltleitungen Österreichs und ihr Zusammenhang mit dem Auslande.

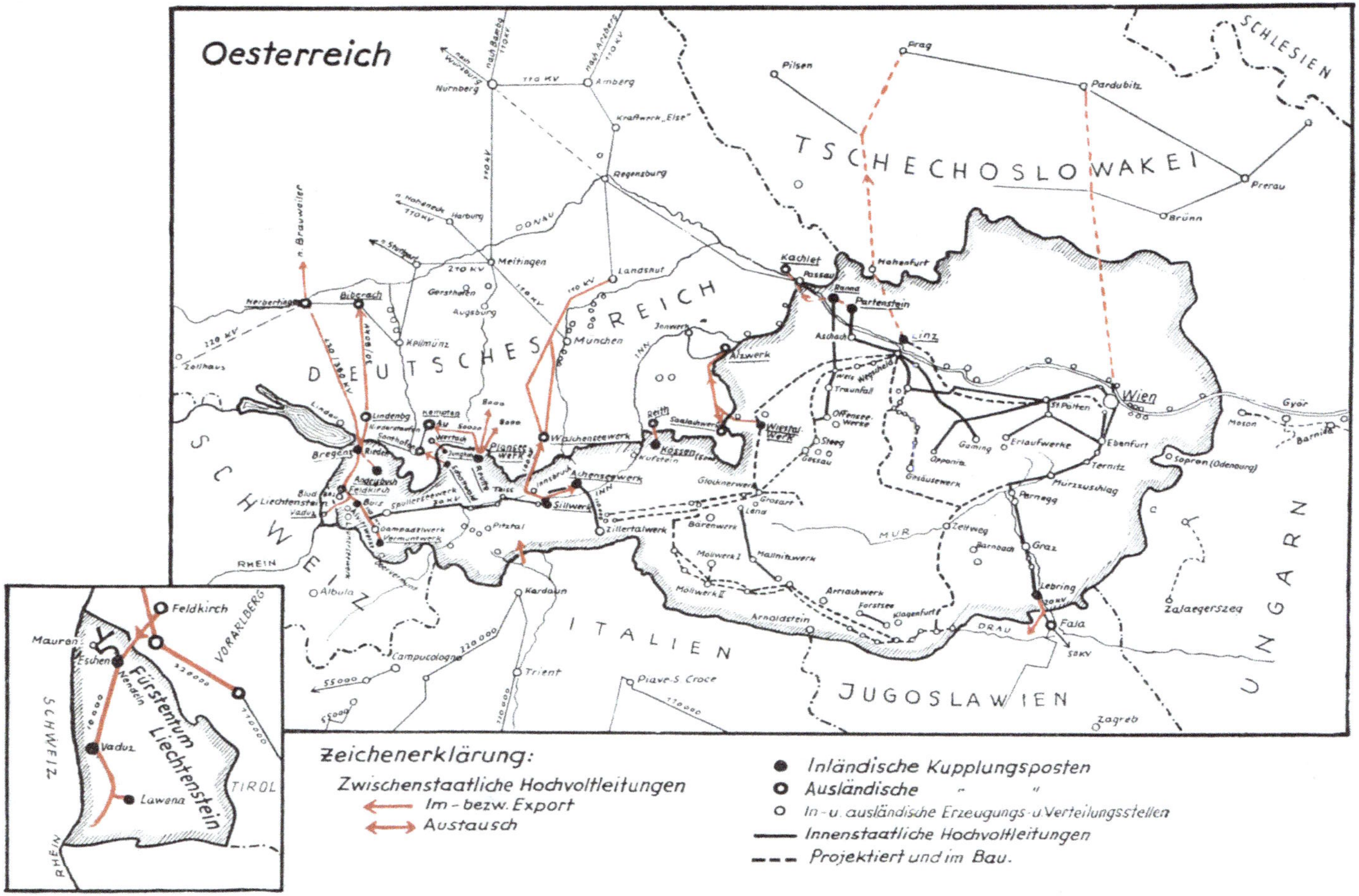

Kittler. Der zwischenstaatl. elektr. Energieverkehr.

Die wichtigsten Hochvoltleitungen Frankreichs und ihr Zusammenhang mit dem Auslande.

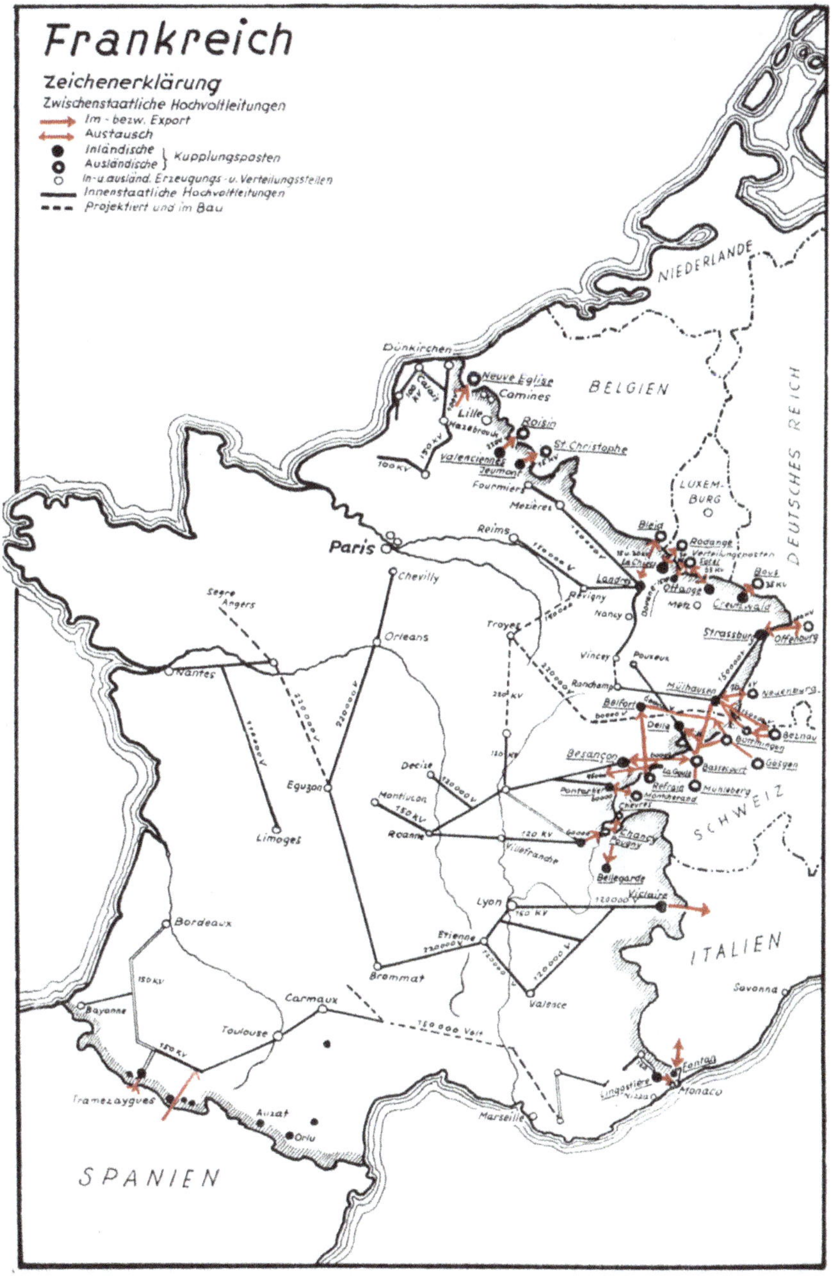

Kittler. Der zwischenstaatl. elektr. Energieverkehr.

Die wichtigsten Hochvoltleitungen Polens und Litauens und ihr Zusammenhang mit dem Auslande.

Kittler, Der zwischenstaatl. elektr. Energieverkehr.

Die wichtigsten Hochvoltleitungen der Tschechoslowakei und ihr Zusammenhang mit dem Auslande.

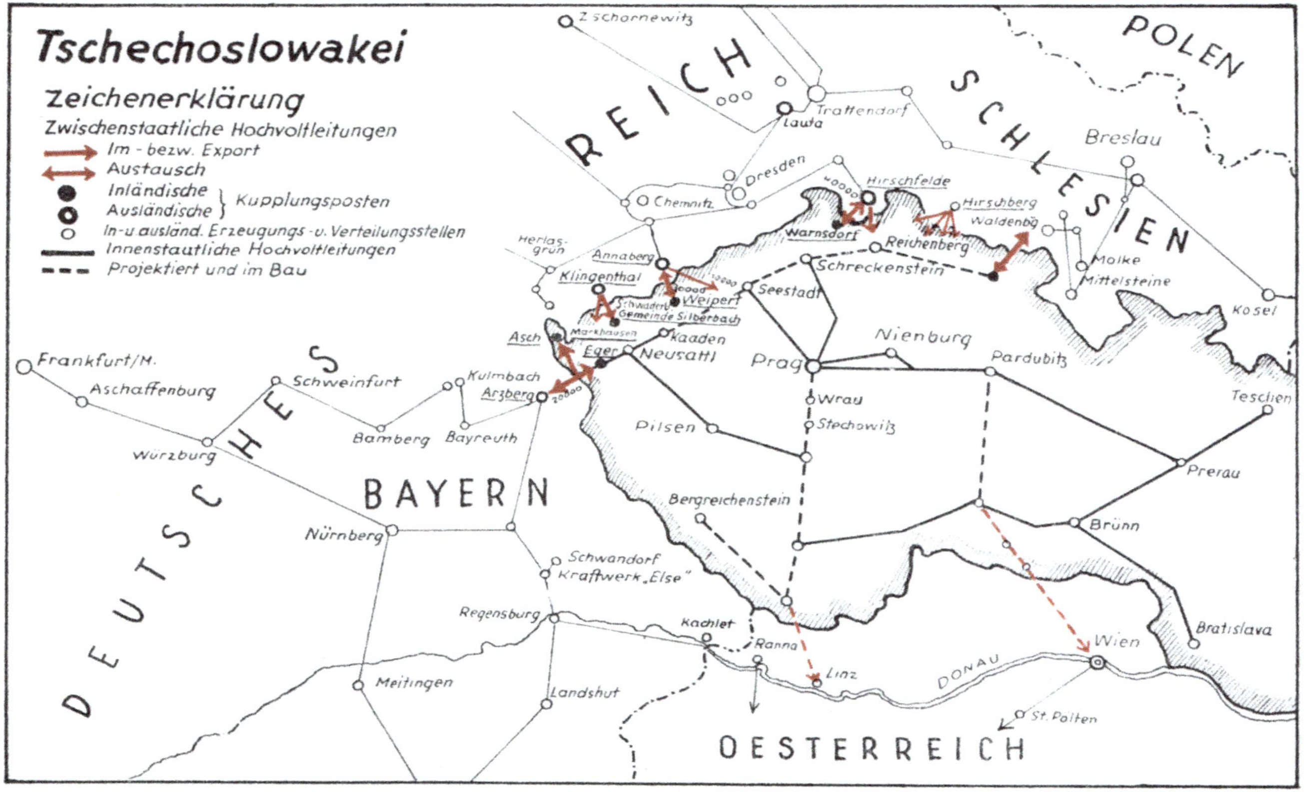

Kittler, Der zwischenstaatl. elektr. Energieverkehr.

Nachdrucke nur mit Genehmigung des Verfassers.

Die wichtigsten Hochvoltleitungen der Niederlande
und ihr Zusammenhang mit dem Auslande.

Kittler, Der zwischenstaatl. elektr. Energieverkehr.

Die wichtigsten Hochvoltleitungen Belgiens und ihr Zusammenhang mit dem Auslande.

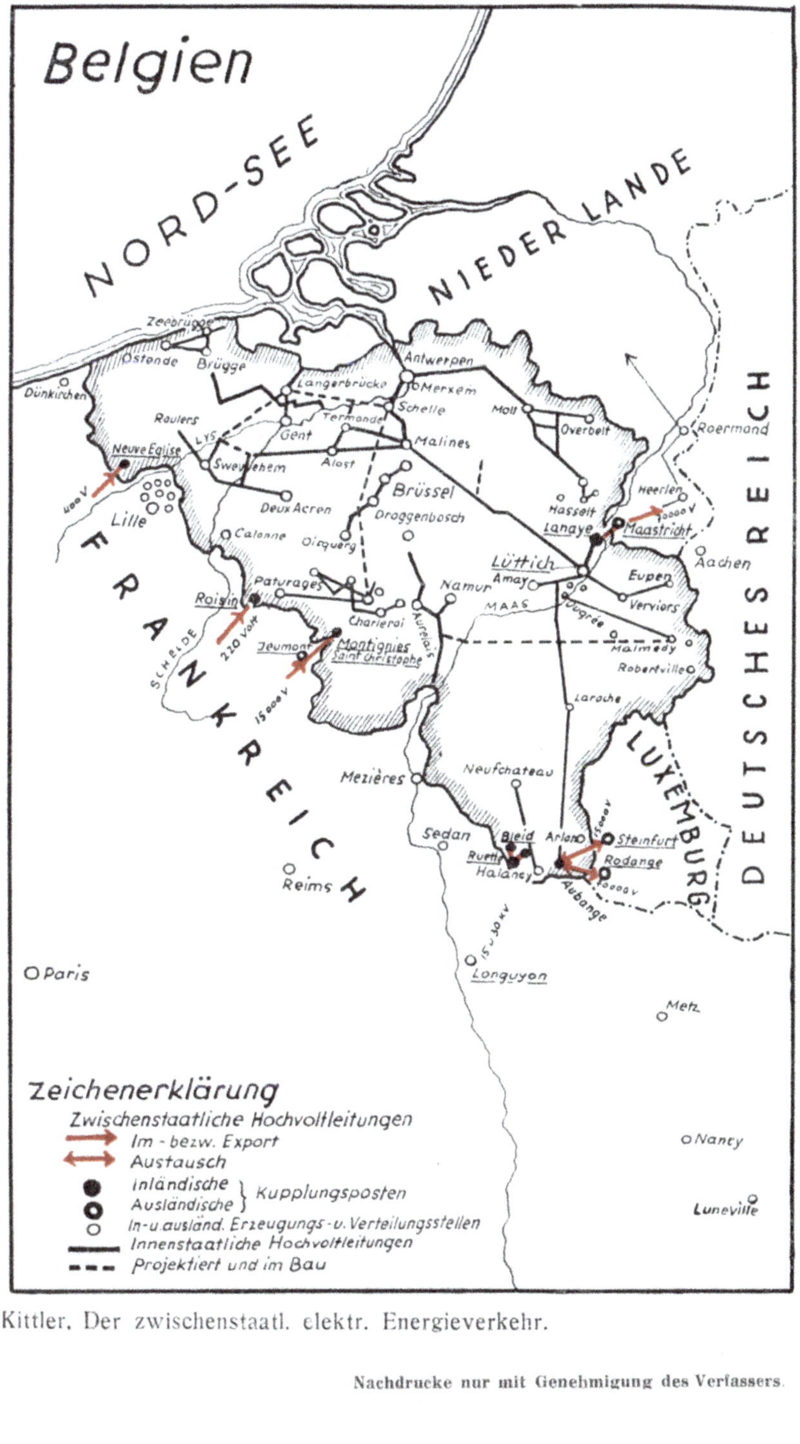

Kittler, Der zwischenstaatl. elektr. Energieverkehr.

Die wichtigsten Hochvoltleitungen Luxemburgs und ihr Zusammenhang mit dem Auslande.

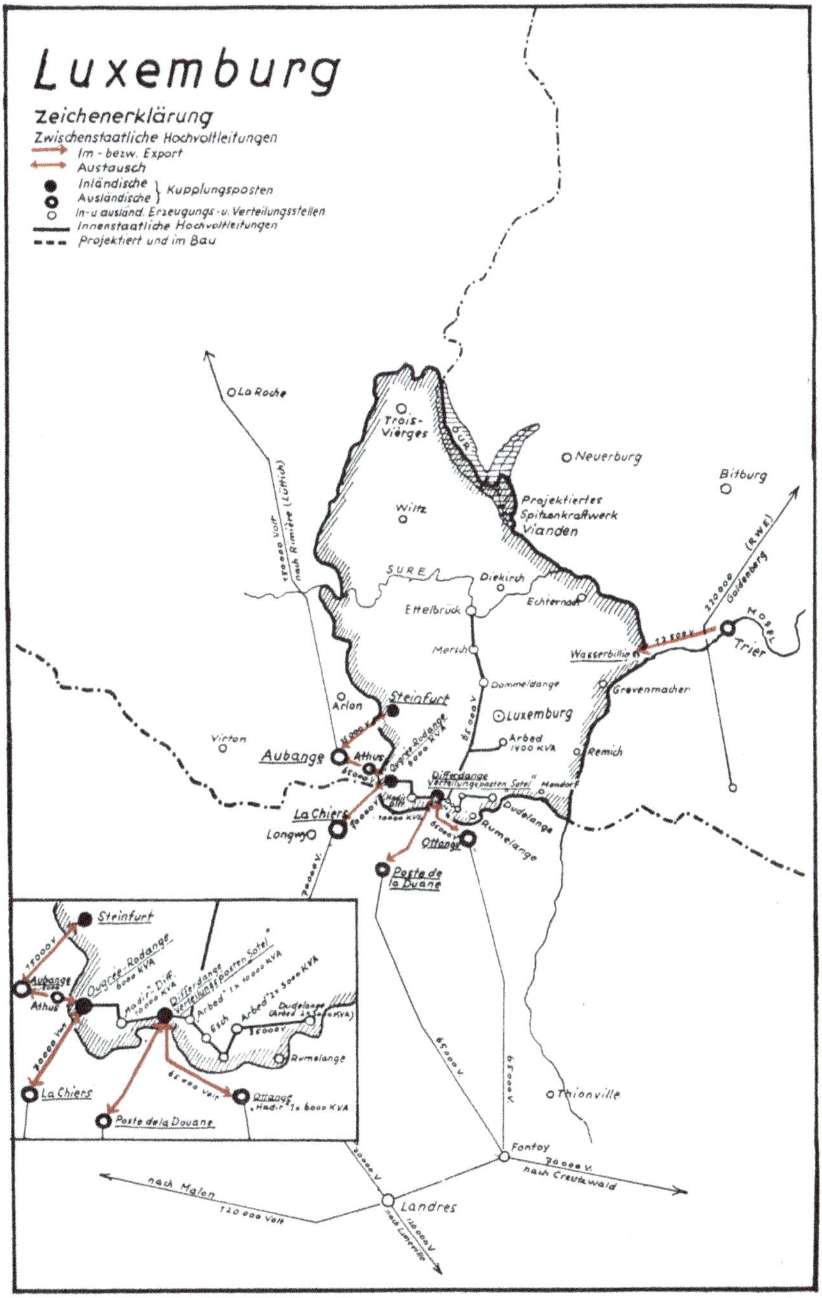

Kittler, Der zwischenstaatl. elektr. Energieverkehr.

www.ingramcontent.com/pod-product-compliance
Lightning Source LLC
LaVergne TN
LVHW060617300926
849162LV00008B/1639